Krischan Koch

Pannfisch für den Paten

In Fredenbüll herrscht Aufruhr in diesem ungewöhnlich heißen Frühsommer! Auf dem Deichvorland sollen gleich mehrere Windräder installiert werden, was einigen Protest im Dorf auslöst und die Naturschützer auf den Plan ruft. Sogar Oma Ahlbeck unterstützt die eilig gegründete Initiative »Sei (k)ein Frosch e. V.«, die sich um die bedrohte Rotbauchunke in Fredenbülls Deichgräben sorgt. Eines Morgens steckt ein Toter mitsamt Motorrad in dem noch feuchten Betonsockel eines Windrades. Hat da etwa auch der mysteriöse Gast in der Villa von HNO-Professor Müller-Siemsen seine Finger im Spiel, der von lauter Männern in dunklen Anzügen bewacht wird? »Dat is BKA«, weiß Polizeiobermeister Thies Detlefsen, »und die örtlichen Behörden sind mal wieder nicht informiert!« Und schon hat Thies seinen spektakulären sechsten Fall auf dem Tisch.

Krischan Koch wurde 1953 in Hamburg geboren. Die für einen Autor üblichen Karrierestationen als Seefahrer, Rockmusiker und Kneipenwirt hat er sich geschenkt. Stattdessen macht er Kabarett und Kurzfilme und schreibt Filmkritiken u. a. für ›Die Zeit‹ und den NDR. Koch lebt mit seiner Frau in Hamburg und auf der Nordseeinsel Amrum, wo er mit Blick aufs Watt seine Kriminalromane schreibt. Mit seinem Helden, dem Fredenbüller Dorfpolizisten Thies Detlefsen, verbindet ihn die Liebe zur Nordsee, zu Krabbenbrötchen und einem chronisch abstiegsbedrohten Fußballverein.

Krischan Koch

Pannfisch für den Paten

Ein Küsten-Krimi

dtv

Von Krischan Koch
sind bei dtv außerdem erschienen:
Flucht übers Watt
Venedig sehen und stehlen
Ruhe oder es knallt!

Die Fredenbüll-Reihe:
Rote Grütze mit Schuss
Mordseekrabben
Rollmopskommando
Dreimal Tote Tante
Backfischalarm
Pannfisch für den Paten
Mörder mögen keine Matjes
Friedhof der Krustentiere
Der weiße Heilbutt
Mord im Nord-Ostsee-Express
Schnappt Scholle
Krieg der Seesterne
Das Schweigen der Kegelrobben

FSC www.fsc.org
MIX
Papier | Fördert gute Waldnutzung
FSC® C019821

Originalausgabe 2018
5. Auflage 2025

Tumblingerstraße 21, 80337 München
produktsicherheit@dtv.de
Umschlagillustration: Gerhard Glück
Gesetzt aus der Garamond 10/13˙
Gesamtherstellung: Druckerei C.H.Beck, Nördlingen
Printed in Germany · ISBN 978-3-423-21721-7

Für Christian
und unseren gemeinsamen Freund Dino

»Mit einem netten Wort und einer Pistole erreicht man mehr als mit einem netten Wort allein.«

Al Capone

1

Sechstausend Kilometer vom nordfriesischen Fredenbüll entfernt hat der greise Don Luciano am Valentinstag die männlichen Mitglieder seiner Familie und den Consigliere bei »Fanelli« versammelt.

»Che cos'è? Paolo, was ist mit den Spaghetti?« Die brüchige Stimme des greisen Paten ist nur ein heiseres Hauchen. »Ein neues Rezept?«

»Come sempre, Don Luciano. Alla puttanesca. Alles wie immer«, beteuert der Padrone des kleinen Lokals. »Nur ein Prise Zimt. Un pochino.«

Don Luciano gibt ein missbilligendes Seufzen von sich und dreht Pasta auf eine Gabel. Die sechs Männer der Luciano-Familie sind die einzigen Gäste in dem traditionsreichen Lokal mit den rot karierten Tischdecken im New Yorker Stadtteil Little Italy.

»Wir können uns das nicht bieten lassen!«, schimpft der jüngste Sohn Mario mit vollem Mund, während sein älterer Bruder Tony Richtung Toiletten verschwindet. »Der Caprese-Clan wildert in unserem Revier. Diese Bastarde haben schon wieder einen Spielsalon in der Lower Eastside abkassiert!«

»Nicht beim Essen, Mario.« Mit zittriger Hand tupft sich der hagere Pate Spaghettisoße von den Lippen. »Wir sprechen bei Tisch niemals über Geschäfte.«

Das Familienoberhaupt führt grade sein Rotweinglas

zum Mund, als die Glastür des Restaurants aufgerissen wird. Vier Männer mit Maschinengewehren stürmen das Lokal und schießen sofort ohne Vorwarnung wahllos um sich. Eine Karaffe mit Rotwein zerplatzt. Putz stäubt von den Wänden. Die Bilderrahmen mit den alten Schwarz-Weiß-Fotos zersplittern. Die roten Neonbuchstaben mit dem geschwungenen Schriftzug im Schaufenster des Restaurants zerbersten knallend. Mario springt auf. Bei dem Versuch, seine Waffe zu ziehen, wird er sofort von einer Maschinengewehrsalve durchsiebt und sackt augenblicklich in sich zusammen. Don Luciano gibt ein lautloses Krächzen von sich. Auf seiner Stirn unter dem schütteren weißen Haar erscheint eine wie von einer Nähmaschine sauber gestanzte Reihe kleiner Einschusslöcher.

Wirt Paolo stolpert, vom Kugelhagel getroffen, mit sechs Grappagläsern auf einem Tablett an dem besetzten Tisch vorbei in den Garderobenständer hinein. Der Consigliere zappelt, als wäre er vom elektrischen Schlag getroffen. Für einen Moment starrt Don Luciano bewegungslos auf die Fotos des sizilianischen Städtchens Corleone. Ein schmales Blutrinnsal läuft aus seinem Mundwinkel. Dann kippt der Pate des Luciano-Clans mit dem Gesicht auf den Teller seiner geliebten »spaghetti alla puttanesca«. In die Soße mischt sich Blut. Sein schwergewichtiger Leibwächter krallt die dicken Finger in die Tischdecke. Mit fragendem Blick kippt er zusammen mit dem Stuhl um und reißt die karierte Decke mit allem, was darauf steht, Weingläser, Bestecke und sechs halb verzehrte Portionen Pasta, mit sich. Und auch der schmächtige Pate wird mitgerissen.

Tony Luciano hat auf dem Weg zurück von den Toiletten gerade noch rechtzeitig in Deckung gehen können. Durch einen winzigen Spalt in einer Vorratskammer muss er das grausame Massaker am Valentinstag mit ansehen. Es ist nur ein schmaler Schlitz. Aber er kann die Visagen der Caprese-Brüder ganz deutlich erkennen. Kein Zweifel, das sind Romano, Aldo und Matteo Caprese und ihr Killer Louis ... Louis the Lobster.

2

»Wat is eigentlich in dem Reetdachschloss von dem Ohrenprofessor los? Da ist ja neuerdings mächtig Betrieb«, krächzt Landmaschinenvertreter a.D. Piet Paulsen. Er sieht seine Imbissfreunde fragend an. Dann wendet er sich wieder seinem Putenschaschlik »Hawaii« zu.

Die Runde in dem Fredenbüller Stehimbiss »De Hidde Kist« rätselt an diesem warmen Junimorgen, was da in dem Ferienhaus des Eppendorfer HNO-Professors Müller-Siemsen auf einmal vor sich geht.

»Hat er verkauft?«, fragt Postbote Klaas und sortiert weiter seine Post auf Stehtisch Zwei.

»Er war ja in letzter Zeit selten da.« Polizeiobermeister Thies Detlefsen setzt die Mütze ab und bekommt von Antje den obligatorischen »Coffee to go«, den er stets im Imbiss trinkt.

»Seine Frau hat sich hier seit Jahren nich mehr blicken lassen.« Imbisswirtin Antje senkt die Stimme. »Die leben ja getrennt. Aber sind wohl immer noch verheiratet.«

»Vielleicht haben sie auch an Feriengäste vermietet«, vermutet Althippie Bounty. »Unsere Gegend ist ja irgendwie im Aufwind. Und soll ja ’n schönes Haus sein.« Der Exkommunarde zieht das Haargummi seines dünnen grauen Pferdeschwanzes stramm. Imbisshündin Susi legt den Kopf schief und sieht ihn, in der Hoffnung auf einen Schokoriegel, verliebt an.

»Vor 'n paar Tagen standen da mehrere Autos mit Wiesbadener Kennzeichen«, hat Klaas beobachtet.

»Komisch.« Paulsen zuckt mit den Schultern.

»Ja nee, dat sollen wohl Ausländer sein.« Antje sortiert ihre Schalen mit Kartoffelsalat.

»Flüchtlinge?«, kräht Paulsen. »In Fredenbüll?«

»Die sollen wohl von Amerika rübergekommen sein … angeblich«, behauptet Antje. »Ham sie bei Alexandra erzählt.« Der »Friseursalon Alexandra« ist neben der »Hidden Kist« der wichtigste Umschlagplatz für Neuigkeiten in Fredenbüll.

»Da sind jetzt wohl so manche auf der Flucht über'n großen Teich, wat man so hört.« Piet Paulsen kommt ins Sinnieren.

»Was hast du da gesagt, Klaas, Wiesbadener Kennzeichen?« Bei Thies klingeln plötzlich alle Alarmglocken. Die Imbissrunde sieht ihn fragend an. »Hallo? Wiesbaden! BKA!«

»Ja, da stand auch 'ne ganze Zeit so 'n Heinzel mit so 'm Walkie-Talkie vor der Tür und hat eine nach der anderen geraucht«, bestätigt der Postbote.

»Freunde, ich sag's euch. Dat ist 'ne politische Geschichte.« Der Fredenbüller Polizeiobermeister wittert sofort wieder den ganz großen Fall. »USA, FBI, internationale Verwicklungen …« Thies fährt sich unternehmungslustig durch den spärlichen blonden Bart, den er sich seit Kurzem stehen lässt. »Und die Behörden vor Ort sind mal wieder nich informiert.«

»Hätte man vor 'n paar Jahren auch nich gedacht.«

Paulsen atmet schwer. »Antje, demnächst sitzen die Amis hier bei dir im Imbiss und essen Putenschaschlik ›Hawaii‹.«

»Nee, Piet, damit ist dat demnächst vorbei.« Antje schüttet die restlichen Ananasscheiben aus der Dose in ein Schälchen. »Dat sind die letzten Ananas.« Fast etwas verächtlich schiebt sie die Schale in den Kühlschrank.

»Wieso vorbei?« Dem ehemaligen Landmaschinenvertreter rutscht vor Schreck seine Gleitsichtbrille auf die Nase. Auch Thies Detlefsen, Klaas und Bounty sehen die Imbisswirtin staunend an.

»Habt ihr mein neues Schild nich gesehen?«

»Wieso? De Hidde Kist?« Klaas sieht die vollschlanke Wirtin fragend an.

»Ja, und weiter?«

Klaas unterbricht das Sortieren der Post, läuft nach draußen und kommt gleich wieder herein. »Gibt's doch gar nich!« Die anderen sehen ihn fragend an. »Statt ›Internationale‹ steht da jetzt ›REGIONALE Spezialitäten‹. Antje, was heißt dat denn? Nur noch Mettbrötchen?«

»Ja, Klaas, regionale heimische Produkte, dat ist der neuste Trend.«

»Sag ich doch seit Ewigkeiten.« Bounty kichert in sich hinein. Dabei denkt der Althippie allerdings weniger an Pommes aus nordfriesischen Kartoffeln als an die üppig gedeihenden Cannabispflanzen in seinem heimischen Kräutergarten.

»Deine Kokosriegel sind auch nich grad 'ne regionale Spezialität«, konstatiert Thies.

»Und wat ist mit meinen Ananas?« Paulsen versteht die Welt nicht mehr.

»Piet, hast' hier am Deich schon mal 'ne Ananas wachsen sehen? Ich hab mir überlegt, demnächst wollte ich Putenschaschlik ›Husum‹ machen.«

»Husum?« Der Landmaschinenvertreter verschluckt sich an einem mit Currysoße getränkten Stückchen der exotischen Frucht.

»Mit Apfelringen vom Holsteiner Cox.« Die Imbisswirtin klingt richtig euphorisch.

»Cox mit Curry?« Paulsen ringt hustend nach Luft. »Antje, darauf brauch ich erst mal 'n Klaren … aus heimischer Produktion.«

»Und wat ist mit meinem Ladde Macchiato?« Auch Klaas klingt alarmiert.

»Ich weiß auch nicht, ob die Ausländer aus dem Haus von Müller-Siemsen die regionale friesische Küche mitmachen«, nölt Bounty.

Die Imbisswirtin winkt ab. »Ach was, wir schaffen dat!«

Antje ist mit ihrem Imbiss ja immer nah am Puls der Zeit. Und bisher haben ihre treuen Stammgäste jeden neuen Trend brav mitgemacht. Aber jetzt droht Ärger. Selbst Schäfermischling Susi ist gar nicht gut auf Frauchen zu sprechen. Antje versucht den Imbisshund, seit dem Verzehr einer Gastronomiepackung verdorbener Riesenknacker überzeugte Vegetarierin, mit Tofuwürsten langsam wieder an eine hundegerechte Ernährung heranzuführen. Vor allem die für sie unbekömmliche Schokolade in den Kokosriegeln, die Bounty ihr immer wieder heimlich zugesteckt hat, sind neuerdings Tabu. Susi und auch Bounty sind schwer beleidigt.

»Warum teilt ihr euch dat nich«, schlägt Paulsen vor. »Bounty die Schokolade und Susi die Flocken.«

3

Nicht nur »De Hidde Kist«, im Augenblick ist ganz Fredenbüll in Aufruhr. Und das liegt an den drei Windrädern auf der Wiese vor dem Deich, die früher einmal zum Biohof Brodersen gehörte. Die Montage des ersten Windkraftrades ist fast abgeschlossen. Für die beiden weiteren Rotoren werden gerade die Betonfundamente gegossen. In diesem Zusammenhang ist Klaas' Bruder Norwin, der in seiner Jugend Fredenbüll verlassen hat, um Maschinenbau zu studieren, nach vielen Jahren in seine nordfriesische Heimat zurückgekehrt – als leitender Ingenieur der Firma »WinWind«. Klaas hatte ihn seit Ewigkeiten nicht gesehen. Bei der feuchtfröhlichen Wiedersehensfeier in der »Hidden Kist« wurden Antjes sämtliche Spirituosenvorräte vernichtet. Am nächsten Morgen hatte Ingenieur Norwin in dem Maschinenraum der Windanlage in luftiger Höhe mit heftigen Schwindelattacken zu kämpfen.

Bei den drei Rotoren soll es nicht bleiben. Auf einem Teil der Biowiese, den der Fredenbüller Geflügelkönig Dossmann kürzlich erworben hat, sollen zehn weitere Windräder errichtet werden. Der Geflügelzüchter hatte Biobäuerin Lara Brodersen zwei Hektar ihrer Wiese abgekauft, zu einem erstaunlich hohen Preis und mit dem Versprechen, darauf ein neues Freiluftgehege für Biohühner einzurichten. Aber davon war schon bald keine

Rede mehr. Der Hühnerbaron, berühmt für den Slogan »Freiheit, die man schmeckt« und berüchtigt wegen der Dioxinfunde in seinen Fredenbüller Landeiern hat neuerdings die regenerativen Energien entdeckt. Vor allem die solvente Pacht, die ihm »WinWind« in Aussicht stellt, hat ihm die Sache attraktiv gemacht.

Doch die Meinungen zu dem Projekt sind in Fredenbüll geteilt. Und das ist noch harmlos ausgedrückt. Es formiert sich wütender Protest. Befürworter und Gegner stehen sich unversöhnlich gegenüber. Biobäuerin Lara Brodersen befürchtet ungute Schwingungen durch die Rotoren. Die neu gegründete Naturschutzinitiative »Sei (k)ein Frosch e. V.« mit dem smarten aus der Stadt angereisten Vorsitzenden Jürgen Wesselmann sorgt sich um die Rotbauchunke, die auf der Roten Liste der bedrohten Arten steht und in den Tümpeln und Gräben des Fredenbüller Deichvorlandes einen letzten Lebensraum hat. Die Fronten verlaufen mitten durch den Ort, sogar durch einige Familien. Während Bürgermeister und Supermarktbesitzer Hans-Jürgen Ahlbeck zu den Initiatoren des Fredenbüller Windparks gehört, sympathisiert seine Mutter, Oma Ahlbeck, mit den Krötenfreunden. Ihr neuer Bekannter, Kurschatten Kurt, den sie bei einer Herz-Reha in Bad Orb kennengelernt hat, ist schließlich passionierter Tier- und Naturfotograf. Thies' Tochter Tadje kann über ihre Zwillingsschwester Telje, die bei »Sei (k)ein Frosch« engagiert ist, nur den Kopf schütteln. »Telje, mach dich doch nich lächerlich! Rotbauchfrosch? Hallo, geht's noch?«

Nur in der »Hidden Kist« herrscht weitgehend Einigkeit. Klaas hält sich wegen seines Bruders etwas zurück.

Aber Antje fürchtet, die Windräder könnten die wenigen Touristen vertreiben. Piet Paulsen steht Veränderungen grundsätzlich skeptisch gegenüber. Und Thies hat Sorge, dass es zu gewalttätigen Demonstrationen kommt und er plötzlich seiner Tochter mit einem Schlagstock gegenübersteht. Bounty hat sein Herz für die Rotbauchunke entdeckt und besinnt sich unerwartet auf alte Zeiten im Anti-AKW-Kampf zurück. »Die Frösche sind schon geil. Und vom Stehtisch mal wieder raus an die frische Luft in den politischen Kampf, das weckt die Lebensgeister.«

»Bounty, seit wann interessierst du dich für Politik?« Klaas verstaut die Post in seiner Tasche. Auch Schäfermischling Susi sieht den Althippie verwundert an.

»Er hat doch nur Angst, dass die Propeller ihm seine Kräuter wegpusten«, vermutet Paulsen.

»Piet, in der guten alten Zeit waren wir überall dabei. Gorleben, Brokdorf …«, schwärmt der Altkommunarde.

»Bounty, so genau wollen wir dat gar nich wissen«, geht Thies dazwischen.

»Mit den Hubschraubern und Wasserwerfern? War ja damals auch im Fernsehen.« Antje zieht den Korb mit Pommes aus dem heißen Fett und salzt die Fritten. »Hast was abgekriegt von den Wasserwerfern?«

»Ja nö.« Bounty wiegelt ab. »Kleine Dusche. Aber das Beste waren die After-Brokdorf-Partys … Tolle Frauen und verdammt gutes Gras.«

»Na ja.« Paulsen sieht den Althippie über seine Gleitsichtbrille hinweg an. »Jetzt kämpfst du mit Oma Ahlbeck an einer Front.«

4

Es ist ein ungewöhnlich heißer Juni in Nordfriesland. Seit Ostern hat es nicht mehr richtig geregnet. Der Raps ist vertrocknet, ehe er richtig geblüht hat. Den Weiden in den Knicks ist anzusehen, dass sie dringend eine Dusche gebrauchen könnten. Die Schafe schleichen in ihrer dicken Wolle behäbig auf der Deichkrone entlang und suchen in der müden Brise etwas Abkühlung. An der Badestelle Neutönninger Siel ist die Saison längst eröffnet. Telje, Tadje und die anderen Jugendlichen aus Fredenbüll und den umliegenden Orten verbringen die Nachmittage an der See. Am Deich vor der Badestelle stehen die Mopeds, und auf der Liegewiese riecht es nach Sonnenöl und ersten Zigaretten. »So 'n frühen Sommer hatten wir seit den Neunzigerjahren nicht«, behauptet Piet Paulsen.

Der schwarze Sportkombi mit Frankfurter Kennzeichen schiebt sich in zügigem Tempo am Deich entlang durch die Landschaft. Am Straßenrand ziehen immer wieder Schilder vorbei. »KEINE KRÖTEN FÜR DEN WINDPARK.« Unter dieser Zeile hockt ein dilettantisch gemalter Frosch mit einem knallroten Bauch, darunter groß der Slogan: »SEI (K)EIN FROSCH!« Der Mann am Steuer verlangsamt seinen Wagen und lässt die Plakate an seinem Seitenfenster vorbeiziehen. Die Botschaft bleibt ihm ein Rätsel.

»Frogs?« Er ist kurzatmig. »What the fuck is wrong with the frogs?« Sein Atem rasselt. Er hustet und tritt aufs Gas. An dem Auto ziehen die Schafe vorüber und immer wieder der gemalte Frosch. Der Typ zeigt dem Plakat den Mittelfinger. Er fummelt ein Asthmaspray aus der Tasche seines schwarzen Satinblousons, nimmt einen Sprühstoß und hält die Luft an. Der Mann hat blond gefärbte, fast weiße, pomadig nach hinten gekämmte Haare. Unter der künstlichen Färbung ist an den Geheimratsecken der dunkle Haaransatz zu sehen. Er trägt eine Sonnenbrille mit dicken, spiegelnden Gläsern, die wie eine Schweißerbrille aussieht. Seine Augen sind nicht zu erkennen.

Er fährt an einem langgestreckten Backsteinbau ohne Fenster vorbei. »Schützenhaus«, die deutsche Sprache gibt ihm Rätsel auf. Mitten in der flachen Landschaft taucht wenig später eine Baustelle auf. Zwei Kräne hieven Teile eines Windrades in die Höhe. Ein Stück weiter steht ein Laster mit einem Betonmischer, der Zement in eine ausgehobene Grube kleckern lässt. Der Typ in der schwarzglänzenden Windjacke hält seinen Wagen an. Er steigt kurz aus und sieht den Arbeiten einen Moment lang interessiert zu. Dann fährt er weiter.

Der Mann hüstelt und lenkt seinen Sportkombi auf die kleine Tankstelle in Schlütthörn. Das angerostete Tankstellenschild klappert müde in der lauen Brise. Es riecht nach Benzin und alten Reifen, die am Rand der Auffahrt vor sich hin rotten. Die großen Glasscheiben des Kassenhäuschens reflektieren die hochstehende Mittagssonne. Er fährt den Wagen direkt vor den Eingang, steigt aus und geht hinein. Die Tür quietscht beim Öffnen, dann fällt sie scheppernd zu. Gleichzeitig ist ein durchdringend schrilles Klingeln aus einem Hinterraum zu hören. Die Kasse ist nicht besetzt. In dem Kassenraum ist niemand. In einem Regal steht neben eingestaubten Öldosen, Eiskratzern und verblichenen Straßenkarten von Norddeutschland eine ganze Batterie Flachmänner und ein paar eingeschweißte Trockenwürste, die sich nach jahrelanger Reifung in einer Pappbox diesen Namen redlich verdient haben. Der Fremde sieht sich um. Er atmet schwer und schwitzt. Er streicht sich mit einer langsamen Bewegung über die weißen Haare. In den Gläsern seiner Sonnenbrille spiegelt sich das Covergirl des an der Wand hängenden Pirelli-Kalenders.

Er drückt einen Klingelknopf auf dem Kassentresen. Im selben Moment kommt Tankwart Sönke nebenan aus der Werkstatt durch die klappernde Eingangstür. Aus dem Hintergrund schrillt erneut das automatische Klingeln. Auch der Tankwart schwitzt. Über das mit schwarzem Öl verschmierte Gesicht läuft eine Schweißperle. Er sieht den Fremden an und dann nach draußen zu dem Auto mit dem Frankfurter Kennzeichen.

»Da unten in Frankfurt auch so heiß?« Sönke wischt sich mit einem verölten Lappen über das Gesicht und grient den Mann an.

»Shut the fuck up!«, faucht der Fremde kurzatmig. »Ich fragen …«, er hält Sönke seinen Zeigefinger auf die Brust, »… du antworten! Capisce?« Er zieht ein Foto aus seiner Jacke und hält es dem Tankwart hin.

Die aufgerissenen Augen des Monteurs leuchten aus dem ölverschmierten Gesicht heraus. »Ja scheiße, ich wollte bloß freundlich sein. Kundenservice, nä!« Er wirft einen Blick auf das Foto.

»Seen this guy?«

Sönke hatte nicht allzu lange Englisch in der Schule. Aber so viel kann er sich doch noch zusammenreimen.

»Keinen Schimmer. Nie gesehen.« Er schüttelt den Kopf. »Gar nich tanken?«

»Keine Fragen!«, röchelt der Fremde. »That's none of your damn business!«, faucht er den Tankwart kurzatmig an.

»Bisiness? Na ja, wir sind 'ne Tankstelle, nä.« Sönke klingt kleinlaut.

»Shut up! Where is Friedenbull?«

»Sie meinen Fredenbüll.«

Der Fremde formt die rechte Hand wie zu einer Pistole und deutet mit dem Zeigefinger Sönke genau zwischen die Augen.

Der Mechaniker hebt kurz die Hände. Er versucht ein Grinsen, das ihm gleich wieder auf den Lippen erstarrt. Irgendwie ist ihm dieser Typ unheimlich. Dann zeigt Sönke zur Landstraße. »Hier runter … gleich der nächste Ort.«

»Hotel?«

»Hotel?« Sönke muss kurz nachdenken. »Die Pension von Renate.«

»Renate?« Der Typ nimmt eine Rolle Pfefferminzbonbons aus dem Ständer neben der Kasse, zahlt und geht nach draußen. In der Tür dreht er sich noch mal um. »What the fuck means ›Sei kein Frosch‹?«

»Jo, die ham dat mit den Fröschen … weiß auch nich«,

ruft der Tankwart ihm hinterher. Aber da sitzt der Fremde schon wieder in seinem Sportkombi.

Wenige Minuten später fährt er bei Renates Pension vor. Das große Schild »Bed and Breakfast« mit der gemalten Kaffeekanne und den Schäfchen, die über einen Deich springen, ist an der Fredenbüller Dorfstraße nicht zu übersehen. Darunter gibt es seit Kurzem ein zweites, kleineres Schild »Renates Wellnessoase«. Die Pensionswirtin ist sofort an der Tür.

»Vacancies?« Die runden Brillengläser des Fremden leuchten in der Sonne. Renates Gesicht spiegelt sich leicht verzerrt darin. Sie sieht ihn mit großen Augen an. Sie zieht einen Lappen aus der Tasche ihrer Kittelschürze mit dem Seepferdchenmuster und wischt sich die öligen Hände daran ab. »Ich bin Renate.« Sie streckt dem Mann die Hand entgegen. »Dat is nur Massageöl. Ich hab grad Kundschaft.« Der Mann bleibt stumm. »Wellness, nä.« Renate zeigt auf ihr Schild.

Der Typ dreht sich zur Straße um, dann wendet er sich wieder der Pensionswirtin zu. »Bed and Breakfast?«

»Ja, ein Zimmer hätt ich noch frei.«

»I don't need any breakfast«, hustet der Fremde. »Only the room.«

Renate sieht ihn fragend an. Einen englischsprachigen Gast hatte sie in ihrer Pension bislang noch nicht. Fredenbüll scheint touristisch tatsächlich im Aufwind, wie Bürgermeister Ahlbeck immer sagt. »Ich hab noch an zwei andere Herrn vermietet. Die sind wegen der Windräder und der Rotbauchunke hier.« Renate sieht ihn prüfend an. »Sie auch?« Der Fremde macht nicht den

Eindruck, dass er die Fredenbüller Pensionswirtin versteht. »Sie kommen nicht von hier? Oder?«

»Vacation.« Der Fremde schnappt nach Luft. Sein Atem rasselt. Er zückt erneut das Aerosol.

»Oh, dat klingt aber gar nich gut. Asthma, nä?« Die Pensionswirtin sieht ihn mitfühlend an. »Hab ich viele Gäste hier. Kommen wegen der Seeluft.«

»How much?«, fragt der Mann.

»Ach so. Fünfundvierzig Euro … mit Frühstück.«

»No fucking breakfast, okay?«, faucht er sie an. »Capisce?«

5

Auf dem Parkplatz vor dem »Café Wattblick« gibt es keinen freien Fleck mehr. Die Autos haben sich gegenseitig zugeparkt. Auch die große Wiese vor der Badestelle ist vollgeparkt. Auffällig viele Wagen haben auswärtige Kennzeichen. Der Ort besteht eigentlich nur aus dem Café, einem Schleusenhäuschen und der Badestelle mit der weißgestrichenen DLRG-Station. Und auch in dem kleinen Café ist normalerweise nicht viel los. Nur am Wochenende kutschieren ein paar Rentner mit ihrem altersschwachen Diesel im Schritttempo zu Kaffee und Kuchen an den Deich. So einen Auflauf wie an diesem warmen Juniabend hat Neutönniger Siel noch nicht erlebt, nicht zum Osterfeuer und an keinem noch so heißen Wochenende in der Badesaison.

Bounty stellt seine Zündapp-Zweigang, die er seit Kommunenzeiten fährt, in der Nähe des Eingangs ab. Er wirft einen Blick in den kleinen Gastraum des Cafés. Am Ecktisch sitzt eine Familie auf der Durchreise zu den nordfriesischen Inseln. Und wie jeden Nachmittag hat sich Kurt Krösing an seinem Stammplatz am Fenster bei Bienenstich und Pils eingerichtet. Normalerweise hat der pensionierte Beamte des Wasser- und Schifffahrtsamtes Nord die kleine Schleuse, für die er jahrzehntelang verantwortlich war und in die vor zwei Jahren der lichterloh brennende Ober des Cafés gesprungen war, im Blick. Aber heute ist Krösing abgelenkt und verfolgt staunend die in den angrenzenden Raum strömenden Menschenmassen.

Der kleine Saal platzt aus allen Nähten. Die Stuhlreihen sind bis auf den letzten Platz belegt. Daneben und dahinter stehen die Leute dicht gedrängt. Einige hocken im Schneidersitz direkt vor der kleinen Bühne. Die Luft steht. Es riecht nach Schweiß und verschüttetem Bier. Daran ändern auch die geöffneten Fenster nichts. Bounty lässt seinen Blick durch die buntgemischten Reihen schweifen. Halb Fredenbüll ist versammelt. Hühnerbaron Dossmann, auf dessen Land der neue Windpark errichtet werden soll, der Bürgermeister Hans-Jürgen Ahlbeck, der in der Eile gar nicht aus seinem Edeka-Kittel herausgekommen ist, und seine Mutter, die agile Oma Ahlbeck, heute Abend ohne Kurschatten Kurt. Polizeiobermeister Thies Detlefsen und sein Imbissfreund Klaas haben ganz hinten stehend die Lage im Blick. Thies' Tochter Telje ist an vorderster Front bei den Krötenfreunden dabei. Auch Thies' Frau Heike und ihre Freundinnen Marret, Dörte und Sandra wollen sich das Event nicht entgehen lassen. Aber es sind auch viele auswärtige Umweltaktivisten aus ganz Norddeutschland angereist.

Gleich an der Tür steht Frau Doktor Babette Barkowsky, die Leiterin der Behörde in Bredstedt, die für die Umweltverträglichkeitsprüfung der Windkraftanlage zuständig ist und die sich heute Abend einen Eindruck von dem Protest vor Ort machen will. Sie trägt einen schwarz glänzenden Hosenanzug. Die Sonnenbrille mit auffällig breiten goldenen Bügeln hat sie sich in die blonden Haare gesteckt. Doktor Barkowsky kippelt auf den hohen Absätzen ihrer Pumps. Ihr Aufzug wirkt in der Versammlung im »Café Wattblick« etwas deplatziert. Einige der Versammelten drehen sich immer wieder nach ihr um. Babette Barkowsky verzieht die sorgfältig geschminkten Lippen zu einem süffisanten Grinsen, so als hätte sie sich in eine Vorstellung des örtlichen Bauerntheaters verlaufen. Dann blickt sie sich suchend nach Sven Blunck um, dem smarten Manager von »Win-Wind«, der immer mal wieder in Fredenbüll aufkreuzt, um sich vom Fortschritt der Bauarbeiten zu überzeugen. Aber Blunck ist bisher offenbar nicht erschienen.

»Eine Hitze is dat hier drinnen. Schrecklich!«, stöhnt die korpulente Oma Ahlbeck, die sich mit sehr rechtzeitigem Kommen einen Platz in der ersten Reihe gesichert hat.

»Na, Frau Ahlbeck, wo haben Sie denn Ihren Bekannten gelassen?«, fragt die in der Nähe sitzende Heike.

»Der kann heute nich! Fotopirsch!«, verkündet Frau Ahlbeck mit wichtiger Miene und für alle unüberhörbar. »Kurt ist ja Tierfotograf.«

»Ach so, ja, schönes Hobby«, findet auch Heike, die dabei eher an Katzenjunge mit Wollknäueln als an Rotbauchunken im überschwemmten Deichvorland denkt.

Dann schwebt zuallerletzt auch noch Biobäuerin Lara Brodersen im leichten weiten weißen Gewand schwerelos durch den vollgepfropften Saal und ergattert wie durch ein Wunder den einzigen freien Sitzplatz, den alle übersehen haben. An ihrer Esoterik scheint wirklich etwas dran zu sein, denkt Bounty.

Neben einem aufgestellten Froschplakat versucht sich der Vorsitzende der neu gegründeten Bürgerinitiative Gehör zu verschaffen. Durch das vorsintflutliche Mikrofon, das seine Stimme in ein verzerrtes Krächzen verwandelt, kommt er gegen den allgemeinen Tumult kaum an. Irgendwie kommt Bounty der Typ bekannt vor. Aber er kommt nicht darauf, woher. Vielleicht hat er ihn mal im Fernsehen gesehen.

»Die Windkraftanlagen sind ein brutaler Eingriff in das Landschaftsbild«, scheppert es aus den beiden Lautsprechern.

»Du Sprücheklopfer aus der Stadt weißt aber ganz genau Bescheid«, ruft einer dazwischen.

»Lasst uns doch sachlich bleiben.« Hans-Jürgen Ahlbeck hat sich von seinem Stuhl erhoben und steht in seinem Edeka-Kittel mitten im Saal. Ein paar Auswärtige blicken amüsiert. Die Einheimischen kennen ihn gar nicht anders. »Wir müssen an die Zukunft von Fredenbüll denken, wir müssen die ganze Region im Blick haben.«

»Ja, eben ...«, ruft einer der Naturschützer.

»Dat ist mein Sohn, der ist Bürgermeister von Fredenbüll!«, klärt Frau Ahlbeck den vor ihr hockenden Pressefotografen auf.

»Ich weiß, Frau Ahlbeck.« Er lässt die Kamera mehrmals klicken.

»Wir wollen hier keine Windmühlen!«, ruft der Dorfadlige Onno von Rissen, der in seinem großkarierten englischen Jackett ins Schwitzen gekommen ist, mit meckernder Stimme. »Wir sind doch nicht in Holland!«

»Die Rotoren ...«, haucht die bleiche Lara Brodersen

bedeutsam. »Das sind ganz ungute Schwingungen.« Aber ihre dünne Stimme geht in dem lauten Saal unter.

»Wir lassen uns von euch Hamburger Besserwissern nich vorschreiben, wat wir zu machen haben!«, schreit der Monteur der Schlütthörner Tankstelle ins Publikum.

»Ich komm gar nicht aus Hamburg«, protestiert der Typ, der in seinem knallgrünen Shirt selbst wie ein Frosch aussieht. »Ich komm aus Paderborn und ich hab längere Zeit auf Amrum gelebt.«

»Touristen!«, donnert ein anderer Zwischenrufer.

»Lass ihn doch erst mal ausreden!«, ruft die Frau vom Obsthof aus dem benachbarten Schlütthörn, die seit kurzem offenbar auch ihr Herz für die Kröten entdeckt hat.

Amrum! Das ist es, jetzt fällt bei Bounty der Groschen. Der froschgrüne Typ hinter dem Mikrofon ist Jürgen Wesselmann. Genau. Bounty hat ihn über dreißig Jahre nicht gesehen, und er ist wirklich kaum wiederzuerkennen. Wesselmann hatte damals mit seinem alten Kumpel Nils Gerckens auf der Insel Amrum Zivildienst geleistet. Zusammen hatten sie in der alten Vogelwartstation in den Dünen gehaust, wo es drinnen immer nach einem Gemisch aus Schimmel, Marihuana und feuchten alten Socken roch. Mit seinem Rauschebart und den langen fettigen Haaren hatte Wesselmann damals wie der dicke früh verstorbene Leadsänger der Bluesband »Canned Heat« ausgesehen. Inzwischen wiegt er nur noch die Hälfte, sieht drahtig und alterslos aus, hat aber kein Haar mehr auf dem Kopf. Die spärlichen Reste sind radikal kurzrasiert.

Was hatte sein Freund Nils Gerckens ihm erzählt?

Jürgen Wesselmann hat richtig Karriere gemacht. Jurastudium, nebenbei Biologie, dann war er beim BUND Fachbereichsleiter für Marketing und Fundraising oder so etwas Ähnliches. Bei dem Fundraising hatte es aber offenbar Probleme gegeben. Die »WinWind« hatte den Naturschützern großzügig gespendet, in der Erwartung, bei dem großen Projekt ›Energiewende‹ moralische Unterstützung zu bekommen. Wesselmann hatte bereitwillig Gelder einkassiert, die auf seinem Konto gelandet waren. Vor allem hatte er die erwartete Gegenleistung verweigert. Zu einer Großdemo für die Energiewende und die weitere Subventionierung der Windenergie hatte die »WinWind« ihre sämtlichen Mitarbeiter, denen es eher um ihren Arbeitsplatz und weniger um den Klimawandel ging, nach Berlin gekarrt. Wesselmann hatte eine seiner endlosen flammenden Reden gehalten, aber nicht wie verabredet über den Segen der regenerativen Energien, sondern ganz im Gegenteil über die Gefährdung der Zugvögel durch die Windparks. Die Windkraft-Lobbyisten waren außer sich und hatten sämtliche Unterstützung der Naturschützer eingestellt. Der BUND hatte Wesselmann daraufhin hochkantig hinausgeworfen. Bounty hatte davon in der Zeitung gelesen.

Wesselmanns unendlicher Sermon über die Verflechtungen der Windkraftindustrie mit staatlichen Behörden und Umweltverbänden, über die bedrohte Rotbauchunke und ihr letztes Refugium im Fredenbüller Deichvorland krächzt mit Aussetzern aus den Lautsprecherboxen und droht in der allgemeinen Geräuschkulisse unterzugehen.

»Wat hast du Besserwisser aus der Stadt mit dem …

Dings …« Dossmann fällt der Name nicht gleich ein. »… mit dem R-R-Rotbauchfr-r-rosch zu schaffen?« Das Gesicht des Hühnerzüchters hat mittlerweile die Farbe des Unkenbauches angenommen. Er stampft schimpfend aus dem Saal.

6

Norwin hängt an einem Seil zwischen den Rotorblättern. Er blickt von oben auf die Baustelle, auf das halbfertige Betonfundament für das zweite Windrad, die Baufahrzeuge und die kleine Bude. Aus dem gerade frisch geschütteten Beton staken die Bewehrungseisen heraus. Daneben klafft eine Grube für ein drittes Windrad, und auf der Wiese dahinter sind Löcher für die Fundamente weiterer Windanlagen ausgehoben.

Von hier kann er die ganze Landschaft überblicken. Auf dem Deich und den unendlich weiten Wiesen schleichen Hunderte Schafe durch die brütende Abendhitze. Auf dem Fell der Tiere, die in der Nähe des Windrades stehen, kann er die neonfarben gesprühten Zahlen erkennen. Weiter entfernt sind die Tiere nur als kleine Wolltupfer zu sehen, die im abendlichen Gegenlicht schimmern. Am Rand der Biowiese schwebt auf einem hohen Stab ein Storchennest. Nach Westen gen See thront als einziges Gebäude das propere Reetdachhaus des Hamburger HNO-Professors Müller-Siemsen auf einer Warft. Von dem Haus entfernen sich gerade vier nagelneue silberne Mercedeslimousinen des gleichen Typs. Die Szenerie sieht aus wie in einer Autoreklame. Die ganze Landschaft wird von Minute zu Minute zunehmend in warmes rötliches Licht getaucht. Die lackierte Fieberglasfläche des Rotors leuchtet rosa. Die neu errichtete Windkraftanlage wirft einen langen Schatten über die Wiese. Gleich wird die Sonne rot in der Nordsee versinken. Vom Tümpel klingt das Quaken der Frösche herüber.

Ganz kurz überkommt Norwin hier oben ein Anflug heimatlicher Gefühle. Er ist seit über zwanzig Jahren nicht hier gewesen. Seinen Bruder Klaas hat er seitdem nicht gesehen, zuletzt auf der Beerdigung ihrer Mutter. Damals hatte er gerade mit seinem Ingenieurstudium begonnen. Er wollte einfach nur weg, von den Deichen, den Schafen und den Nordfriesen. Mit dem Friesischen hat er nie viel im Sinn gehabt. Er sieht auch alles andere als friesisch aus. Norwin ist genau wie sein Bruder ein eher dunkler Typ. Aber er sieht besser aus als Klaas. Er ist nicht besonders groß, aber drahtig und wirkt fast ein bisschen italienisch. Allzu viel verbindet ihn letztlich nicht mit seinem Bruder. Klaas ist Postbote in diesem Provinzkaff, und er ist als Ingenieur in der Hightech-Branche Windenergie in der ganzen Welt unterwegs.

Neulich bei der Wiedersehensfeier mit seinem Bruder waren das Bier und die Schnäpse in Strömen geflossen. Sie hatten sich in diesem komischen Imbiss mächtig die Kante gegeben. Das war wirklich eine muntere Nacht. Zusammen hatten sie ›Can't you hear me knocking‹ gebrüllt, dass in der »Hidden Kist« die Scheiben wackelten. Bei den Stones und ihrem Lieblingsalbum ›Sticky Fingers‹ waren die Brüder sich einig. In den frühen Morgenstunden hatten die beiden, schwer unter Strom, den Baustellenkran zu entern versucht. Sie hatten mächtig Spaß. Aber der Kater am nächsten Morgen hatte Norwin schnell wieder zur Besinnung gebracht. Was waren das für trübe Tassen, mit denen er sich nach dem siebten Doppelkorn verbrüdert hatte? Dieser Rentner, der sich ausschließlich von Putenschaschlik ernährt, der ständig bekiffte Althippie und der dösige Dorfsheriff, der behauptet, in seinem Kaff würden die ganz großen Mordfälle passieren. Was für eine traurige Truppe! Und dass er sich gleich wieder mit seiner alten Freundin Alexandra eingelassen hatte, war auch keine gute Idee. Hätte er sich nicht einfach mal zurückhalten können? Jetzt rückte sie ihm gleich wieder auf die Pelle. Aber aufgewärmte Liebschaften mit etwas verwelkten Dorfschönheiten musste er wirklich nicht haben. Er hatte ihr versucht klarzumachen, dass es nur diese eine Nacht war. Dann war sie gleich ausgerastet. Temperament hatte sie ja. Aber an diesen Streits hatte er kein Interesse. So eine Auseinandersetzung wie eben musste er nicht noch einmal erleben. Nein, er musste sehen, dass er hier schnellstens wieder wegkam.

Die Auffanggurte drücken ihm das durchnässte Shirt auf die Haut. Norwin schwitzt unter seinem Helm. Ein Schweißtropfen läuft ihm die Schläfen herunter. Es ist immer noch warm. Aber in der Höhe weht jetzt eine ganz leichte kühlende Brise. Er lässt das Seil ein Stück laufen, lässt sich neben dem Rotorblatt nach unten fallen. Alle anderen, die Monteure und der Kranführer, haben Feierabend und sind schon gegangen. Eigentlich dürfte er hier gar nicht alleine in der Anlage rumturnen. Es ist auch nicht seine Aufgabe. Norwin ist Ingenieur. Aber in Übersee hat er unter schwierigsten Bedingungen auch etliche Anlagen montiert und ist immer wieder selbst in die Windräder gestiegen, um alles unter seiner

Aufsicht zu haben. Er hat mehrere Schulungen für die »Höhenarbeit« in Windkraftanlagen gemacht. Inzwischen ist er fast ein bisschen süchtig danach, am Abend oder frühmorgens eine Weile im Windrad zu klettern.

Er zieht sich am Seil an dem Rotorblatt entlang wieder nach oben. In den letzten Tagen war es fast windstill. So hatten sie das erste der drei Windräder innerhalb kürzester Zeit installiert. Bei dem ruhigen Wetter hatten sie ohne Probleme die Einzelteile des Turmes aufgebaut und verschraubt, das Maschinenhaus und das Getriebe montiert. Heute Nachmittag hatten sie schließlich mit zwei Kränen den Rotoren-Stern nach oben gehievt und eingesetzt.

Eine Gruppe Austernfischer zieht mehrere Kreise um die Baustelle. Zwei der Vögel lassen sich auf einem der beiden Kräne nieder. Ihr schrilles Schimpfen hallt über die Wiesen. Über der Nordsee tropft die blutrote Sonne ins Wasser.

7

Während Norwin sich an seinem Seil die Rotorflächen entlanghangelt, entdeckt er immer wieder Lackschäden, die noch ausgebessert werden müssen. Schlamperei, denkt er, das ist neu, so etwas hätte es noch vor einem Jahr nicht gegeben. Und ob die Verschraubungen wirklich alle richtig sitzen, müsste unbedingt auch kontrolliert werden. Aber in letzter Zeit muss bei »WinWind« alles sehr schnell gehen. Von Projekt zu Projekt wird immer mehr gespart und sie sind deutlich weniger Leute an der Baustelle. Und dann haben Norwin und einige seiner Kollegen seit zwei Monaten kein Gehalt mehr bekommen. Stattdessen wurden sie mit Aktien abgespeist, die sich seitdem im Sinkflug befinden. Der einstige Shootingstar der Börse, »WinWind«, ist zur lahmen Ente geworden.

Die Firma war kurz vor dem Konkurs und ist vor einem Vierteljahr von einem ukrainischen Investor aufgekauft worden. Seitdem gibt es einige Projekte, bei deren Genehmigung nicht alles mit rechten Dingen zugegangen sein soll. Angeblich waren Gelder an Grundstückseigentümer und auch an Behörden gegangen. Nur seine Gehälter hatte er leider nicht bekommen. Norwin ist stinksauer. Er wollte sich seine Vorgesetzten vornehmen, aber die waren größtenteils gar nicht mehr da. Die Firmenleitung war für ihn nicht zu sprechen. Er wusste nicht mal, wo die jetzt neuerdings saß. Nur Sven Blunck gab es noch, den aalglatten Blunck, der auch für das Fredenbüller Projekt zuständig ist.

Blunck war heute Nachmittag eingeflogen, um auf der Protestveranstaltung gegen die geplanten weiteren fünfzehn Windräder Präsenz zu zeigen, wie er es nannte. Hatte dieser ewig braungebrannte und ewig jugendliche Blunck in seinen engsitzenden Anzügen etwa auf seine satten Boni verzichten müssen? In der Firma ist es kein Geheimnis, dass der Schnösel Riesenschulden hat und mächtig unter Druck ist. Blunck steht das Wasser bis zum Hals. Von dem Fredenbüller Windpark hängt für ihn angeblich alles ab. Je länger Norwin darüber nachdenkt, desto wütender wird er. Ihm wird immer wärmer unter seinem Bauhelm. Er hatte Blunck gegenüber seinen Verdacht geäußert und gedroht, die neuen Praktiken der »WinWind« öffentlich zu machen, was eine heftige Auseinandersetzung mit ihm zur Folge hatte. Dann hatte der Projektleiter abgewiegelt, die kurze Durststrecke sei bald überwunden. Deshalb sei der Fredenbüller Windpark auch so wichtig. Die sonst so abgebrühte Managertype war dabei allerdings mächtig ins Schwitzen geraten. Sollte er für den Lackaffen Blunck hier jetzt die Kastanien aus dem Feuer holen? Dafür wusste er zu viel über die dubiose Praxis der Firma. Und er hatte auch Beweise. Verwahrt an einem sicheren Ort.

Wütend zieht sich Norwin an seinem Seil zum Maschinenhaus zurück. Bei der Fertigung und der Montage der Anlage ist gepfuscht worden, das sieht er bei seiner abendlichen Kletterpartie auf einen Blick. Etliche Verbindungen müssen noch überprüft werden. Was wäre denn, wenn er es bei der Kontrolle mal nicht so genau nehmen würde? Wie wäre es, wenn er die Schrauben zur Abwechslung mal in die falsche Richtung drehen würde? Er könnte die »WinWind« in ziemliche Schwierigkeiten bringen, wenn er damit an die Öffentlichkeit treten würde. Vielleicht würden sie dann doch mal an sein Gehalt denken.

Eigentlich hat er wenig Lust auf diese Versammlung heute Abend. Blunck erwartet von seinem leitenden Ingenieur Unterstützung, und auch sein Bruder rechnet mit ihm. Aber Norwin denkt gar nicht daran, bei der Veranstaltung als der große Fürsprecher und Verteidiger des Windparks aufzutreten. Ganz im Gegenteil, vielleicht sollte er den Versammelten mal ein bisschen etwas über die »WinWind« erzählen. Die Leute würden sich wundern. Allerdings hat er mit diesen Froschfreunden auch nichts am Hut. Dieser Wesselmann war an ihn herangetreten, um ihn von dem Fredenbüller Projekt abzubringen. Jürgen Wesselmann, ein Kämpfer gegen die Windkraft? Nein, das weiß Norwin besser. Er kennt ihn von einem gemeinsamen Segeltörn auf der Nordsee. Da hatten sie über Windenergie theoretisiert, und Wesselmann hatte sich über seine Stones-Leidenschaft lustig gemacht.

Die Leute wären wahrscheinlich begeistert, ein paar hübsche Geschichten über den Vorsitzenden der Froschfreunde und auch über die dubiosen Praktiken der »WinWind« zu hören. Er will jetzt nur kurz duschen, sich ein paar andere Klamotten anziehen und dann doch mal bei dieser Versammlung vorbeischauen. Irgendwie ist er auch ein bisschen neugierig.

Norwin wirft seine Moto Guzzi an. Den Bauhelm hat er abgenommen und den Motorradhelm lässt er am Gepäckträger hängen. An diesem Sommerabend will er sich die verschwitzten Haare in dem warmen Fahrtwind trocknen lassen. Bei diesem Wetter kann man unmöglich mit einem Helm fahren, und es ist auch nur ein kurzes Stück. Der Motor spuckt und furzt ein paar Mal, dann lässt die Maschine das typische satte Guzzi-Gurgeln hören. Norwin fischt eine Wasserflasche aus seiner Gepäcktasche. Das Wasser ist lauwarm, aber er hat nach seiner Kletterpartie unglaublichen Durst. Er lässt die fast volle Flasche in sich hineinlaufen. Dann fischt er einen Schokoriegel aus der Tasche. Er zieht das Papier ein Stück von der weich gewordenen Schokolade herunter. Bevor er hineinbeißt, besteigt er sein Motorrad.

Die Sonne ist jetzt untergegangen und über der Nordsee leuchtet der Himmel rötlich. Er schaltet den Scheinwerfer ein. Er lenkt die Maschine vorbei an den angerosteten Stahlskeletten, die für die Betonfundamente bereitliegen, auf die kleine Landstraße Richtung Fredenbüll. Norwin beißt einmal in den Schokoriegel. Einen Rest der immer weicher werdenden Schokolade hält er noch in der linken Hand, die er auf den Griff für die Kupplung stützt. Mit der Rechten zieht er den Gashahn auf. Die Beschleunigung drückt ihn in den Sattel, und der warme Fahrtwind streicht ihm die Haare straff zurück. Der Scheinwerferkegel fegt über die wie mit dem Lineal gezogene Straße am Deich entlang. Die Schafe und das große, über die Jahre ramponierte Reklameschild des Dossmannschen Geflügelhofs, »Freiheit, die man schmeckt«, fliegen vorbei.

Wie aus dem Nichts sind da im Fahrtwind von Weitem auf einmal ein Klacken und fast gleichzeitig ein metallisches Scheppern, ein unangenehm schrilles Knallen zu hören. Was war das? Ist irgendetwas mit der Maschine? Norwin blickt unter sich auf den Motor. Er sieht sofort, dass aus dem Tank ein Benzinstrahl herausspritzt. Ein Strahl wie aus einem Springbrunnen. Verdammt, was ist hier los? Lange zum Überlegen kommt er nicht. Kaum eine Sekunde später hört er erneut dieses Klacken, gleichzeitig trifft ihn ein Schlag am Kopf und ein dumpfer, noch nie erlebter Schmerz. Alles verschwimmt. Er klammert seine beiden Hände um die Griffe des Lenkers, verliert aber die Kontrolle über das Motorrad, das wie von selbst von der Straße abkommt und einen Zaun am Deich durchtrennt. Norwin weiß überhaupt nicht, wie ihm geschieht. Der Deich scheint sich zu drehen. Ihm ist, als wolle sein Kopf zerplatzen. Er sieht ein Schaf auf sich zukommen. Das ist das letzte Bild vor Norwins Augen.

8

Nach einer längeren Pause haben sich alle Beteiligten der Versammlung wieder etwas beruhigt. Einige haben in der Gaststube des »Wattblick« etwas gegessen, andere auf dem Deich eine geraucht oder den Sonnenuntergang an der Badestelle angesehen. Inzwischen ist die Stimmung im Saal schon wieder aufgeheizt. Jürgen Wesselmann stürzt etwas verspätet an sein Mikrofon und ist dann nicht mehr zu stoppen.

»Mit nur einer Windkraftanlage können wir tausendsechshundert Haushalte versorgen«, platzt Edeka-Mann und Bürgermeister Ahlbeck in den Redeschwall des Naturschützers.

»Hans-Jürgen, wir sind aber nu mal grad dreiundsechzig Familien in Fredenbüll! Und da ist dat Ferienhaus von dem Ohrendoktor schon dabei«, kontert seine Mutter. »Wo willst du mit dem ganzen Strom denn hin?«

»Die Rotbauchunke gehört zu den streng geschützten Arten«, doziert Wesselmann unbeirrt weiter. »Es ist verboten, sie durch Aufsuchen ihrer Lebensstätten zu beunruhigen.«

Lara Brodersen himmelt den Froschaktivisten an. Die Biobäuerin hatte schon immer eine Schwäche für solche Öko-Zampanos. »Die Schallwellen«, haucht sie für niemanden hörbar in den Saal.

»Er hat sich ja richtig warmgelaufen«, raunt Bounty

mit Blick auf den Froschaktivisten Telje zu und muss grinsen.

»Bounty, aber er hat ja recht«, findet Telje. »Die Rotbauchunken sind voll süß mit den orangen Flecken auf dem Bauch, und diese Rotoren sind für die echt der Horror.«

Wesselmann ist in seinen Ausführungen über den unerträglichen Eingriff in die Landschaft und die Fauna Nordfrieslands gar nicht mehr zu stoppen. Aus den Lautsprechern kommt ein Dauerkrächzen.

»Wir können Sie ganz schlecht verstehen!«, schreit die schwerhörige Oma Ahlbeck den ihr direkt gegenüberstehenden Redner an. »Is dat Mikrofon auch richtig eingestellt?« Aus dem Saal kommt Gejohle.

»Ich finde das gar nicht lustig«, erhebt die Obstbäuerin die hohe, brüchige Stimme, die im allgemeinen Tumult untergeht. »Für die Rotbauchunke ist es ein Kampf auf Leben und Tod!«

»Genau!«, ruft Telje.

Der Althippie fühlt sich an alte Zeiten erinnert. Nur, dass es damals nicht um ein paar Frösche, sondern um den Weltuntergang ging. Der große Politaktivist ist er eigentlich nie gewesen. Statt in endlosen Teerunden über »Profitmaximierung und Staatsrepression« zu diskutieren, hatten ihn mehr noch die gärtnerischen Details bei der Cannabisaufzucht beschäftigt. Eigentlich ist Bounty ja für die Energiewende, aber musste das unbedingt in Fredenbüll sein? Die Windräder sind nur einen Steinwurf von seinem Haus an der Reusenbüller Drift entfernt. In der Zeitung hatte er kürzlich gelesen, dass in Dänemark in der Nähe von Windkraftanlagen Tiere getobt, geschrien und sich gegenseitig gebissen hätten. Bounty macht sich Sorgen um seine Ziege Jimmy. Und wenn der Protest hier direkt bei ihm vor der Tür stattfindet, kann er doch gern mal wieder etwas mitmischen. Bequemer kann er es nicht haben. Es ist nicht Brokdorf und auch nicht Gorleben. Und Piet Paulsen hat natürlich recht, Oma Ahlbeck ist nicht die scharfe Marion vom KBW, die Bounty 1981 unter dem Wasserwerfer geküsst hatte. Aber er hatte Lust, in seine Routine aus Gartenpflege und Kokosriegeln in der »Hidden Kist« mal wieder etwas Abwechslung zu bringen. Und die Frösche mit dem roten Bauch sind schon geil, findet auch Bounty.

Zur Abwechslung ergreift Bürgermeister Ahlbeck im Edeka-Kittel mal wieder das Wort. »Gegen so ein paar Windräder werden die Frösche doch nichts einzuwenden haben?«

»Bist du eigentlich wirklich so ahnungslos?!«, blafft Wesselmann ihn postwendend an. »Für die Windkraftanlagen werden die Wiesen trockengelegt und dann gibt es dort keine Rotbauchunken mehr! Außerdem handelt es sich um extrem empfindliche Fluchttiere, die bei der geringsten Bewegung erschrecken und hüpfend das Weite suchen«, doziert er in sein knisterndes und krachendes Mikro.

»Ihr seid mir auch so grüne Hüpfer«, tönt Hühnerzüchter Dossmann, der inzwischen auch wieder im Saal zurück ist. Einige lachen.

»Besser als du mit deinen Dioxineiern!«, ruft ein anderer.

»Und wir hatten doch jahrelang die Eier von Dossmann im Frischeregal bei uns im Laden gehabt«, brüllt

Oma Ahlbeck ihrem Nachbar ins Ohr. »Ich mag gar nich dran denken. Schrecklich.«

Dossmann winkt ab. »Ja, ja, sei kein Frosch! Von wegen! Hör mir bloß auf!«

»Ganz recht, daher kommt die Redensart«, verkündet der Umweltaktivist oberlehrerhaft. »Frösche sind schreckhaft … im Gegensatz zu uns.«

Inzwischen ist auch der Projektleiter der »WinWind« Sven Blunck erschienen. Er steht in seinem enggeschnittenen Sommeranzug und hippen roten Chucks neben der Behördendame Barkowsky. Er streicht sich die gegelten längeren grauen Haare zurück und tuschelt mit ihr. Dann wirft er dem Hühnerbaron Dossmann einen prüfenden Blick zu. Beide tun so, als würden sie sich nicht kennen. Aber die kennen sich ganz genau, meint Bounty zu registrieren. Die anderen bemerken es gar nicht.

»Vielleicht kann die Dame aus dem Amt ja auch mal zu dem Thema Stellung nehmen«, bellt der Adlige von Rissen.

Der ganze Saal dreht sich zu ihr um. Babette Barkowsky ziert sich noch. »Wie der Bürgermeister schon gesagt hat, das ist doch auch eine Chance für die Region.«

Einer buht. Ein paar Leute pfeifen.

»Und bezüglich der weiteren Anlagen ist noch gar nichts entschieden.« Sie lässt allzu deutlich erkennen, dass sie zu keiner weiteren Diskussion bereit ist.

»Alles Schiebung!« Es folgt ein Pfeifkonzert.

Frau Barkowsky ist rosa angelaufen. Sie schüttelt den Kopf und verdreht die Augen. »Der Mob probt den Aufstand«, flüstert sie Blunck zu.

Einige Umstehende hören es trotzdem. »Die Dame vom Amt fühlt sich wohl zu fein für uns!«

Der Krötenaktivist Wesselmann ist in dem Tohuwabohu schon wieder kaum zu verstehen. Wer hier für und wer gegen den Windpark ist, lässt sich schwer ausmachen. Viele sind aus Neugier gekommen. Endlich ist mal etwas los in Fredenbüll und in Neutönninger Siel.

»Wo ist eigentlich dieser gutaussehende Bruder von Klaas?«, zischelt Heike Detlefsen ihrer Freundin Sandra zu.

»Das musst du Alexandra fragen«, raunt Sandra. »Wieso ist die eigentlich nicht da?«

»Was muss ich Alexandra fragen?« Heike ist mal wieder nicht ganz auf dem neuesten Stand.

»Sie war doch mal mit ihm zusammen«, flüstert Marret hinter vorgehaltener Hand.

»Das ist zwar hundert Jahre her«, tuschelt Sandra, »aber war wohl die ganz große Liebe.«

»Ihr gegenüber darfst du den Namen Norwin gar nicht erwähnen. Sie hat immer noch eine Stinkwut auf ihn.« Marret und Sandra sehen sich vielsagend an. »Er soll sich damals wohl ganz übel benommen haben … weiß auch nich.«

»Ich dachte eigentlich, dass sie da langsam mal drüber weg is«, flüstert Sandra. »Aber als er nach all den Jahren wieder aufgetaucht ist, kam bei ihr wohl alles wieder hoch.«

»Und jetzt soll wohl auch wieder wat gewesen sein«, zischelt Marret.

»Er sieht aber auch gut aus.« Heike überlegt. »Ganz anders als Klaas.«

»Na ja, Klaas ist ja auch so 'n büschen dunkler Typ«, stellt Marret fest.

»Jaa … nee!«, protestiert Sandra. »Norwin sieht doch aus wie dieser italienische Schauspieler … wie heißt er noch gleich?«

»Robert de Niro?« Heike sieht sie fragend an.

»Der aus dem … Dings«, Sandra kommt nicht gleich drauf, »aus dem Paten.«

»Nee, nich der Niro!«, ruft die in der Nähe sitzende Kinoexpertin Oma Ahlbeck mit rollendem R und in einer Lautstärke, dass es der ganze Saal mitbekommt. »Ihr meint Al Patschino!« Seit sie im Kurkino von Bad Orb zusammen mit Kurt den ›Paten‹ gesehen hat, ist Frau Ahlbeck vom Western auf den Mafiafilm umgeschwenkt. Seitdem schwärmt sie für Al Pacino und natürlich für Kurt.

Kaum ist der Name des Hollywoodstars heraus, stürmt Kurschatten Kurt auch schon in den Raum. Der halbe Saal dreht sich um.

»Is das nich Ihr Bekannter, Frau Ahlbeck?«, macht Sandra sie auf den Neuankömmling aufmerksam.

»Nanu?! Kurt, da bist du ja schon wieder!«

Wesselmann unterbricht seine Ausführungen über die Paarung der Rotbauchunke unter Wasser.

»Diese ganze Veranstaltung ist doch eine einzige Farce«, echauffiert sich Babette Barkowsky.

»Ist denn unser Polizeiobermeister … Herr … ähhh … auch hier?«

»Thies, wo steckst du?«, ruft Tankwart Sönke.

»Hast denn paar schöne Schnappschüsse von den Fröschen gemacht?«, ruft Oma Ahlbeck quer durch den Saal.

»Zuerst ja.« Kurschatten Kurt ist aufgeregt. »Aber dann hab ich was ganz anderes entdeckt.« Mittlerweile haben sich Thies und Klaas zu ihm vorgearbeitet. »Was is denn los?«, will der Fredenbüller Polizist wissen.

»Da muss wohl einer mit seinem Motorrad in die Betongrube gefallen sein.« Kurt ist regelrecht außer Atem.

»Betongrube?« Thies hat noch nicht ganz kapiert.

»Das Fundament von dem Windrad«, kommt Bounty seinem Imbissfreund zu Hilfe.

»Motorrad?«, fragt Klaas. Er muss sofort an seinen Bruder denken. »Aber wieso Beton?« Im Saal entsteht Unruhe. »Der fährt doch nicht in' Beton.«

Wind-Manager Blunck und der Behördendame Barkowsky ist das überhebliche Grinsen aus dem Gesicht gewichen.

»Ganz komisch.« Kurschatten Kurt ist ratlos. »Ich hab gleich Fotos gemacht.« Kurt zückt seine monströse Kamera und ruft ein Bild auf. »Hier!« Er zeigt auf das Display des Apparates. »Das sieht doch aus wie ein Lenker, der da rausguckt.«

9

Es ist eine wunderschöne, für Nordfriesland ungewöhnlich laue Juninacht. Im Nordwesten ist immer noch die Andeutung eines helleren Schimmerns zu erkennen. Der Himmel spannt sich wie eine Halbkugel über die weite Landschaft. Die unzähligen flackernden Sterne wirken wie eine künstliche Lichtinstallation. Mittendrin blinkt das rote Licht auf dem Windrad. Die Freiwillige Feuerwehr aus Schlütthörn hat neben dem frisch gegossenen Fundament mehrere Strahler aufgestellt. Obwohl sie noch gar keinen Toten haben, hat Thies sofort Kriminalhauptkommissarin Nicole Stappenbek von der Mord Zwei in Kiel benachrichtigt. Nicole war begeistert, dass sie heute Nacht noch zusammen mit Spusimann Mike Börnsen in Fredenbüll anreisen soll.

»Nicole, hier ist Gefahr im Verzug!« Nachdem Thies den Handgriff des Motorrades in dem Betonfundament entdeckt hat, stürzt er sich sofort enthusiastisch in den neuen Fall.

»Wie jetzt? Gefahr im Verzug?« Nicole klingt verschlafen und mal wieder vollkommen verschnupft.

»Nicole, der Beton bindet uns hier ab!« Thies lässt keine Zweifel aufkommen, dass sie schnell handeln müssen.

»Sag mal, Thies, weißt du eigentlich, wie spät es ist?«

Er sieht auf seine Uhr. »Ja, wieso? Gleich zwölf.«

»Und wo, bitte, soll ich Finn auf die Schnelle unterbringen? Kannst du mir das vielleicht verraten?« Nicole ist alleinerziehende Mutter, und als Leiterin der Kieler Mord Zwei sind Beruf und Familie gar nicht so leicht unter einen Hut zu bringen. »Die Kita hat nachts geschlossen.« Sie muss niesen.

»Nicole, ehe die Kita aufmacht, is der Beton durchgehärtet.«

Nachdem Frau Ahlbecks Kurschatten Kurt auf der Veranstaltung im »Café Wattblick« aufgetaucht war, hatten sich Thies, Klaas und ein paar andere sofort auf den Weg zu der Baustelle gemacht. Der halbe Saal ist gleich hinterhergekommen. Die Versammlung hat sich aufgelöst. Die Rotbauchunke muss vorläufig zurückstehen.

»Dat ist die Maschine von Norwin.« Klaas ist sich ganz sicher, obwohl an dem zementüberzogenen Handgriff zunächst nicht viel zu erkennen ist. Das halbe Dorf steht um das Fundament herum, starrt in den halb gegossenen Beton und sieht den Arbeiten fasziniert zu.

»Der Zement muss feucht gehalten werden.« Bürgermeister Ahlbeck, immer noch im Edeka-Kittel, gibt von außen mehr oder weniger hilfreiche Hinweise.

Thies hatte sofort die Freiwillige Feuerwehr alarmiert, und die hat allerlei schweres Werkzeug mitgebracht, Spitzhacke, Hämmer und Kuhfüße. Stück für Stück legt Thies zusammen mit Brandmeister Thormählen einzelne Teile des Motorrades frei. »Dat is die Moto Guzzi von Norwin!«, ruft Klaas mit einem Schrecken im Gesicht bei jedem neuen Teil, das zu Tage gefördert wird.

Irgendwann blinkt dann tatsächlich das Guzzi-Logo mit dem Adler auf dem Tank im Scheinwerferlicht aus dem Zement heraus.

»Scheiße, die schöne Maschine!«, entfährt es dem Schimmelreiter Hauke Schröder, der auf seiner allabendlichen Rundfahrt am Deich ist. Aber insgeheim ist er froh, dass stattdessen nicht sein Mustang Modell »King Cobra« im frischen Beton liegt.

Thies ist die ganze Geschichte ein Rätsel. Wer hat Norwins Motorrad hier im Beton verschwinden lassen? Und liegt Norwin etwa auch in der Betongrube? Aber warum? Im Augenblick ist Klaas' Bruder wie vom Erdboden verschluckt. In der »Hidden Kist«, auf seinem Gästesofa in Klaas' Wohnung über dem ehemaligen Postamt und auch in seiner Baubude ist er nicht aufzutreiben.

Inzwischen sind Nicole Stappenbek und ihr Kriminaltechniker Mike Börnsen an der Baustelle eingetroffen. Nicole hatte ihren Finn auf die Schnelle bei ihrer Mutter abgegeben, und Börnsen hatte auf den leeren nächtlichen Landstraßen ordentlich Gas gegeben.

Thies und die Kieler Kommissarin begrüßen sich mit zwei Küssen auf die Wangen. »Was ist denn das? Lässt du dir 'n Bart wachsen?«

»Ja … mal sehen.« Thies guckt verlegen. »Is ja Mode jetzt.« Bislang sieht Thies' Bartversuch noch etwas kläglich aus. Nicole schmunzelt müde. Auch bei dem warmen Wetter trägt sie ihre obligatorische Lederjacke mit den Fransen. Die blonden Haare hat sie mit einem Haargummi zu einem Pferdeschwanz gebunden. Sie wirkt immer noch reichlich verschlafen. Die Doppelbelastung mit Kind und Mord Zwei ist ihr anzusehen. Trotzdem sieht sie wieder toll aus, findet Thies.

Spusimann Mike Börnsen hat sich gleich an die Arbeit gemacht. Fieberhaft versucht er, unterstützt von Brandmeister Thormählen, sich durch das tausend Tonnen schwere Fundament zu arbeiten. Der Beton war noch nicht durchgehärtet. Aber er war bei dem ungewöhnlich warmen Wetter offenbar schneller getrocknet, als der- oder diejenigen, die hier etwas verschwinden lassen wollten, erwartet hatten.

»Nicole, Norwin is da drin, jede Wette.« Thies ist fest überzeugt.

»Ja, Thies, das will ich mal hoffen, dass du uns hier nicht umsonst herbestellt hast«, pflaumt Börnsen ihn an. Klaas guckt reichlich betreten.

»Mensch, Mike!«, ermahnt Nicole ihren KTU-Mann. Auch Thies sieht ihn strafend an. Klaas, der sich inzwischen seine Postjacke übergezogen hat, steht jetzt das blanke Entsetzen im Gesicht. Polizei und Feuerwehr fahren mit ihrer Arbeit fort.

»Da liegt was drin, was da nich hingehört.« Thies ist felsenfest überzeugt. »Ich mein, mal abgesehen von der Guzzi.«

Inzwischen schwenkt Börnsen mit wichtiger Miene eine Radarsonde über das Betonfundament. Das Gerät gibt ein monotones Piepen von sich, aber ein Ausschlag bleibt aus.

»Wir brauchen 'n Spürhund! Unbedingt!«, ist Thies überzeugt. »Hunde sind in der Lage, in Beton eingeschlossene …«, dem Polizeiobermeister bleibt der Satz im Hals stecken, »… na ja, so Teile zu erspüren.«

»Und wo, verdammt, sollen wir mitten in der Nacht einen Spürhund herbekommen?« Mike Börnsen ist sichtlich genervt.

»Wieso? Susi!«, rufen gleich mehrere Fredenbüller im Chor.

»Dieser altersschwache Imbisshund? Das soll wohl ’n Witz sein«, mault der Spusimann. »Der ist doch überhaupt nicht ausgebildet.«

Die Fredenbüller protestieren empört im Chor. Wenig später sind Antje und Susi zur Stelle, und Klaas hat ein paar alte Socken von Norwin organisiert. Antje ist angesichts der dramatischen Ereignisse putzmunter. Nur Susi wirkt wenig motiviert. »Dat ist die Ernährungsumstellung«, vermutet Antje.

»Ernährungsumstellung?«, fragt Bounty scheinheilig.

»Bounty, dat weißt du ganz genau.« Antje sieht ihn vorwurfsvoll an. Susi guckt traurig zu dem Althippie auf. Bounty winkt ab. Die Umstehenden blicken fragend.

»Sie soll doch nich mehr so viel Süßigkeiten«, erklärt die Imbisswirtin. »Hat der Tierarzt in Bredstedt gesagt. Sie war ja in der letzten Zeit immer ’n büschen übernervös, und dat soll wohl an der Schokolade liegen … sagt der Doktor.«

Susi legt den Kopf schief. Bounty tätschelt sie und setzt seine Unschuldsmiene auf. »Vor allem keine Schokolade«, wiederholt Antje streng.

Thies hält dem Hund die alten Socken von Norwin hin. Susi schnuppert etwas gelangweilt daran und wendet sich angeekelt sofort ab. Susi sieht ihr Frauchen fragend an. »Ja, Susi, Klaas’ Bruder«, redet Antje dem

Hund gut zu. »Norwin! Such!« Der Schäfermischling schleicht gelangweilt um das große Betonfundament herum.

»Susi! Such!« Antjes Ton wird deutlicher.

»Von übernervös kann heute Nacht aber keine Rede sein«, bemerkt Bounty, der in seiner Tasche gleich nach einer süßen Reserve kramt.

»Bounty!«, zischt Antje den Althippie tadelnd an. Dann wendet sie sich gleich wieder dem Hund zu und deutet auf das Betonfundament. »Such!«

»Das ist doch total gegen ihr Naturell.« Bounty blickt ungewöhnlich ernst. »Nich dass ihr noch auf die Idee kommt, Susi zum Drogenhund abzurichten.« Marret, Heike und Sandra, die inzwischen ebenfalls unter den Schaulustigen sind, müssen kichern. Aber dann werden sie sofort wieder ernst.

»Thies, meinst du wirklich, dat Norwin da einbetoniert is?«, fragt Heike. Nicole sieht sie strafend an.

»Heike, lass uns mal unsere Arbeit machen«, raunzt der Polizeiobermeister, der ohne Polizeijacke und Mütze, aber mit Spitzhacke mitten in dem halb abgetrockneten Beton steht. Ein größerer Teil des Motorrads ist inzwischen freigelegt. Der Lenker der Moto Guzzi ragt deutlich aus dem Beton heraus. Susi läuft inzwischen nervös hechelnd auf dem Fundament umher. Sie schnüffelt, aber vor allem ist sie damit beschäftigt, den halbfeuchten Zement von ihren Pfoten zu schütteln. Im Augenblick wirkt die ganze Aktion noch etwas konfus. Aber dann stürzt der Imbisshund sich auf eine Stelle und kratzt wie besessen an dem halbnassen Beton herum.

»Sie hat was gefunden«, ruft Antje. Der Hund dreht sich kurz nach ihr um. »Ja, fein Susi, weiter! Such!«

»Sie scheint wat zu haben«, meint auch Thies, halb begeistert, halb mit sorgenvollem Blick auf Klaas.

Der Schäfermischling hat ganz offensichtlich eine Spur. Susi hat die Welt um sich herum vergessen. Sie gräbt sich in den Beton. Die lästigen Zementbrocken an ihren Pfoten sind vergessen.

»Das gibt's doch nich!«, ruft Thies. »Dat sieht aus wie … kann doch nich sein …«

»Wie? Was?«, will Börnsen, der gleich dazukommt, wissen.

Der Hund scharrt immer wilder an der Stelle. Jetzt leckt er an dem Zement herum.

»Susi, aus!«, will Thies den Hund zurückrufen. Aber Susi ist überhaupt nicht mehr zu bändigen. »Antje, ruf du sie mal!«

Mehrere der Schaulustigen, Heike, Klaas und Bounty laufen jetzt auch auf das Fundament.

»Das ist 'ne Hand … mit 'nem Stück Schokolade.« Spusimann Börnsen traut seinen Augen nicht.

»Aber das ist kein Bounty«, konstatiert der Althippie, der sich in der Welt der Schokoriegel bestens auskennt.

»Nee, dat sieht nach 'm Snickers aus«, stellt Thies nüchtern fest.

10

Die drei Fenster in dem Frühstücksraum zum kleinen Garten hin sind sperrangelweit geöffnet. Man kann an einem Gartenhäuschen vorbei über die Wiese sehen. Aus mehreren Fliederbeerbüschen kommt Vogelgezwitscher, das von dem Lachen einer vorbeifliegenden Möwe übertönt wird. Nach der lauen Nacht ist es schon wieder heiß geworden. Eine dicke bläulich schillernde Fliege umkreist laut brummend die Deckenleuchte.

Seit kurzem hat Renate ein drittes Zimmer in ihrer Pension. Um die Zimmerauslastung mit einem zusätzlichen Wellnessangebot in Schwung zu bringen, hat sie im letzten Winter eine Fortbildung besucht. Seitdem lockt Renate ihre Gäste mit einer »Welt voller Entspannung« und dem Versprechen, »Raum und Zeit zu vergessen«. Mit dem Slogan will sich die Pensionswirtin über Schlechtwettertage in der Nebensaison retten. Neben der Waschküche gibt es jetzt einen Tai-Chi-Raum. Aber Renates Schwerpunkt liegt auf der russisch-tibetischen Honigmassage. Mithilfe des Honigs sollen alte Schlackenstoffe und Gifte tief aus dem Körpergewebe herausgezogen werden.

»Die Energien fließen wieder und die Aura is voll da!« Renate hat sich gründlich in die Materie eingearbeitet. Zudem hat sie größere Mengen Honig aus den Restbeständen des Hobbyimkers Doktor Müller-Siemsen, der seine Bienenstöcke aufgegeben hat, übernehmen können. Jetzt lagert der Fredenbüller Deichhonig in großen Dosen im Vorratskeller neben dem Tai-Chi-Raum. Ob sie das Wundermittel bei ihren jetzigen Pensionsgästen zum Einsatz bringen kann, ist allerdings fraglich.

Zwei Gäste sitzen im Frühstücksraum. Der Vorsitzende der Bürgerinitiative »Sei (k)ein Frosch« liest den ›Nordfriesland Boten‹ und pustet in den Kaffee, der bei diesem Wetter überhaupt nicht abkühlen will.

»Na, is schon was drin über den Motorradfahrer?«, fragt Renate und streicht sich über die Kittelschürze mit Seepferdchenmuster. »Dat soll ja wohl der Bruder von unserem Postboten sein, der da mit seinem Moped in die Betongrube gefallen ist.« Doch einen Bericht über die gestrige Versammlung im »Café Wattblick« und über die Ausgrabungsarbeiten im Fundament der Windkraftanlage sucht Wesselmann vergeblich. Über die großen Ereignisse in der Region berichtet die Lokalzeitung erst mit einigen Tagen Verspätung, und ein Reporter des Blattes war wohl ohnehin nicht vor Ort.

An dem kleinen Ecktisch sitzt der wortkarge Fremde mit den blond gefärbten nach hinten gekämmten Haaren. Er starrt auf das gerahmte Foto von einem Seehundheuler, das an der Wand hängt, und wartet auf seinen Kaffee. Er trägt wieder die dicke runde Schweißer-Sonnenbrille. Er wirkt drahtig, eine Spur zu hager, er sieht fast ein bisschen ungesund aus. Wesselmann nickt dem Mann über seine Zeitung hinweg zu. Aber der zeigt nicht den Ansatz einer Reaktion und hat weiterhin das Seehundbaby fest im Blick. Eigentlich wollte er überhaupt kein Frühstück. Auf leisen Sohlen hatte er an Renates Küche vorbeischlüpfen und sich aus dem Haus schleichen wollen. Aber die resolute Zimmerwirtin hatte ihn dabei ertappt.

»Ohne Frühstück? Wie stellen Sie sich dat vor? Dat kommt überhaupt nich infrage.« Wenn sie sich ereifert, rollt Renate das R besonders schön. »Sie müssen doch wat im Magen haben ... Sie sehen nich gut aus ... und dann mit Ihrem Asthma.« Dann hatte sie den großen, aber schmächtigen Ausländer förmlich in den Frühstücksraum geschubst.

»Nothing but coffee«, röchelt er kaum verständlich.

»Dat heißt aber Bed and Breakfast«, doziert Renate selbstbewusst. »Ohne Breakfast fehlt die Hälfte.« Der Fremde sieht sie fragend an. »Ja, is doch so? Ich hab hier noch 'n dritten Herrn, der will auch nie Frühstück. Meist ist er gar nich da, sondern in seinem Büro in Husum. Er kommt immer mal zwischendurch. Meine Gäste haben ja alle 'n Schlüssel. Aber meist is sowieso nich abgeschlossen. Hier klaut niemand was.« Renate stellt Brötchenkorb, Wurstplatte und eine Kaffeekanne mit Friesenmuster auf die geflochtene Kunststofftischdecke.

»Wie sieht's aus, die Herren, weich gekochtes Ei?« Sie sieht die beiden fragend an. »Schönes Bio-Eichen?«

»Ja, da sag ich nicht Nein.« Wesselmann legt einen Teil der Zeitung beiseite.

»Und Sie?«, fragt Renate den Mann am Ecktisch.

Der Fremde sieht Renate verständnislos an. Die Pensionswirtin spiegelt sich in seinen Brillengläsern.

»Do you want an egg?«, übersetzt der Froschaktivist. »Organic.«

»Or-ga-nic«, hustet der Ausländer. »No.« Er bekommt schon wieder ganz schlecht Luft.

Die Vogelstimmen von draußen werden lauter. Im Frühstücksraum mischt sich Kaffeeduft mit dem alkoholisch beißenden Haarwasser des Fremden. Der fette schillernde Brummer stürzt sich nach mehreren Runden um seinen Kopf auf den Wurstteller von Froschaktivist Wesselmann, der prompt sein Frühstück beendet. Auch bei dem seltsamen neuen Pensionsgast kann Renate mit ihrem opulenten Frühstück nicht recht landen. Und wegen der russisch-tibetischen Honigmassage haben sich die beiden Herren sicher auch nicht bei ihr eingemietet. Etwas enttäuscht ist Renate schon.

Der blondierte Dünne nimmt die Kaffeekanne. Sein Atem rasselt. Die spiegelnden Brillengläser scheinen gebannt auf die Kaffeetasse mit dem Friesenmuster gerichtet. Dann gießt er den heißen Kaffee knapp neben die Tasse. Renate nimmt ihm die Kanne aus der Hand und übernimmt das Eingießen.

»Grazie … danke schönnn«, japst er.

»Macht nix«, beruhigt Renate ihn mit Blick auf die geflochtene Plastiktischdecke. »Sie können wohl auch nich so gut gucken, nä?« Sie sieht ihn besorgt an. »Und Ihre Bronchien hören sich schon wieder nich gut an.« Die Zimmerwirtin beginnt Wesselmanns Tisch abzuräumen. »Unsere gute Nordseeluft wird Ihnen gut tun … Was haben die Herren bei dem schönen Wetter denn für Pläne?« Die beiden reagieren zunächst überhaupt nicht auf Renates Frage. »Vielleicht mal raus zur

Badestelle nach Neutönninger Siel. ’n büschen abkühlen bei der Hitze?« Dass die beiden keine normalen Nordseeurlauber sind, hat Renate immer noch nicht ganz realisiert.

»Geschäfte.« Wesselmann grient etwas verkrampft.

»Ach so, ja, ich weiß ja. Wieder ’ne große Aktion mit Ihren Fröschen geplant? Sei kein Frosch …«

Kaum ist das Wort Frosch gefallen, zuckt der Fremde zusammen und droht seinen Kaffee zu verschütten. »Frosche?« In den Dünnen mit der Schweißerbrille kommt Leben. »What’s going wrong with the frogs?« Er fummelt sein Asthmaspray aus der Jackentasche und nimmt einen Hub.

»Herr Wesselmann is wegen den Windrädern da«, erklärt Renate, die sich das irgendwie zusammenreimt. »Die Geräusche stören seine Frösche … und auch dat Licht, nä?«

»Schattenwurf«, bestätigt der Umweltschützer.

»Frogs, si.« Der Blonde hustet und trinkt den restlichen Kaffee.

»Dat hört sich nich gut an«, findet Renate. »Meine Honigmassage würde Ihnen auch guttun.«

Nachdem die beiden Männer zu Ende gefrühstückt und die Wellness-Oase verlassen haben, bringt Renate ihre Küche in Ordnung.

Beim Bettenmachen in den Zimmern fällt der Pensionswirtin der ungewöhnliche Koffer des Fremden auf, den er neben einem kleinen Trolley dabeihat. Ein normaler Reisekoffer ist das nicht. Er hat ein ungewöhnliches Format, schmal, flach und über einen Meter lang. Ist da ein Instrument drin? Aber was für eines? Renate begutachtet das Stück. Warum hat der Fremde den Koffer unter dem Bett versteckt? Am liebsten würde sie einen Blick hineinwerfen. Aber das traut sie sich dann doch nicht.

11

Heike füllt die eingeweichte Körnermischung in die Müslischalen und verteilt Obst darauf. Thies und die Zwillinge Telje und Tadje lassen das wie jeden Morgen mehr oder weniger geduldig über sich ergehen. Angesichts des zähen Hirsebreis muss Thies sofort wieder an den toten Norwin im Beton denken. Sie hatten die ganze Nacht damit verbracht, Klaas' Bruder und sein Motorrad aus dem frisch gegossenen Beton herauszubekommen.

»Heike, ich muss los ... wir müssen uns den Beton noch mal bei Tag angucken.«

»Ich denk, ihr habt ihn gestern Nacht noch gefunden. Dat ist doch Klaas' Bruder, oder? Habt ihr doch ermittelt?«

»Heike, wir mussten Norwin letzte Nacht erst mal freistemmen. Die Ermittlungen fangen jetzt erst an. Nicole und Börnsen sind seit gestern Nacht vor Ort, heute kommt der Gerichtsmediziner.«

»Nicole bleibt schon wieder länger?« Heike ist entsetzt. »Die gehört ja wohl auch bald zur Familie!« Sobald die blonde Kieler Hauptkommissarin in Fredenbüll auftaucht, ist Heikes Stimmung auf dem Nullpunkt. Thies dagegen ist auffällig gut gelaunt.

»Wie ist der überhaupt in den Beton gekommen?«, fragt Tadje und fischt lustlos ein paar Goji-Beeren aus dem Hirsebrei heraus.

»Genau das ist die große Frage«, verkündet Thies wichtig. »Wir müssen von Mord ausgehen.«

»Thies, hör doch auf. Wer soll Klaas' Bruder denn umbringen?«

»Heike, dat ist nich der erste Mordfall, den wir hier in Fredenbüll haben. Hier sind schon ganz andere umgebracht worden.«

»Was is bloß wieder los in Fredenbüll.« Heike schüttelt den Kopf. Dabei fällt ihr eine Strähne ihres blonden Heuwagens in die Stirn. »Bei Telje und Tadje in der Klasse hat es 'ne Schlägerei gegeben. Thies, darum solltest du dich vielleicht auch mal kümmern.«

»Schlägerei?« Thies wird hellhörig und sieht seine Töchter fragend an.

Telje druckst herum. »Wir haben doch jetzt diese beiden Amerikaner, die in dem Haus von Müller-Siemsen wohnen, bei uns in der Klasse.«

»Jake und Naomi«, verkündet Tadje nicht ohne Bewunderung.

»Amerikaner?«, fragt Heike. »Ich denk, dat sind Italiener.«

»Ja, irgendwie beides«, überlegt Tadje.

»Die kommen aus New York. Little Italy«, verkündet Telje besserwisserisch.

»Telje weiß es mal wieder ganz genau.« Tadje verdreht die Augen.

»Und wat wollen die hier bei uns in Nordfriesland? Neue Pizzeria in Bredstedt, oder was?«, fragt sich Thies.

»Die machen da ein ziemliches Geheimnis draus.« Telje löffelt missmutig ihr Müsli.

»Und wieso jetzt Schlägerei?« Thies wird langsam ungeduldig.

»Weiß auch nicht, Ove und Torben-Hendrik haben 'n paar Sprüche über Naomi gemacht«, antwortet Telje.

»Er so: Hast du deine Klamotten von der Altkleidersammlung oder trägt man das bei euch da drüben?« Tadje muss grinsen. »Das war schon krass.«

»Dieser Jake ist scheinbar ganz ruhig geblieben«, erzählt Telje. »Und dann hat er die Erdkundekarte von Afrika, die zusammengerollt noch da hing, vom Ständer genommen und sie Ove voll über seine Teppichfliese gezogen. Richtig heftig.«

»Ove hat doch diese komische Frisur, diesen Haarstreifen auf dem Kopf …«, erklärt Tadje.

»Der wie der Rest einer Teppichfliese aussieht, ich weiß …« Thies zieht schon mal seine Polizeijacke über.

»Echt, Papa, die Teppichfliese war noch sein Glück. Die hat das voll abgefedert.«

»Und Naomi hat sich totgelacht … die haben echt schon speziellen Humor, die Amis. Krass.« Telje macht ein besorgtes Gesicht.

»Und was sagt Doktor Niggemeier dazu?«, fragt Heike.

»Mama, Niggemeier kriegt doch mal wieder gar nichts mit.«

»Thies, was sind denn das überhaupt für Leute in dem Haus von Müller-Siemsen?« Heike hat mittlerweile gerötete Wangen.

»Heike, ich weiß es doch auch nich. Ich glaub, da hängt dat BKA mit drin. Ganz große Sache.«

»Der Mann war wohl schon bei Alexandra im Salon. Zum Rasieren.« Heikes Tonfall klingt schnippisch.

»Rasierapparat zu Hause vergessen, oder wat?« Für die Geschichten aus dem Friseursalon hat Thies jetzt wirklich keine Zeit. Er steht schon halb in der Tür.

»Ich meine, sie hat gesagt, er wär Italiener … und er sieht wohl sehr gut aus.« Heike gerät ins Schwärmen. »Alexandra war gleich ganz hin und weg … na ja, sie is ja schnell … wie soll ich sagen … begeistert.«

»Ja, Mädels, ich muss jetzt wirklich mal.«

12

Während Kriminaltechniker Börnsen und Gerichtsmediziner Carstensen den Toten von den letzten Zementresten befreien, sitzen Thies und Nicole in der »Hidden Kist« und diskutieren den dürftigen Stand der Ermittlungen. In dem kleinen Imbiss steht die Hitze. Durch die großen Scheiben und die Glastür heizt die Sonne den Raum richtiggehend auf. Das heiße Fett der Fritteuse macht es nicht unbedingt erträglicher.

Klaas ist sichtlich angeschlagen. Obwohl er sich die Postjacke ausgezogen hat, schwitzt er. Die dunklen Haare kleben auf seiner Stirn. Die Posttasche steht neben seinem Hocker. Die Post liegt unsortiert vor ihm auf dem Stehtisch. Klaas' Stimmung war ohnehin schon gedrückt. Im letzten Winter hatte ihn seine sächsische Bekannte Mandy endgültig verlassen und war zu ihrem neuen Freund, einem Sylter Kollegen von Klaas gezogen. Die Dame hat offensichtlich ein Faible für nordfriesische Postboten. Klaas war kaum darüber hinweg, schon trifft ihn der nächste Schicksalsschlag.

Eigentlich hat er in den letzten Jahren nicht viel mit seinem Bruder zu tun gehabt, und besonders nett war Norwin auch nie zu ihm gewesen. Aber jetzt trauert Klaas doch. Antje versorgt ihn mit mehreren »Ladde Macchiato«, so wie er sie mag. »Mit nich so viel Milch.« Der Schimmelreiter trinkt Cola und sagt keinen Piep.

Bounty pult heimlich fast geräuschlos einen Kokosriegel aus dem Papier. Susi spitzt trotzdem sofort die Ohren. Die Hündin liegt neben dem Glastresen, vor sich eine Schale mit einer angetrockneten Tofuwurst, die sie noch nicht angerührt hat. Traurig sieht sie zu dem Althippie hoch. Die Stimmung im Imbiss ist gedrückt wie selten.

»Herzliches Beileid auch«, krächzt Piet Paulsen, als er etwas später als sonst den Imbiss betritt. »Klaas, tut mir leid mit deinem Bruder. Is bestimmt kein schöner Tod in dem Beton. Tragisch so wat.«

»Tragisch, nee, dat war Mord«, stellt Thies klar.

»Trotzdem tragisch.« Piet Paulsen ordert für sich und seinem Imbissfreund Klaas jeweils einen Köm.

»So früh am Morgen schon?«, gibt Antje zu bedenken.

»Dat tut ihm jetzt ganz gut.« Paulsen ist sich sicher. »Und ich trink zur Gesellschaft einen mit. Wat ist mit dir Thies?«

»Freunde, ich bin im Dienst. Wie stellt ihr euch dat vor?«

»Wat is eigentlich mit der Guzzi? Totalschaden, oder?« Die Frage des Schimmelreiters wird von allen überhört.

Nicole beißt müde in ihren Croque »Störtebeker«, den sie sich bei Antje regelmäßig bestellt. Sie droht bei ihrem Frühstück fast einzuschlafen. Thies und die Kieler Kommissarin haben eine lange Nacht hinter sich. Es hat Stunden gedauert, ehe sie den toten Norwin aus dem Beton geborgen hatten. Und genauso lange brauchten sie, Norwin so weit von Zement zu befreien, bis sie die Schusswunde in seinem Kopf entdeckt hatten.

»Klaas, ich kann mir vorstellen, dat is alles nich so einfach für dich.« Thies druckst herum. »Aber wir müssen dir jetzt 'n paar Fragen stellen.«

Thies ist die ganze Situation unangenehm. Aus der Imbissrunde hatte noch niemand ein Mordopfer in seiner Familie. Die Situation ist neu. Stattdessen hatte Klaas dem Fredenbüller Polizeiobermeister immer mal assistiert. Der Postbote stiert apathisch vor sich hin, und Thies weiß auch irgendwie nicht, wie er anfangen soll. Er zupft verlegen an seinem spärlichen Bart.

»Die Hitze und dann noch die Sache mit seinem Bruder. Dat is zu viel auf einmal.« Auch Piet Paulsen schwitzt. Er nimmt sein Basecap ab, wischt sich den Schweiß von der Stirn, prostet Klaas kurz zu und kippt den Kurzen. »Antje, bei dem Wetter mach mir statt Bier mal lieber Alsterwasser.« Mit Mühe erklimmt er den Barhocker. Piet hat seit einiger Zeit Probleme mit dem Knie.

»Hat dein Bruder Feinde gehabt?«, legt Thies etwas unvermittelt mit der Befragung los.

Der Postbote sieht seinen Freund verständnislos an. »Feinde? Wat denn für Feinde?«

»Hat Norwin vielleicht von Problemen in der Firma erzählt oder so? Hatte er private Probleme?«, fragt Nicole nach.

»Privat?« Klaas sieht sie traurig an. »Nicole, Norwin und ich hatten doch seit Jahren gar keinen Kontakt mehr … eigentlich seit Jahrzehnten … Er war doch ewig nich mehr in Fredenbüll.«

»Er kommt zwar von hier, aber im Grunde genommen war er nie 'n Fredenbüller«, konstatiert Paulsen.

»Aber die letzten Tage hat er doch bei dir gewohnt«, wendet Thies ein. »Hat er da nix erzählt?«

»Eigentlich war er ja nur zum Schlafen da. Morgens, wenn ich los bin, die Post bei Ahlbeck rausholen, war er ja meist schon weg.« Klaas wird schon wieder munterer. Der Köm zeigt Wirkung.

»Aber als wir neulich alle zusammen mit deinem Bruder 'n paar kühle Getränke genommen haben, da hat er doch so 'n bisschen was von seiner Firma erzählt«, schaltet sich Bounty ein. »Was da so alles an krummen Deals läuft.«

»Krumme Deals?« Nicole leckt sich die Mayonnaise von den Fingern.

»Die hatten wohl Probleme mit der Bezahlung. Norwin hatte mehrere Monate keinen Lohn gekriegt. Geht ja eigentlich auch nich.« Klaas räumt aus Verlegenheit seine Post von der einen Seite des Stehtisches auf die andere. »Seine Windfirma war wohl irgendwie in Turbulenzen gekommen.«

Während er das sagt, hält ein Mann auf einem Fahrrad vor dem Imbiss.

»Das is doch dat alte Rad von Müller-Siemsen.« Antje hat es sofort erkannt.

Die Tür öffnet sich klappernd, und der unbekannte Gast betritt den kleinen Imbiss. Zu seinen Füßen stürmt ein Mops in »De Hidde Kist«. Der fette kleine Hund mit der platten Schnauze rast sofort auf Susi zu.

»Buongiorno… oder Moin, moin.« Er stößt einen kurzen, kehligen Lacher aus. Der eher kleine Mann mit schwarzen Haaren und großen dunklen Augen lässt seinen Blick durch die Runde schweifen. Dann fällt ihm sofort Antjes italienische Kaffeemaschine ins Auge. Der gesamten Imbissrunde verschlägt es augenblicklich die Sprache. Piet Paulsen stößt mit heruntergerutschter Gleitsichtbrille den Rest seines Schnapses um. Antje bleibt mit dem tropfenden Frittierkorb wie angewurzelt stehen. Dem Schimmelreiter klappt der Unterkiefer herunter. Bounty bleiben die Kokosflocken im Hals stecken. Auch Thies und Nicole hat es die Sprache verschlagen. Klaas ist kalkweiß geworden, ihm steht der kalte Schweiß auf der Stirn. »Dat gibt's doch gar nich … mir wird schlecht«, stammelt Klaas. Der Postbote rutscht halb von seinem Hocker.

»Was ist los, Klaas? Achtung!«, ruft Antje besorgt. Das heiße Fett aus den Pommes tröpfelt auf den Fußboden.

»Wo kommen Sie denn jetzt her?«, kräht Piet Paulsen.

»Ferie al mare … vacation.« Der Fremde zeigt nach draußen Richtung Außendeich und Nordsee. Der Mops hechelt.

»Is ja irre«, nuschelt Bounty. »Ich hab doch bisher nur Schokolade gehabt.«

Alle starren den Fremden völlig entgeistert an. Es kommt ihnen wie eine Erscheinung vor. Heike hat schon recht, er sieht gut aus, tatsächlich ein bisschen wie Al Pacino. Er hat schwarze Haare mit ein paar grauen Strähnen. Unter dem geöffneten Kragen seines blauen Lacoste-Hemdes lugen ebenfalls ein paar Haare und ein Goldkettchen heraus. Aber etwas anderes ist noch viel erstaunlicher: Er hat eine verblüffende Ähnlichkeit mit Klaas' Bruder. Es ist, als wäre Windkraftingenieur Norwin aus dem Beton wiederauferstanden und würde ihnen zwischen den beiden Stehtischen in der »Hidden Kist« erscheinen.

Auch der neue Gast ist irritiert. Der Mops schwänzelt derweil freudig quiekend um Susi herum. Die beiden Hunde beschnuppern sich. Dann blickt der Mops den dreimal größeren Schäfermischling aus seinen hervortretenden Augen bewundernd an. Es scheint Liebe auf den ersten Blick. Zumindest vonseiten des Mopses. Der fremde Hund sieht Susi fragend an, dann knabbert er die angetrocknete Tofuwurst an. Die Imbissrunde registriert es gar nicht. Alle starren gebannt auf den neuen Gast. Er sieht nicht nur aus wie Al Pacino, auch seine Stimme klingt so. Den beiden Frauen läuft ein wohliger Schauder über den Rücken.

»Signora, bei Ihnen ich bekomme einen guten Macchiato? Vero?«, fragt er mit Reibeisenstimme.

»La-la-ladde macchiato«, stammelt Antje, während sie ihren Blick von dem gutaussehenden Mann kaum abwenden kann.

»Espresso ... macchiato. Solo Espresso mit ein bisschen Milchschaum ... nur der Schaum, Signora.« Er schenkt Antje ein unwiderstehliches Lächeln. »Das bekommen wir hin, oder?«

Die Wirtin der »Hidden Kist« strahlt den Ausländer an. »Dat schaffen wir!«

13

Aus der Wohnung von Oma Ahlbeck über dem Edeka-Markt ihres Sohnes heult der Staubsauger. Erst nach längerem Klingeln öffnet ihr neuer Bekannter die Tür. Kurschatten Kurt trägt Schürze und Gummihandschuhe. Der Staubsauger läuft weiter. Das Rumpeln einer Geschirrspüle und einer Waschmaschine aus dem Hintergrund machen den Dreiklang der Küchengeräte perfekt.

»Moin, Herr ... ähhh ...« Thies kennt den Nachnamen von Oma Ahlbecks Bekanntem gar nicht, nur »Kurschatten Kurt«.

»Kurt!«, bestätigt er noch mal.

»Ja, genau. Kurt.« Thies steht etwas verlegen da.

»KHK Stappenbek«, stellt Nicole sich offiziell vor und zeigt ihren Dienstausweis. »Und das ist mein Kollege POM Detlefsen.«

»Ja, wieso, Thies, wir kennen uns doch.« Kurt versucht verzweifelt, sich aus den gelben Gummihandschuhen herauszupellen. »Ich muss mal eben den Staubsauger abstellen.«

»Wir haben ein paar Fragen«, erklärt Nicole. »Vielleicht können Sie uns da mit Ihren Fotos weiterhelfen.«

»Kurt, wo bist du mit der Fernbedienung wieder geblieben?«, schreit Oma Ahlbeck aus dem Wohnzimmer gegen den Staubsauger an. Im selben Moment erscheint sie mit schweren Schritten im Flur. »Ach, du bist dat,

Thies … und Frau Kommissarin aus Kiel, oder?« Sie ist über den Besuch hocherfreut. Vor wenigen Jahren hatte sie anlässlich eines Überfalls auf die Raiffeisenbank in Schlütthörn mit der Kommissarin zu tun. »Kommen Sie doch rein. Seit Kurt zu Besuch kommt, finde ich nix mehr. Er is 'n büschen überordentlich«, erklärt Frau Ahlbeck. »Ihr kommt wegen der Sache mit Klaas' Bruder, ich hab schon gehört. Schrecklich!«

Frau Ahlbecks Wohnung ist seit dem letzten Besuch von Thies und Nicole tatsächlich kaum wiederzuerkennen. Der Fernseher läuft zwar immer noch den ganzen Tag. Aber statt Western flimmern neuerdings die Klassiker des Mafiafilms über den großen Bildschirm. Nach einer schweren Überanstrengung bei einem Fernsehnachmittag mit dem Zweieinhalbstundenklassiker ›Vierzig Wagen Westwärts‹ war die Mutter des Bürgermeisters mit akuter Herzinsuffizienz in die Kardiologie des Husumer Krankenhauses eingeliefert worden. Zusammen mit ihrer neuen Bekanntschaft Kurt, der ihre Kinoleidenschaft teilt, hatte sie dann in Bad Orb Teil eins und zwei des ›Paten‹ gesehen. Heute ist ›Der Pate 3‹ dran. Die Maschinengewehrsalven gehen allerdings im Schleudergang der Waschmaschine unter. Während Michael Corleone in New York aufräumt, macht Kurt in der Wohnung seiner neuen Bekannten klar Schiff.

In Flur und Wohnzimmer hängen seit kurzem goldgerahmte Fotos von Eiderentenschwärmen vor einem Sonnenuntergang über der Nordsee und sich auf der Sandbank sonnenden Robbenbabys. Das Badezimmer blitzt. Der Backofen sieht aus wie noch nie benutzt. Die Sofakissen stehen mit akkuratem Mittelknick aufgestellt auf den schweren Polstern. Während seiner Besuche in Fredenbüll stellt Oma Ahlbecks Kurbekanntschaft ihre gesamte Wohnung auf den Kopf. Der Duft des Allzweckreinigers weht durch die bis dahin immer reichlich plüschig-verstaubte Zweieinhalbzimmerwohnung. Während Kurts Abwesenheit stellt Oma Ahlbeck dann die ihr vertraute Unordnung halbwegs wieder her. In den Zimmerecken sammeln sich die Wollmäuse. Da rutscht dann schon mal eine Käsescheiblette vom Brötchen herunter in den Ritz des voluminösen Fernsehsessels, und der Rest eines Hühnerfrikassees aus dem Edeka-Tiefkühlsortiment bleibt ein Weilchen auf dem Couchtisch stehen.

Kurt winkt ab. »Ich brauche jedes Mal zwei Tage, bis ich die Wohnung wieder in Schuss habe«, stöhnt Kurt, der sich jetzt auch aus dem zweiten Gummihandschuh befreit hat.

»Kurt, der Staubsauger!«, ruft Frau Ahlbeck freundlich, aber bestimmt. »Eine Hitze is dat heute wieder, und dann hat Kurt noch die ganzen Geräte an. Der Staubsauger produziert doch auch noch mal jede Menge heiße Luft.«

Die beiden Polizisten stehen etwas verlegen und ungeduldig in dem engen Flur.

»Kann ich euch denn gar nix anbieten?« Eine Antwort wartet Frau Ahlbeck nicht ab. »Kurt, hol doch mal 'n Wasser!« Sie sieht ihren Freund auffordernd an. »Oder, Thies, lieber 'ne Brause?«

»Ja, nee, Frau Ahlbeck«, lehnt Thies dankend ab.

»Deswegen sind Thies und ich nicht da, wie Sie sich denken können.«

»Nun kommt ihr beiden man erst mal rein in die gute Stube.« Sie bittet die beiden ins Wohnzimmer. Kurt hat mittlerweile die Schürze abgenommen. Zwischen zwei Schleudergängen der Waschmaschine ist leise die Stimme von Al Pacino zu hören. Michael Corleone erteilt seinem Leibwächter einen Mordauftrag. Anstelle des Staubsaugers bringt Kurt jetzt einen batteriebetriebenen Tischstaubsauger zum Einsatz, um ein paar Krümel vom Couchtisch zu saugen.

»Sie waren doch gestern Abend mit Ihrer Kamera unterwegs?«, will Nicole endlich zur Sache kommen.

»Kurt ist jeden Morgen und jeden Abend auf Fotopirsch.« Frau Ahlbeck lässt ihn kaum zu Wort kommen.

»Die Tierfotografie ist meine große Leidenschaft«, bekennt Kurt und legt den Tischstaubsauger beiseite. »Neben dem Kino … und Hertha natürlich.« Er wirft Oma Ahlbeck einen verschämt verliebten Blick zu.

»Sie hatten uns gestern Abend ja schon Fotos von dem Fundort des Toten gezeigt«, nimmt die Kommissarin den Faden wieder auf. »Haben Sie vorher in der Nähe noch andere Fotos gemacht? Vielleicht gibt es da Hinweise, die uns weiterhelfen.«

»Wir müssen jeder Spur nachgehen«, erklärt Thies mir ernster Miene. »Momentan haben wir nur wenige Ansatzpunkte.«

Kurt fährt sofort seinen Computer hoch, und auf dem Bildschirm erscheinen nach kurzer Zeit Hunderte von Fotos. Eider-, Kragen- und Löffelenten im Formationsflug. Rotschenkel mit ihrem Nachwuchs. Und zig Bilder, auf denen hauptsächlich Wiese zu sehen ist und zwischen Grashalmen die Andeutung einer Rotbauchunke.

»Ein scheues Tier. Ist gar nicht so einfach vor die Kamera zu bekommen«, erklärt Kurt entschuldigend.

Die beiden Polizisten interessieren sich vor allem für die Fotos, die schon im Papierkorb von Kurts Computer gelandet sind. Auf dem leicht verwackelten Bild von drei Pfeifenten im Flug ist unscharf im Hintergrund eine Gestalt zu erkennen, die wie ein Bergsteiger an einem Seil in dem neu installierten Windrad hängt.

»Was is dat denn?« Thies ist elektrisiert.

»Pfeifenten«, antwortet Kurt sofort.

»Nee«, wendet Thies ein.

»Doch, eindeutig, der rotbraune Kopf und die rahmgelbe Blässe an der Stirn.«

Nicole muss sich ein Grinsen verkneifen. »Wir meinen den Mann, der hier im Hintergrund in dem Windrad hängt. Könnte das Norwin sein?«

»Dat is Norwin, ganz klar!« Thies ist sich sicher, obwohl der akrobatisch zwischen den Rotorblättern hängende Mann beim besten Willen nicht zu erkennen ist.

Ein anderes Foto zeigt, hinter einem über die Salzwiese stolzierenden Säbelschnäbler, einen schwarzen Sportkombi, ein weiteres Bild eine silberne Limousine.

»Dat sind alles auswärtige Fahrzeuge. Der Silberne is eins von den Autos mit Wiesbadener Kennzeichen, die bei Müller-Siemsen neuerdings vor der Tür stehen.« Kurts Tieraufnahmen bringen Thies regelrecht in Schwung.

»Bei Müller-Siemsen?«, wundert sich die Kieler Kommissarin.

»Da wohnen doch jetzt Ausländer«, verkündet Frau

Ahlbeck lautstark. »Und vor der Tür steht wohl immer 'n Leibwächter.«

»Sag ich doch. Bewacht vom BKA. Nicole, dat is 'ne große internationale Sache.«

»Sind Sie denn den Ausländern schon begegnet?«, will die Kieler Kommissarin von Kurt und Frau Ahlbeck wissen.

»Ja, das kann man wohl sagen«, ereifert sich die Rentnerin. »Die Frau … weiß ja keiner so recht, ob dat nu Amerikaner oder Italiener sind … Die Frau is jedenfalls bei uns im Edeka-Markt aufgekreuzt. Die hat sich vielleicht aufgeführt. Ich hab ja nichts gegen Ausländer, aber …«

»Was ist denn passiert?«, will Nicole wissen.

»Ich bin ja nur noch selten im Laden. Aber vorgestern war ich an der Kasse. Mein Sohn war auch da. Die Frau wollte alles Mögliche einkaufen …« Oma Ahlbeck überlegt. »Donats, Potäto Wetsches oder wie die Dinger heißen, Tschiesburger … wovon die Amerikaner sich so ernähren … und zwar alles fett-fri.« Die korpulente Frau Ahlbeck verzieht das Gesicht. »Ich sag zu der Madame ›Fett-fri? Dat führen wir hier nich.‹ Da fiel bei ihr schon die Klappe. Sie fing gleich an zu schimpfen … alles auf Amerikanisch.«

»Ja, ja, ich versteh schon, Frau Ahlbeck.« Nicole wird langsam ungeduldig. So genau wollte sie es denn auch nicht wissen.

Aber Oma Ahlbeck ist nicht zu stoppen. »Ich sach noch zu meinem Sohn, eigentlich könnt sie ganz gut 'n büschen Fett auf den Rippen vertragen … Sie sieht 'n büschen aus wie so 'n Star aus Hollywood, so 'n ehemaliger. Schön is dat ja nich, diese Hungerhaken. Is in Amerika ja wohl modern. Hans-Jürgen meinte auch, sie hat bestimmt wat machen lassen. Ihr wisst schon …« Thies weiß nicht gleich, aber Nicole nickt. »Hans-Jürgen und ich sind so am Schnacken, in der Zeit hören wir sie in der Spirituosenabteilung rumramentern. Und Madame is kaum raus aus 'm Laden, da knallt auf dem Weinregal ein Sektkorken nach dem anderen. Dat hat sie doch präpariert. Eine Riesensauerei.«

Thies und Nicole sind angesichts des Redeschwalls sprachlos.

»… Aber der Mann soll wohl sehr nett sein … sieht angeblich sehr gut aus. Ich hab ihn selbst noch gar nich gesehen, aber er geht ja wohl immer zum Rasieren zu Alexandra.«

»In den Friseursalon?«, fragt Nicole.

»Ja, weiß auch nich, hat wohl seinen Rasierapparat in Amerika vergessen«, vermutet Oma Ahlbeck.

»Sag ich doch.« Thies fasst sich an seinen Bartversuch.

14

Im »Salon Alexandra« herrscht am späten Vormittag Hochbetrieb. Beide Trockenhauben laufen auf vollen Touren. In dem Friseursalon steht die Luft. Durch die geöffnete gläserne Eingangstür zur Dorfstraße kommt es nicht unbedingt kühler herein. Das Duftgemisch aus Shampoo, Festiger und diversen Duftwässerchen beißt in der Nase. Jungfriseurin Janine schiebt schwitzend die fahrbare Trockenhaube »Climafly 3000 S« ratternd durch den Raum und wird von Stammkundin Frau Bandixen schon sehnsüchtig erwartet.

»Wird Ihnen das bei dem Wetter nich zu warm?«, schreit Janine die schwerhörige Seniorin an, die die halbe Woche im »Salon Alexandra« verbringt.

»Ja, Janine, schrecklich!«, gibt Frau Bandixen, die mit den übergroßen grünen Haarwicklern wie ein Marsmensch aussieht, unüberhörbar zurück. »Eine Hitze is dat heute wieder. So 'n heißen Juni haben wir seit 1959 nich gehabt.«

»Ich mach mal nur die kleine Stufe.« Janine senkt die »Climafly« über Frau Bandixens grüne Antennen.

»Nützt ja nix.« Das warme Wetter kann die Rentnerin nicht schrecken.

Unter der anderen Trockenhaube schmort Dörte, der ebenfalls eine neue Dauerwelle verpasst wird. Auch Polizistengattin Heike Detlefsen hat sich spontan zum

Nachblondieren und Glätten eingefunden. Sie möchte den Heuwagen auf ihrem Kopf mal wieder zähmen und nach ihren Vorstellungen frisieren. Und auf dem Friseurstuhl am Fenster neben Heike sitzt der geheimnisvolle Italo-Amerikaner, den Alexandra bereits vertraulich Tony nennt. Ihre Freundinnen staunen. Alexandra steckt ihre rote Löwenmähne mit einer Haarklammer zusammen. Dann streicht sie ihm mit einem großen Rasierpinsel hingebungsvoll den Schaum um Kinn und Wangen. Sie lässt sich dabei alle Zeit der Welt. Aber irgendwie wirkt Alexandra heute ein bisschen verstört. Hat sie verheulte Augen? Geht ihr der Tod von Norwin so nahe?

»Warum warst du eigentlich nicht auf der Versammlung gestern?«, fragt Dörte aus der Trockenhaube heraus.

Alexandra druckst herum. »Ich war doch zur Honigmassage bei Renate.«

»Ach so, ja. Wie war's denn? Ist dat nich furchtbar klebrig?«, will Heike wissen. Alexandra äußert sich nicht. Sie ist voll auf Tonys Rasur konzentriert. Ein Klecks Schaum fällt auf den Umhang. Zu Tonys Füßen neben dem Friseurstuhl liegt der Mops und atmet schwer.

In der kleinen Warteecke sitzen Marret und Sandra. Sie blättern in einer alten ›Gala‹. Aber so recht können sie sich gar nicht auf das Heft konzentrieren. Vor allem haben sie den eingeseiften Italo-Amerikaner im Blick. Seit sich herumgesprochen hat, dass Tony allmorgendlich zum Rasieren kommt, ist Alexandra vollkommen ausgebucht. Den Fredenbüller Frauen fällt ganz plötzlich ein, dass die Strähnchen nachgefärbt oder die Spitzen mal wieder geschnitten werden müssen. Der Salon läuft wie lange nicht. Und Tony genießt ganz offenbar die Aufmerksamkeit der Fredenbüller Damenwelt.

»Wo kommen Sie eigentlich her, man hört ja so Verschiedenes?«, fragt Heike, während Janine ihr Strähne für Strähne die Paste für die Glättung aufträgt.

Langsam dreht er seinen Kopf in der Papierkrause zu ihr. »Tony, nennen Sie mich Tony«, sagt er mit Reibeisenstimme.

»Aus New York, oder?«, rät Heike unbekümmert drauflos. Alexandra mustert sie kritisch.

»New York City, sì. Meine Familie kommt aus Italien und die Familie meiner Frau hier aus ihrer schönen Heimat Nordfriesland. Grandma and grandpa. Von Fohr.«

»Von Föhr? Tatsächlich?« Dörte und Frau Bandixen strecken ihre Ohren aus den Trockenhauben heraus, und Marret und Sandra haben die ›Gala‹ beiseitegelegt.

»Deshalb ich spreche ein bischen Deutsch und deshalb heißen wir auch … ähh … Petersen«, erklärt Tony, der ganz und gar nicht nach Petersen aussieht.

»Sie haben den Namen Ihrer Frau angenommen?« Heike wundert sich, während Janine den Föhn anschmeißt.

»… ähh, sì.« Tony scheint sich selbst ein bisschen zu wundern.

Frau Bandixen lugt mit den grünen Wicklern unter der Haube hervor. »Sind Sie mit Wencke Petersen aus der Raiffeisenbank in Schlütthörn verwandt?«

»Wir sind doch alle eine große Familie. Vero?« Er lacht, und die gesamte Damenriege lacht mit.

»Komischer Name für 'n Italiener«, schreit Frau Bandixen aus der Trockenhaube heraus.

»Haben Sie nich gehört? Seine Frau kommt von Föhr«, meldet sich Marret.

»Haben Sie sich denn schon 'n büschen eingelebt bei uns in Nordfriesland?«, setzt Heike die Konversation mit dem interessanten Italo-Amerikaner fort. »Janine, kannst du den Föhn nich mal 'ne Stufe kleiner schalten? Man kann sich gar nich unterhalten.«

»Janine, kannst du mal«, gibt Alexandra die Bitte etwas widerwillig weiter. Das Röcheln des Mopses ist wieder deutlich zu hören.

»Unsere Zwillinge Telje und Tadje sind mit Ihren Kindern in einer Klasse.« Heike wischt sich einen Rest Paste aus dem Gesicht.

»In Husum, Theòdor-Storm-School. Bene. Gute Schule?«, will der italienische Amerikaner wissen.

»Na ja …« Heike zögert. »Auf der Klassenreise im letzten Herbst gab es drei Tote …«

»Drei Tote?« Er verzieht anerkennend den Mund. »Alle Achtung! Complimenti!«

»Mein Mann hat die Morde aufgeklärt«, erklärt Heike stolz. »Thies ist der Polizist hier im Ort.«

»Dann weiß ich ja, mit wem ich mich gut stellen muss.« Tony zeigt ein breites Lächeln inmitten des Rasierschaums. »Auf jeden Fall mit seiner charmanten Frau … ich hoffe, er hat nichts dagegen.« Er lacht sie an.

Heike steigt die Röte ins Gesicht, das jetzt dunkler ist als die rosa Glättungspaste in ihren Haaren. »Ach was, woher denn.« Sie flirtet den smarten Tony ziemlich unverhohlen an. »Thies is mit seiner Kommissarin unterwegs, da darf ich doch mit so einem interessanten Mann mal 'n büschen schnacken.«

Alexandra guckt angesäuert. »Janine, ich glaub, du musst bei Heike jetzt mal weiter föhnen.« Die Chefin des Salons wetzt inzwischen das Rasiermesser.

Janine wirft den gewaltigen Föhn an, als Klaas sein Postrad vor dem Salon abstellt. Er sieht blass aus und betritt den Friseurladen.

»Herzliches Beileid, Klaas«, rufen Marret und Sandra und stürmen auf den kleinen Postboten los. »Wie kann das bloß angehen?«

»Von mir auch.« Alexandra nimmt das Rasiermesser von der Rechten in die Linke und streichelt ihm mitfühlend über den Ärmel seiner Postjacke.

»Schrecklich, ich hab schon gehört.« Heike klebt der trockene Schaum in den Haaren. »Thies ermittelt ja wohl schon.«

Jetzt erkennt Klaas auch Tony unter dem Rasierschaum. »Ach so, Sie sind dat.« Der Postbote wirkt auf einmal noch blasser. »Sie waren doch eben in ›De Hidde Kist‹ …«

»Il postino … the postman«, haucht der Amerikaner mit rauchiger Stimme.

Klaas mustert ihn kritisch. Aber mit dem Schaum im Gesicht ist die Ähnlichkeit zu seinem Bruder kaum mehr zu erkennen. »Alexandra, ich hab 'ne ›förmliche Zustellung‹ für dich. Vom Amt in Bredstedt.« Er unterschreibt auf dem Umschlag und gibt ihr den gelben Brief. »Wat wollen die denn von dir?«

»Amt für Umwelt, Bau und Verkehr«, liest die Friseurmeisterin laut vor. »Ich weiß genau, was die wollen.« Nervös öffnet sie mit dem Rasiermesser den Brief.

»Wieso, was denn?«, will Marret wissen. Auch die anderen sehen sie erwartungsvoll an. Janine hat den Föhn ausgestellt. Frau Bandixen guckt unter der »Climafly« heraus. Dem Mops tränen die Glubschaugen.

»Umschlag musst du aufbewahren«, ermahnt der Postbote sie.

»Und?«, fragt Heike.

»Das darf echt nich wahr sein.« Alexandra liest und nestelt dabei in ihrer roten Mähne, die wieder halb aus dem Haargummi heraushängt. »Die wollen, dass ich den Anbau abreiße.«

»Hinten den Raum?«, fragt Dörte, die jetzt auch mit hochrotem Kopf unter der Trockenhaube herauskommt.

»Wo früher dat Solarium stand ... und wo wir dann ... du weißt schon ...«, erklärt Marret mit Hinweis auf die Telefonsexhotline, die Alexandra und ihre Freundinnen zwischenzeitlich im Hinterraum des Salons betrieben hatten.

»Jetzt hab ich da noch 'n zweites Waschbecken und 'ne alte Haube für den Notfall stehen. Der Anbau ist da seit ...« Alexandra überlegt. »Ich weiß auch nicht ... schon immer.«

Tony hört sich das interessiert mit an. Der Rasierschaum ist schon wieder leicht angetrocknet. Janine bearbeitet inzwischen mit dem glühend heißen Glätteisen Strähne für Strähne Heikes Haare. Alle haben mittlerweile das Gefühl, dass sie in einer Backstube sitzen. Der Mops schnauft und röchelt. Er droht gleich umzukippen. Liegt das an der Hitze oder etwa an der angetrockneten Tofuwurst in der »Hidden Kist«?

»Das darf alles nicht wahr sein. Was soll ich bloß machen?« Alexandra, die sonst nichts aus der Ruhe bringt, wirkt aufgelöst. »Babette Barkowsky vom Amt für …« Sie sieht auf das Schreiben. »… Umwelt, Bau und Verkehr. Wenn ich den Namen schon höre. Das ist bereits der dritte Drohbrief von dieser blöden Tusse!«

Die auf den Wartestühlen und unter den Trockenhauben versammelte Damenriege blickt betrübt.

»Da muss man doch was machen können«, findet die Salonchefin.

»Sì.« Tony wischt sich Rasierschaum von der Nase. »Es gibt kein Problem, das man nicht lösen kann. Wie heißt die Signora?«

»Barkowsky, Babette Barkowsky«, schnaubt Alexandra verächtlich.

»Ho capito, Barkowsky, Signora Barkowsky«, wiederholt Tony mit raspelrauer Stimme und nickt. Alexandra sieht ihn an. Dann nimmt sie das Rasiermesser, greift seine Nase und rasiert behutsam die Oberlippe. Irgendwie haben alle den Eindruck, dass Tony den Namen nicht zum ersten Mal hört.

15

»Nicole, dat ist doch merkwürdig. Norwin landet tot im Beton, und dann taucht dieser Typ aus Amerika auf, der genauso aussieht wie er.« Seit seinem Auftauchen in der »Hidden Kist« beschäftigt den Fredenbüller Polizeiobermeister die Ähnlichkeit des geheimnisvollen Fremden mit Klaas' Bruder.

»Du meinst, Klaas' Bruder war vielleicht gar nicht gemeint?« Nicole lenkt ihren Zivil-Mondeo die schmale grade Straße am Deich entlang. »In Wahrheit sollte der Amerikaner dran glauben?«

»Ganz klar.« Thies harkt sich durch seine Barthärchen. »Dat is 'n internationaler Fall.«

Die Kommissarin sieht ihren Kollegen zweifelnd an.

»Nicole, dat is 'n Amerikaner ... Italoamerikaner. Und wo haben wir den toten Norwin gefunden? Überleg doch mal. Wer lässt seine Mordopfer in Betonpfeilern verschwinden?«

»Komm, Thies, nich gleich wieder die Mafia.« Nicole muss ihren Kollegen immer mal bremsen, wenn er vom großen internationalen Fall träumt.

»Bisher ist dat nur 'ne Hypothese, die durch Experiment, Erfahrung oder logischen Schluss verifiziert werden muss.«

»Sag mal, Thies, hast du etwa wieder ein Seminar besucht?« Nicole hat die schlimmsten Befürchtungen.

»Ja, ›Hypothesenbildung in der kriminalistischen Ermittlung‹.« Thies macht sein wichtiges Gesicht und lässt sich jedes Wort auf der Zunge zergehen. »Dat is die Anwendung von Intuition und Kreativität in Kombination mit kriminalistischer Erfahrung. Echt interessant.«

»Hmm.« Nicole seufzt.

Jetzt sind die beiden erst mal auf dem Weg zur Niederlassung der »WinWind« in Husum. Als sie unterwegs an der Fundstelle bei der Windradbaustelle vorbeifahren, verfrachten Gerichtsmediziner Carstensen und Spusimann Börnsen den Blechsarg mit dem toten Norwin gerade in den Kombi der Kieler Kriminaltechnik.

»So einen schweren Toten hatten wir auch noch nicht«, stöhnt der chronisch schlecht gelaunte Mediziner. Thies und Nicole sehen ihn fragend an. »Ja, was denkt ihr, die Haare und die ganzen Klamotten sind voller Zement. Das wiegt.« Er wischt sich den Schweiß von der Stirn.

»Und was ist mit der Schusswunde?«, will Nicole wissen.

»Kinder, das weiß ich doch jetzt noch nicht«, mault Carstensen. »Sieht nach größerem Kaliber aus. Jagdgewehr oder Scharfschützengewehr.«

»Remington 700, 'ne große Walther oder so«, schaltet sich Börnsen ein. »Genaueres später.«

»Sag ich doch«, flüstert Thies seiner Kollegin zu. »Auftragsmord!«

Die Geschäftsstelle der »WinWind« befindet sich direkt am Husumer Hafen in einem Neubau zwischen den historischen Häusern. Das Büro wirkt alles andere als belebt.

»Kommt einem vor, als gäbe es die Firma gar nicht mehr«, raunt Nicole ihrem Kollegen zu.

»Was hat Klaas gesagt? Da sind krumme Deals gelaufen, und Norwin hat angeblich seit mehreren Monaten keinen Lohn gesehen.«

Nach längerem Klingeln summt der Türöffner. Im Erdgeschoss befindet sich ein Fitnessstudio. Die beiden Polizisten steigen das reichlich triste, mit meliertem Nadelfilz ausgelegte Treppenhaus in den ersten Stock hinauf. Die Ausdünstungen des Teppichklebers beißen in der Nase. Sie landen vor der nächsten verschlossenen Tür mit dem »WinWind«-Logo auf einem Klingelschild.

»Sieht irgendwie nach 'ner Briefkastenfirma aus«, bemerkt Thies. Aber dann öffnet sich, bevor sie geklingelt haben, die Tür. Eine junge Frau mit Riesenbrille und einer gewaltigen Duftwolke um sich herum öffnet und sieht sie fragend an.

»Sind wir hier richtig bei ›WinWind‹?«, will Thies wissen.

Das Empfangsfräulein nickt zögernd, als wüsste sie es selbst nicht so genau.

»Ich bin KHK Stappenbek und das ist mein Kollege POM Detlefsen.« Nicole zückt ihren Dienstausweis. »Wir möchten Herrn Blunck sprechen.«

»Ich weiß gar nicht, ob der da is.« Sie ist sich unsicher, ob sie die beiden Polizisten reinbitten soll. »Ich bin hier auch nur die Praktikantin.«

»Aber deshalb können Sie uns trotzdem sagen, ob Herr Blunck da ist«, entgegnet Nicole.

»Oder können Sie dat erst nach dem Praktikum?« Thies ist ungeduldig.

In dem Moment kommt Chef Sven Blunck persönlich aus einem der Zimmer angerauscht, soweit das in den engen Räumlichkeiten überhaupt möglich ist. »Was höre ich da? Wir haben die Polizei zu Besuch. Jennifer, warum bitten Sie die Herrschaften nicht herein?« Er grinst, aber sein Ton klingt ruppig. »Blunck.« Er gibt Nicole und Thies die Hand und bittet sie in sein Zimmer. Die beiden Polizisten zücken noch einmal ihre Dienstausweise.

»Kann ich Ihnen etwas anbieten? Kaffee, Wasser?«

»Ja.« Thies zögert. »Vielleicht 'n Wasser.« Auch Nicole wandelt das Kopfschütteln in ein Nicken um.

»Jennifer, Wasser!«, ruft er ungeduldig Richtung Tür. Blunck deutet auf zwei Stahlrohrstühle. Er trägt wieder rote Sneaker zur Anzugshose. Die Ärmel des weißen Hemdes hat er hochgekrempelt. Die kräftigen grauen Haare sind mit Gel glatt zurückgekämmt, im Nacken kräuseln sich ein paar Locken. »Tragisch, was da passiert ist.« Aber es klingt, als würde der tote Norwin ihn nichts angehen.

Das ganze Büro wirkt nicht sonderlich repräsentativ. Aber aus dem großen bodentiefen Fenster hat man einen schönen Blick auf den Hafen, auf mehrere bunte Krabbenkutter und Sportboote. Die Cafés und Fischlokale vor den kleinen Speicherhäusern am Hafen sind bei diesem Wetter mit Touristen überfüllt. Die Büroräume wirken improvisiert unaufgeräumt. Überall liegen Akten und Broschüren herum. Auf dem Schreibtisch steht ein aufgeklapptes Notebook. Daneben liegt ein Wust von Schriftstücken und in einer Ecke des Zimmers stapeln sich mehrere Umzugskartons übereinander.

Thies sieht sich interessiert um. »Grad am Einziehen?«

»Oder ist die ›WinWind‹ hier in Husum schon wieder auf dem Absprung?«, fragt Nicole hinterher.

»Oh nein, wie kommen Sie darauf?« Blunck protestiert. »Bei Ihnen in Fredenbüll fangen wir ja gerade erst an.« Er schiebt den beiden einen auf dem Schreibtisch liegenden Prospekt der »WinWind« hin.

»Ökologisch, rentabel, direkt«, liest Nicole den Slogan auf dem Cover der Broschüre vor. Unter dem Logo »WinWind« steht ein dämlich grinsender Mittdreißiger mit verwehten Haaren, der nicht recht weiß, ob er gerade für Rasierwasser, Anoraks oder Windenergie Reklame macht.

»Direkt?«, wiederholt Thies. »Direkt nach unten, oder wie seh ich dat?«

»Das sehen Sie falsch, Herr ... Detlefsen. Die regenerativen Energien und allen voran die Windenergie sind unsere Zukunft.« Den letzten Satz betet Blunck gelangweilt herunter und hat dabei vor allem den Bildschirm seines superflachen Notebooks im Blick. Der Tod seines Mitarbeiters scheint ihn wirklich nicht sonderlich zu interessieren.

»Unsere Ermittlungen haben ergeben, dass das Mordopfer Norwin Schulz seit mehreren Monaten kein Gehalt bekommen hat.« Nicoles Ton wird etwas schärfer.

Blunck löst sich von seinem Notebook. »Wir hatten für die letzten Monate vereinbart, dass Norwin ›WinWind‹-Aktien erhält.«

»... und die sind, wat man so hört, momentan ja wohl im freien Fall«, bemerkt Thies.

»Die Börse ist ein volatiler Markt. Außerdem ist unser Gewinn natürlich immer vom Windangebot abhängig. Bei unterdurchschnittlichen Windjahrgängen, bei so einem Wetter wie jetzt etwa kann es da schon mal zu Rücksetzern kommen. Aber ›WinWind‹ schafft auch ganz schnell wieder den Turnaround.« Blunck grient die beiden selbstsicher an.

»Wir haben da einen ganz anderen Eindruck.« Nicole schnieft. Der Geruch von Jennifers Parfüm mischt sich mit dem des Teppichklebers, der im ganzen Haus hängt. »Dass ihre Firma in Turbulenzen steckt, war ja schon in der Zeitung zu lesen.«

»Ein kleiner Engpass in unserer Liquidität, das ist ganz normal. Wenn unsere Fredenbüller Rotoren erst mal laufen, sind wir sofort wieder in der Gewinnzone.« Blunck tut jetzt so, als wolle er ihnen ein Aktienpaket verkaufen. »Wir bauen hier eine größere Anlage, wie Sie ja wissen. Fast ein kleiner Windpark.«

»Wie viele Windräder dat werden, is ja wohl noch nich ganz klar«, wendet Thies ein.

Nicole unterbricht ihren Kollegen. »Bevor wir weiter die finanzielle Situation Ihrer Firma diskutieren, haben wir vor allem erst mal ein paar Fragen zu dem Mordopfer.«

»Mord?« Blunck streicht sich die Haare zurück. »Ich denke, der ist mit seinem Motorrad von der Straße abgekommen?«

»Is er auch«, ranzt Thies den Windkraftmanager an. »Aber erst nachdem er ’ne Kugel in’ Kopf bekommen hat.« Nicole sieht ihren Kollegen strafend an, weil er die Befragung mal wieder an sich reißt.

»Gab es Probleme oder Auseinandersetzungen mit dem Mordopfer?«, fragt die Kommissarin weiter. »Hatte er Feinde?«

»Feinde? Wieso?« Blunck fasst sich in seine Nackenlocken. »Norwin Schulz war unser bester Mann, erstklassiger Ingenieur. Der war bei allen beliebt.«

»Aber ihr bei ihm vielleicht nicht«, funkt Thies schon wieder dazwischen. »Der war ganz schön sauer auf euren Wind-Laden. Wir haben ja einen Abend in der ›Hidden Kist‹ zusammen mit ihm … na ja.« Nicole sieht ihren Kollegen mahnend an.

»Wenn wir unseren Mitarbeitern Gehälter schulden, dann schießen wir sie kurzerhand vom Motorrad herunter, oder wie stellen Sie sich das vor?« Blunck schüttelt den Kopf und sieht Nicole verständnislos an. »Ich hätte Norwin unbedingt gebraucht. Wir wollen hier weiterbauen. Ich stehe mit dem Landwirt Dossmann und auch mit Frau Barkowsky vom Umwelt- und Bauamt kurz vor einem Abschluss.«

»Wo waren Sie denn gestern Abend, Herr Blunck?«

»Das meinen Sie jetzt nicht ernst, oder?« Er streicht sich über die gegelten Haare. »Wo war ich? Ich war an der Baustelle, dann war ich kurz in meinem Zimmer, das ich derzeit in Fredenbüll habe und dann auf der Versammlung von diesen bizarren Froschfreunden.«

»Ganz schöner Windbeutel«, konstatiert Thies, als die beiden wieder auf dem Rückweg nach Fredenbüll sind. »Aber ich glaub irgendwie nich an die Windfritzen. Wie gesagt … ich hab da ja ’n andern Verdacht.«

Als sie vor der kleinen Wache an der Dorfstraße

vorfahren, kommt Klaas, der einen Schlüssel für die Wache hat, aufgeregt aus der Tür herausgestürmt. »Zwei tote …« Der Fredenbüller Postbote ringt um Luft. »Lara wollte zu euch … aber ihr wart ja nich da.«

»Wie bitte? Zwei Tote?« Thies bekommt seinen Kuhblick. Nicole muss niesen.

»Direkt auf 'm Deich … zwei tote Bioschafe!«

»Zwei Schafe?« Nicole holt ein Papiertaschentuch heraus.

»Erschossen, behauptet Lara.« Klaas sieht schon wieder ziemlich mitgenommen aus. »Kopfschuss.«

16

»Tony, ich hab es dir gleich gesagt, dieses Fredenbüll war eine Scheißidee.« Sharon stemmt ihre Hände mit den lila lackierten Fingernägeln in die Hüfte. Sie sieht ihren Mann provozierend an, als Tony auf dem Fahrrad, von einer Duftwolke umgeben, aus dem Salon Alexandra zurückkommt. Den Hund hat er sich die Strecke am Deich entlang unter den Arm geklemmt. Der Mops war erst vor Erschöpfung und dann vor Schreck fast in den Graben gekippt. Und auch Tony steckt noch der Schock in den Gliedern. Als er eben auf dem Fahrrad am Deich entlangfuhr, hatte er dieses Dum-Dum gehört. Gleich darauf waren hinter ihm zwei Schafe tot vom Deich gefallen. Aber das will er seiner Familie vorerst verheimlichen. Denn bis zu diesem unerfreulichen Erlebnis hatte er eigentlich die beste Laune.

»Sharon, relax … stai calma! Es ist doch herrlich hier in Nordfriesland.« Tony lässt sich nichts anmerken. »Temperaturen wie auf Sizilien, und die Leute sind freundlich. Was willst du mehr?«

»In dem armseligen Supermarket bekommst du nichts. Und du bildest dir doch wohl nicht ein, dass ich einen Fuß in diesen Provinz-Barbershop setze, wo du dich neuerdings rasieren lässt! Was hast du da eigentlich immer zu suchen?« Sie zupft gereizt an ihrem geblümten, duftigen Sommerkleid, das auf ihren schlankgehungerten Hüften eine Nummer zu groß wirkt. »Wo sind wir hier gelandet? Keine Restaurants, keine Shops, nur Schafe und diese … Nordfriesen.« Das letzte Wort prustet sie verächtlich heraus.

»Mama hat recht. Was ist das für eine öde Gegend? Was sollen wir hier anfangen?« Die beiden Kinder Naomi und Jake ziehen eine Flappe. »It's so boaring!«

»Kinder, das ist nicht Manhattan.« Tony fährt sich mit der Handfläche über seine frisch rasierten Wangen.

»Es gibt keinen verdammten Ort auf der Welt, der von Manhattan weiter entfernt ist als dieses gottverlassene Kaff Fredenbüll«, schnaubt seine Frau und wirft sich die Locken aus der Stirn. »Sieh dir nur die Ladys mit ihren hinterwäldlerischen Frisuren an. So sahen die Frauen in North Dakota in den Achtzigern aus.«

»Dad, in dieser Schule gibt es nur Idioten.« Sharon und die Kinder reden sich langsam in Rage. »Schon die Namen. Die heißen alle wie ein Beistelltisch von Ikea. Tore und Tölge oder so.«

»Telje und Tadje«, berichtigt Tony sie prompt.

»Und auch unser neuer Name. Petersen, it's embarrassing!« Naomi verdreht die Augen.

»Petersen? Wir kommen aus Little Italy in New York City«, pflichtet Sharon ihren Kindern bei.

»Das ist dein Name, der Name deiner Familie.« Tony wundert sich. »Du hast dich doch immer beschwert, dass du von meiner Familie, den Lucianos, nicht akzeptiert wirst. Jetzt heißen wir Petersen. Ich könnte mir auch etwas Besseres vorstellen. So what.«

»No way, Dad, ich heiße nicht Petersen!«, schimpft seine Tochter trotzig. »Und wir sind keine Friesen.«

»Sollen wir hier auch nachts mit einem getunten alten Mustang am Deich entlangcruisen wie dieser Typ … Naomi, wie wird der genannt …?«

»Der Schimmelreiter.« Seine Schwester verzieht höhnisch die Mundwinkel.

»… der Schimmelreiter! Das ist doch krank!«

»Der ›King Cobra‹ ist ein klassisches amerikanisches Auto. Und der … Schimmelreiter ist ein guter Junge. I met him in this diner … ›Hidde Kist‹.«

Im Gegensatz zu Sharon und den beiden Kindern ist Tony dabei, sich hier bestens einzuleben. Er isst neuerdings Pannfisch in der »Hidden Kist«. Er macht Fahrradtouren zur Badestelle in Neutönninger Siel und abendliche Exkursionen zum Watt, um bei Sonnenuntergang die Seevögel zu beobachten und in den Salzwiesen die Rotbauchunken quaken zu hören. Frühere Spaziergänge in Amerika hatten ausschließlich nachts stattgefunden. Und diese nächtlichen Ausflüge in die Natur endeten stets in einem Waldstück vor einer ein mal zwei Meter ausgehobenen Grube, in denen ein lästiger Zeuge, Konkurrent oder Verräter seine letzte Ruhe finden sollte. Jetzt genießt Tony die Natur. An der Nordsee kann er endlich frei durchatmen.

Auch Mops Vito scheint in der Nordseeluft zu neuem Leben erwacht. In New York hat er den ganzen Tag lethargisch in seinem Körbchen in der Küche gelegen und sich nicht vom Fleck gerührt. Jetzt spielt der Mops verrückt. Sobald Naomi oder Sharon ihn von der Leine nehmen, strebt er hechelnd den Deich hinunter in Richtung »Hidde Kist«. »Sind das die deutschen Würste?«, fragt sich die Dame des Hauses. »Sharon, das sind die

Hormone.« Tony muss es wissen. Auch seine Hormone sind in Bewegung. Die Aufmerksamkeit, die die Fredenbüller Damenwelt dem gut aussehenden Ausländer entgegenbringt, bleibt nicht ohne Wirkung auf ihn.

Sharon verfolgt das mit zunehmender Skepsis. Es bringt ihr die Fredenbüller und besonders die Fredenbüllerinnen nicht unbedingt näher. »Du hättest niemals gegen die Familie Caprese aussagen dürfen.«

»Was sagst du da?« Tony wird schlagartig sauer. »Der Caprese-Clan hat unsere ganze Familie umgebracht. Meinst du, wir alle würden noch leben, wenn ich nicht ausgesagt hätte ... als Kronzeuge. Romano, Aldo und Matteo würden nicht im Gefängnis sitzen.«

»Dafür sitzen wir jetzt hier in dieser Walachei. In New York City waren wir jemand. Man hat uns geachtet. Hier bist du ein Niemand.« Sie wirft ihre Haare aus der Stirn und sieht ihren Mann wütend an.

»Aber wir leben! Sharon, hab bitte ein bisschen Geduld.« Tony ist dabei, seine Gelassenheit wiederzufinden. »Wir sind erst ein paar Wochen hier ... tre settimane. Ich bin dabei, neue Freunde zu finden.«

»Pah, vor allem Freundinnen. Tony, ich kenne dich.«

»Ich meine die Jungs in dem Diner, wo ich war. Die Jungs sind in Ordnung und der Backfisch von dieser Antje ist fantastic. Ich sage euch: delicato! Da gehe ich wieder hin.« Tony schnalzt mit der Zunge. »Die Dinge gehen ganz normal ihren Gang. Ich baue uns hier wieder etwas auf. Ich gehe schon jeden Tag zur Arbeit ins Casino.«

»Tony, das ist kein Casino!«, geht Sharon dazwischen. »Das ist eine ... Jake, wie heißt das ...?«

»Naomi, wie nennt dieser Ove das?«, fragt Jake seine Schwester.

»Daddelhalle!« Naomi wirft ihrem Vater einen abschätzigen Blick zu. »Papa, in diesem Kaff Bredstedt!«

»Wartet mal ab, ich mache aus dieser … ähhh … Spielothek noch einen richtigen Spielsalon.«

»Tony, Fredenbüll ist nicht Vegas. Wieso hast du diesen schmuddeligen Schuppen angemietet? Das ist unser Ruin!«

»Ich werde alles neu machen, alles vom Feinsten. Die Pläne sind fertig und die Signora vom Bauamt ist so gut wie einverstanden.«

»Ich denke, gerade die Signora macht Probleme?«

»Ich glaube nicht.« Tony fährt sich nachdenklich mit der Rückseite seiner Finger über die Rasur. »Die Signora war zu Gast in unserer kleinen Pokerunde, die sich seit Kurzem bei mir im Hinterzimmer trifft. Und Signora Barkowsky hatte keinen so guten Tag beim Pokern. Sie hat etwas Geld verloren …«

»Really? Wie viel?«, will Jake sofort wissen.

»Fünftausend … und ihr Auto. Nichts Besonderes, ein ganz normales Auto. Ich konnte ihr etwas behilflich sein.« Tony macht eine Pause. »Jetzt kann sie mir behilflich sein. Das ist normal. Little Italy und Friesland, so groß ist der Unterschied gar nicht.«

»Was sind denn schon sechstausend Kilometer«, giftet Sharon.

So entspannt wie er sich seiner Familie gegenüber gibt, ist Tony eigentlich nicht. Er kann seinen Spaziergang über die Salzwiesen zum Meer heute gar nicht richtig genießen. Dieses Dum-Dum und die beiden vom Deich fallenden Schafe gehen ihm nicht aus dem Kopf. Das Geräusch ist ihm nur allzu vertraut. Zuletzt hat er es an diesem verhängnisvollen Mittag am Valentinstag gehört, als sie seine ganze Familie ausgelöscht hatten. Das war der Sound der »Bloody Mary«. So heißt die legendäre Remington von Louis, Louis the Lobster, dem Hitman des Caprese-Clans, der so heißt, weil er seinen Opfern mit einer Geflügelschere die Kuppe des kleinen Fingers abknipst. Tony wusste gar nicht, dass der Lobster überhaupt noch aktiv war. Angeblich steht es um seine Gesundheit nicht zum Besten. Die Bronchien und die Augen, hatte Tony gehört. Das war vielleicht sein Glück. Aber beruhigend ist es nicht gerade. Wie hat die Blindschleiche ihn hier am Ende der Welt aufgespürt? Das war vermutlich keine große Kunst. Die Capreses haben überall ihre Verbindungen. Sie haben ihre verdammten Spitzel an sämtlichen Flughäfen. Dass Tony und seine Familie beim Einchecken am JFK Sonnenbrillen getragen haben, hat sie nicht unsichtbar gemacht. Dass ihr Flug nach Hamburg ging, war auch kein Geheimnis. Und dann war da in der Lokalzeitung dieser idiotische Artikel über Naomis und Jakes Ankunft an der Husumer Schule, die Begrüßung der Amerikaner in der nordfriesischen Heimat ihrer Vorfahren. Musste sich Naomi unbedingt gleich als Cheerleaderin aufspielen? Aber seit wann las Louis the Lobster den ›Nordfriesland Boten‹? Vielleicht bildete Tony sich das alles nur ein. Was bedeuteten schon zwei tote Schafe?

Von der See weht eine leichte warme Brise über die

Wiesen. Tony atmet tief durch. Seine Familie muss von der ganzen Sache erst mal nichts erfahren. Und auch die Leute von dieser deutschen Behörde müssen nichts davon wissen. Er ist froh, dass er die Wichtigtuer mit ihren Walkie-Talkies in ihrem silbernen Mercedes los ist. Sie können ihn und seine Familie nicht beschützen. Das macht Tony selbst. Für alle Fälle hat er jetzt einen Revolver dabei.

17

Die Sonne ist bereits untergegangen. Der Himmel schimmert rötlich über der Nordsee. Die Paarungsrufe mehrerer Rotbauchunkenmännchen hallen von dem Tümpel über die Feuchtwiese herüber. Von dem Storchennest auf Brodersens großer Biowiese erhebt sich ein Storch. Die weiten, an den Enden schwarz gezackten Flügel schwingen majestätisch über den Abendhimmel.

Kurt liegt mit seiner Kamera auf der Pirsch. Er sitzt etwas erhöht knapp unter einer Deichkrone. In seiner olivgrünen Freizeitkleidung ist der rüstige Rentner in der Dämmerung kaum zu sehen. Die Kamera mit dem lichtstarken Teleobjektiv steht auf einem Stativ vor ihm, die Fototasche mit einer zweiten Kamera und mehreren Objektiven liegt daneben im Gras. Kurschatten Kurt ist gut gerüstet.

Heute möchte er endlich ein Foto von der Rotbauchunke schießen, auf dem der rote Bauch zu erkennen ist. Bisher sind ihm nur Bilder gelungen, auf denen der schmutzig schlammbraun gefleckte Rücken der Kröte zu sehen ist oder lediglich die Augenkugeln aus dem Wasser herauslugen. Etliche Stunden hat Kurt schon in der Nähe des Tümpels verbracht. Bisher hat er vergeblich auf den Moment gewartet, in dem die Rotbauchunke bei Bedrohung ein Hohlkreuz macht, Arme und Beine nach oben biegt, sodass die rote Färbung des

Bauches sichtbar wird. So eine Aufnahme fehlt Kurt noch.

Viel Zeit bleibt ihm nicht. Von Minute zu Minute wird es dunkler. Und irgendwann stößt auch die lichtstarke Optik seiner Kamera an ihre Grenzen. Vielleicht hätte er früher kommen sollen. Aber er ist einfach nicht früher losgekommen. In seinen Fredenbüller Tagen bei seiner Bekannten bleibt ihm keine freie Minute. Kurt hat ein volles Programm. Hertha und er sind ja ein Herz und eine Seele. Aber die unterschiedlichen Vorstellungen von der Haushaltsführung hatten schon zu ersten kleinen Differenzen zwischen den frisch verliebten Senioren geführt. Oma Ahlbeck genießt es, verwöhnt zu werden. Aber Kurts ausgeprägter Putzfimmel geht ihr doch ein bisschen auf den Wecker. Beim Putzen kennt der Pensionär kein Pardon. Allerdings kommt er gegen die unzähligen Staubfänger auf den schweren Schrankwänden aus Eiche, den Mief in den dicken Gardinen und betagten Polstergarnituren voller Sofakissen kaum an.

Kurt hat alle Hände voll zu tun. Morgens holt er Brötchen. Nach dem Frühstück macht er in der Küche klar Schiff. Bad, Staubsaugen im Wohnzimmer. Und wenn er seine Bekannte ein paar Wochen nicht besucht hat, sind in der vollgestopften Zweizimmerwohnung über dem Edeka-Markt auch mal wieder die Fenster dran.

Wenn am Nachmittag die Maschinengewehrsalven aus ›Good Fellas‹ den voluminösen Fernseher zum Zittern und die frisch geputzten Fensterscheiben zum Klappern bringen, dann sind diese kleinen Unstimmigkeiten vergessen. Da wird nicht lange gefackelt, da wird aufgeräumt. Das ist ja gerade, was Kurt an den Mafiafilmen so gefällt. Und im Anschluss an den Fernsehnachmittag geht Kurt vor der Tür noch mal kurz mit dem Handstaubsauger über die Polster seines Opel, um die hässlichen Krümel von der gestrigen Kaffeefahrt nach Sankt-Peter-Ording zu beseitigen.

Mit zunehmender Dunkelheit werden die Rufe der wechselwarmen Unken immer lauter. Bei diesen warmen Temperaturen nehmen die Frequenz und auch die Tonhöhe der Krötenrufe zu. Kurt sieht ungeduldig durch den Sucher seiner Kamera. Im Hintergrund, von dem Fotografen unbeachtet, schwebt der Storch mit weit ausholenden Flügelschlägen über das Deichvorland. Und dann hüpft ganz plötzlich eine Rotbauchunke aus dem Wasser heraus auf die Wiese. Kurt schwenkt das Teleobjektiv und versucht dem Tier mit der Kamera zu folgen. Von oben stürzt sich der Storch auf den Frosch. Er hat ihn kurz im Schnabel. Kurt lässt den Auslöser klicken. Aber dann kann sich die Rotbauchunke gleich wieder befreien. Mit ein paar Sprüngen ist der gepunktete Lurch zwischen den hohen Gräsern in einem Dickicht verschwunden. Im selben Augenblick huscht ein Marder über den Deich. Kurt ist ganz aufgeregt angesichts des regen Tierlebens. Er weiß gar nicht, was er zuerst fotografieren soll.

Der Marder sieht den Fotografen an und bleibt ganz in der Nähe wie eingefroren stehen. Als Kurt die Kamera auf ihn halten will, pest das Tier an ihm vorbei auf die Wiese. Kurt versucht ihm mit seinem Teleobjektiv zu folgen, in dem Moment zerreißt ein Schuss die friedliche Abendstille vor dem Deich und sofort darauf ein zweiter. Es ist, als hätte er mit seiner Kamera auf das Tier geschossen. Der Marder pest wie von der Tarantel gestochen über die Wiese Richtung Dossmann'sche Hühnerfarm. Die Rotbauchunke dagegen hüpft panisch zur Windkraftanlage und sucht in dem halbgegossenen Fundament, in dem gestern Ingenieur Norwin zusammen mit seiner Moto Guzzi seine letzte Ruhe finden sollte, Zuflucht.

Woher kamen die Schüsse? Kurschatten Kurt steckt der Schreck in allen Gliedern. Was waren das für Schüsse? Was hat das zu bedeuten? Kurt kann sich absolut keinen Reim darauf machen. Es klang nach einem Jagdgewehr. Aber im Juni ist doch keine Jagdsaison. Ist das ein Amokschütze, der auch den Windkraft-Ingenieur von seinem Motorrad geschossen hat? Ihm ist, als wären die beiden Schüsse aus der Richtung gekommen, in die der Marder eben gerast ist.

Kurt zieht den Reißverschluss seiner Jacke bis unter das Kinn. Ihm ist auf einmal kühl geworden. Er duckt sich hinter sein Stativ, als könne ihm das irgendeinen Schutz bieten. Aber als die Rotbauchunke mit einem beherzten Sprung aus dem halbfertigen Fundament hüpft, wird Kurt wieder von seinem eigenen Jagdinstinkt übermannt. Er nimmt sie augenblicklich ins Visier. Der Lurch hüpft weiter. Kurt schwenkt das Objektiv. Er vermutet, es ist ein Unkenmännchen. Es reckt seinen Bauch der Kamera entgegen. Die roten Flecken leuchten im letzten Licht der Dämmerung. Kurt stellt das Objektiv scharf. Die Flügelschläge des Storches über ihm bemerkt er gar nicht. Er drückt den Auslöser seiner Kamera. Plötzlich pfeift wieder ein Schuss über die Wiese. Gleichzeitig tickert in seiner Kamera eine ganze Folge von Auslösern. Die Unke ist längst aus dem Sucherbild der Kamera herausgesprungen. Diesmal kam der Schuss aus der anderen Richtung, meint Kurt gehört zu haben. Er blickt erschreckt nach oben. Der Storch über ihm macht ein paar unkoordinierte Flügelschläge. Ein hektisches Klappern ist zu hören. Einige Meter kann er sich noch halten. Die Schwungfedern krakeln ein paar schwarze Zacken in den immer noch dämmrigen Himmel. Dann dreht sich der große Vogel in der Luft um die eigene Achse. Er überschlägt sich und stürzt zu Boden. Die Rotbauchunke hüpft mit weiten Sprüngen Richtung Tümpel.

18

Durch die Tenne des Biohofes wehen verzerrte Harfentöne und der dezente Mief naturgefetteter Schafswollwesten. In den Regalen stapeln sich Kartons mit selbstkreierten Duftölen und ein ganzes Bettenlager eingestaubter Dinkelkissen. Viel verändert hat sich nicht in dem stolzen alten Reetdachhof im Ortskern von Fredenbüll. Laras Mann, der smarte Biobauer Jörn Brodersen, der gar nicht so heimliche Schwarm der Fredenbüller Damenwelt, war vor Jahren tragisch zu Tode gekommen. Und der ebenso smarte Talkshowmoderator, mit dem Lara sich getröstet und einen florierenden Handel mit handgefertigten Heugabeln und kunstvoll zerbeulten Hammerschlag-Blechthermoskannen aufgezogen hatte, war im Knast gelandet. »Mit Männern hat Lara immer 'n büschen Pech«, konstatiert Klaas. Aber das hat sie nicht nachhaltig aus der Bahn werfen können. »Dat Gespenst«, wie sie in der »Hidden Kist« genannt wird, schwebt wie eh und je mit zerrupften weißblonden Haaren dauermeditierend durch Tenne, Hofladen und Kräutergarten.

Wo sich sonst ein paar Frauen aus dem Dorf und vor allem Zugereiste an regelmäßigen Terminen zum Trancetanzen oder zu den Einführungskursen für ›mundgeblasenes Fensterglas‹ treffen, hat sich zu später Stunde die Initiative »Sei (k)ein Frosch e. V.« versammelt. Bounty, Telje, die ihre Zwillingsschwester Tadje mitgeschleppt hat, Oma Ahlbeck ohne Kurschatten, der sich noch auf Fotopirsch befindet, Gutsherr Onno von Rissen mit zwei Flaschen Bordeaux, und mit etwas Verspätung schneit auch der große Vorsitzende Wesselmann, auf dessen Shirt heute Abend ein großer Frosch prangt, in den Biohof. Der sphärische Sound unterstreicht den konspirativen Charakter des Treffens. Lara Bodersen hat eine große Kanne ihrer neu kreierten Kräuterteemischung »Friesenfrühling« auf ein Teelicht gestellt. Bounty hat das passende Teegebäck, ebenfalls mit selbstgezogenen Kräutern, spendiert.

»Wer Tee trinkt, vergisst den Lärm der Welt«, rezitiert Lara mit leiser Stimme eine chinesische Weisheit, die als Sinnspruch auf einem Schild zwischen getrockneten Kräuterbunden an der Wand hängt. Sie greift zur Teeschale.

»Wat für 'n Lärm? Mien Deern, du musst lauter sprechen!«, beschwert sich Oma Ahlbeck.

»Tee is gut gegen Lärm, Frau Ahlbeck!«, dolmetscht Tadje.

»Gegen die Rotoren.« Oma Ahlbeck staunt. »Mit Kräutertee?«

»Da muss ich Frau Ahlbeck recht geben«, grinst Bounty in die Runde. »Ich bin eindeutig noch für andere Aktionen als nur Teetrinken.« Er schiebt sich einen seiner Kräuterkekse in den Mund. Im Biohof herrscht schließlich Rauchverbot.

»Spendierst mir auch einen von deinen guten Keksen, Bounty?« Oma Ahlbeck greift in die Keksdose.

»Vorsicht, Frau Ahlbeck, das sind … na ja … Bountys Kekse«, warnt Telje sie.

»Dat seh ich, mien Deern, dass dat Bountys Kekse sind. Aber die sind doch für uns alle da, oder?« Die korpulente Frau Ahlbeck nimmt gleich zwei und spült mit einem Schluck Kräutertee nach. Telje und Tadje müssen kichern. Bounty verkneift sich das Grinsen und reicht den Detlefsen-Zwillingen die Keksdose.

Onno von Rissen entkorkt einen der Bordeaux und schenkt den edlen Roten in einfache Wassergläser. Er schwenkt das kleine Glas und hält seine Nase hinein. »Kirsche, Leder und ein Hauch Terpentin«, doziert er mit schwerer Zunge.

»Leder und Terpentin? Echt?«, Tadje verzieht das Gesicht.

Von Rissen reicht ihr ein Glas. Dann versorgt er auch Telje, Kurt und Bounty mit dem edlen Tropfen.

»Voll lecker«, findet Tadje.

»Der is aber nich aus unserm Edeka-Sortiment«, stellt Frau Ahlbeck mit Kennerblick fest.

»Châteaux Poujeaux 2003.« Onno von Rissen dreht den Hals in seinem engen Hemdkragen.

»Hmm, echt totaler Unterschied zu dem Fusel, den Mama immer beim Grillen hat«, urteilt Telje.

»Die Töchter unseres Dorfpolizisten haben eine feine Zunge«, konstatiert Onno von Rissen mit hochrotem Kopf und lacht meckernd. Der eigentliche Zweck der Veranstaltung droht in den Hintergrund zu rücken. Ganz abstinent will offenbar keiner beim Kampf für die Unken und gegen die Windräder bleiben. Bounty fühlt sich an alte Zeiten erinnert. Nur Lara und Wesselmann trinken keinen Schluck.

»Das ist hier keine Weinverkostung.« Wesselmann wird ungeduldig. Er klingt verärgert. »Hier ist Gefahr im Verzug. Es geht um das Leben unserer Unken.«

Tadje schlürft Bordeaux und starrt den Frosch auf seinem Shirt an.

»Immer locker bleiben«, nölt Bounty. Wesselmann war schon immer etwas verbissen, erinnert er sich. Dabei hat er erstaunliche Wandlungen vollzogen. Erst hat er unerbittlich für die Rechte der Seevögel gekämpft, dann für die Fische und gegen die Fischreiher, erst für Biogasanlagen, dann dagegen. Und hat er sich vor Kurzem nicht noch für die Windkraft eingesetzt? Seine wechselnden Positionen vertritt er mit militanter Radikalität. Wer jetzt der Rotbauchunke zu nahe kommt, dem droht offene Feindschaft.

»Die Schweine wollen hier alles trockenlegen für ihre Anlagen. Da läuft was hinter den Kulissen. Diese ganze Windkraft ist eine einzige große Verschwörung«, schimpft Wesselmann.

»Eine Verschwörung grüner Ideologen und verbohrter Windmühlenfanatiker«, stimmt der Provinzadlige Onno von Rissen mit ein. »Was bilden die Idioten sich ein, unsere schöne nordfriesische Landschaft mit diesen Ungetümen zu verschandeln.«

»Mein Vater hat im Mordfall von Norwin ermittelt, dass bei dieser Windfirma reichlich linke Deals gelaufen sind. Voll übel.« Telje hat schon denselben wichtigen Gesichtsausdruck wie ihr Vater drauf.

»Na ja.« Bounty schlürft den Tee. »Telje, das hat Klaas'

Bruder Norwin in der ›Hidden Kist‹ erzählt, als wir da neulich mal ’n bunten Abend gemacht haben.«

»Was ist da gelaufen?«, will Wesselmann sofort wissen.

»Der Windfritze und die Lady vom Amt …«

»… Blunck und Barkowsky«, fällt Wesselmann ihm ins Wort.

»… haben da irgendwas ausbaldowert«, bringt Bounty den Satz zu Ende. »Die brauchen ganz dringend Kohle. Die Windfirma ist angeblich in Turbulenzen. Die warten auf irgendwelche Fördergelder.«

»Ich hab Madame Barkowsky neulich in der Spielbank in Travemünde gesehen«, kläfft von Rissen. »Die Dame hat da mit den Scheinen nur so um sich geworfen. Tja, Beamter müsste man sein!«

»Da is irgendein Deal gelaufen.« Bounty überlegt. »Keine Ahnung. Norwin wusste da mehr.«

»Weißt du, ob Norwin noch was erzählt hat?«, fragt Wesselmann auf einmal ziemlich verbissen.

»Nö, nich dass ich wüsste.« Bounty zuckt mit den Schultern.

Etwas verspätet trifft jetzt auch Oma Ahlbecks Bekannter in der Tenne des Biohofes ein. Kurschatten Kurt ist aus der Puste und wirkt reichlich durcheinander.

»Na, mien Seuten, hast dein Frosch erwischt?«, will Frau Ahlbeck gleich wissen.

»Ja … nein. Direkt vor meinen Augen ist ein Storch erschossen worden.« Kurt steckt der Schreck noch in den Gliedern.

»Der Storch?«, haucht Lara Brodersen. »Mein Storch? Oh nein!«

»Irgendjemand hat da mehrmals geschossen«, berichtet Kurschatten Kurt.

»Geschossen? Echt?«, wundert sich Tadje.

»Ja, das waren mehrere Schüsse.«

»Heute Morgen haben sie schon zwei Schafe erschossen«, weiß Telje. »Mein Papa und Nicole ermitteln schon.«

»Was ist mit meinem Storch?« Lara ist noch bleicher als ohnehin schon. Schließlich hat sie das Storchennest auf ihrer Wiese installiert.

»Übel! Ich fand den Storch voll nett.« Auch Tadje macht ein trauriges Gesicht.

»Wer erschießt denn hier auf einmal die ganzen Tiere?« Bounty greift noch mal in die Keksdose.

»Ist doch gar keine Saison«, wundert sich Oma Ahlbeck.

»Muss man sich ja nicht unbedingt dran halten«, bemerkt Onno von Rissen hämisch. »Bisschen Revierpflege kann auch außerhalb der Saison nicht schaden.«

»Der Storch ist der Feind unserer Rotbauchunken.« Wesselmann nestelt an seinem Froschshirt. »Die Frösche sind von allen Seiten bedroht.« Lara sieht von Rissen böse und Bounty Wesselmann prüfend an.

»Die Schüsse kamen auch von mehreren Seiten«, führt Kurt aus. »Da lief außerdem noch ein Marder umher.«

»Wer knallt denn da nachts in der Gegend rum?« Als Fans des Mafiafilms haben Oma Ahlbeck und Kurschatten Kurt gegen den gezielten Einsatz von Schusswaffen ja eigentlich gar nichts einzuwenden. Aber bei Tieren hört der Spaß auf.

»Wenn das man nicht der alte Dossmann war«, vermutet Onno von Rissen. »Der Marder hat in seiner großen Hühnerhalle doch wild gewütet. Ein regelrechtes Blutbad soll der angerichtet haben.«

»Dossmann?«, fragt Wesselmann. »Der auch in die Machenschaften der ›WinWind‹ verwickelt ist.«

»Dossmann mit seinen Dioxin-Eiern!«, ruft Telje empört.

»Die will keiner mehr essen. Deshalb will er jetzt die Windmühlen haben.« Oma Ahlbeck bringt es auf den Punkt.

Dass Dossmann wegen seiner Eier- und Geflügelskandale in finanziellen Schwierigkeiten steckt, weiß mittlerweile das ganze Dorf. Mit der Pacht für die Windkraftanlagen will er jetzt wieder in die schwarzen Zahlen kommen. Drei Windräder sind im Bau. Für die weiteren fünfzehn Anlagen auf dem Dossmann'schen Gelände werden bereits Fundamente vorbereitet. Dabei laufen hier noch die Genehmigungsverfahren.

»Wir müssen handeln, und zwar schnell!« Der große Vorsitzende will den Fredenbüller Mitstreitern ein bisschen Dampf machen. Ihm ist die Runde etwas zu gemütlich.

»Aktionen«, raunt Bounty konspirativ und reicht die Keksdose herum. »Aktionen finde ich super.«

»Bounty, woran denkst du?«, will Telje wissen. Sie sieht den Imbisskumpel ihres Vaters mit ganz neuen Augen. Bisher hat sie den dauerbekifften Althippie, den sie nur am Stehtisch der »Hidden Kist« und einmal im Jahr auf dem Schützenfest als Frontmann seiner Band »Stormy Weather« erlebt, eher belächelt.

»Sitzblockade vor den Baggern, Sit-in auf den Betonfundamenten, wo sie Klaas' Bruder versenkt haben.« Bounty ist wirklich zu neuem Leben erwacht.

»Sitz-In? Im Beton? Komm ich da denn auch wieder raus?« Oma Ahlbeck ist noch nicht überzeugt.

»Keine Gewalt!«, haucht Lara Brodersen mit sanfter Stimme.

»Das ist es ja, was ich sage: passiver Widerstand, aber das aktiv«, formuliert Bounty die Dialektik des politischen Kampfes.

»Frau Ahlbeck, können Sie nicht mal mit Ihrem Sohn reden?«, fällt Tadje ein. »Der ist doch schließlich Bürgermeister von Fredenbüll.«

»Ich hab sonst auch noch ein paar Jagdflinten in unserem Waffenschrank stehen. Die drohen mir sowieso zu verrosten.« Onno von Rissen ist der Bordeaux deutlich zu Kopf gestiegen.

»Nee, Bounty meinte doch grade: passiv«, erinnert Telje. Lara, die mal wieder in andere Sphären entschwebt war, blickt von Rissen und auch Wesselmann, für den sie gestern noch geschwärmt hatte, entgeistert an. »Und was ist mit dem Storch?«

Die Gewaltfrage ist bei »Sei (k)ein Frosch« noch nicht endgültig geklärt. Es ist schon eine bunte Truppe, die hier zusammengekommen ist, denkt Bounty. Nach mehreren Keksen ist sein Blick geschärft. In wenigen prägnanten Sätzen ordnet er die Lage hinterm Deich in die globalen politischen Zusammenhänge ein. »Fredenbüll ist überall!«

»Hopp, hopp, hopp, Windr-r-rotoren stopp«, skandiert Frau Ahlbeck lautstark mit schwerer werdender

Zunge. Den letzten Kräuterkeks hat sie gut gelaunt mit einem Bordeaux heruntergespült.

»Hertha, so kenn ich dich ja gar nicht.« Kurschatten Kurt wirkt besorgt.

Über die weitere Strategie im Kampf für die Rotbauchunke und gegen die Windräder ist sich die Gruppe noch nicht ganz einig, aber die Stimmung ist bestens, als man gegen Mitternacht den Biohof verlässt.

Die anderen sind in von Rissens altem Geländewagen schon vom Hof gefahren. Als Bounty seine Zündapp-Zweigang anwirft, entdeckt er an Wesselmanns Fahrrad einen seltsamen Gegenstand. Es sieht aus wie eine lange Gewehrtasche, die er sich an Gepäckträger und Mittelstange des Herrenrades geschnallt hat.

»Was ist das denn?« Bounty staunt. »Jagdsaison eröffnet?«

»Ähh… Revierpflege.« Wesselmann gibt sich alle Mühe, lässig zu grinsen.

19

Am frühen Morgen hatte Renate das Gefühl, als wäre es etwas abgekühlt. Aber jetzt kommt es durch die geöffneten Fenster schon wieder warm herein. Die Pensionswirtin wartet ungeduldig darauf, endlich den Frühstückstisch abdecken zu können. Der Herr von der Windkraftfirma war heute Nacht gar nicht auf seinem Zimmer. Froschfreund Wesselmann war erst spät nachts gekommen. Renate hatte ihn mit seinem Fahrrad vorfahren hören. Aus dem Fenster hatte sie ihn mit einer seltsam langen Tasche ins Haus gehen sehen. War das eine Angel? War der Froschfreund Wesselmann Angler? Irgendwie passte das nicht recht zusammen.

Wesselmann hatte früh gefrühstückt und war längst wieder auf seinem Fahrrad unterwegs. Nur der seltsame Fremde war bisher nicht zum Frühstück erschienen. Will er sich etwa wieder drücken? Das kommt überhaupt nicht infrage. Oder hat er Angst, mit den anderen Gästen zusammenzutreffen? Er wirkt ja reichlich menschenscheu. Ganz anders als die Nordfriesen, denkt Renate. Im Gegensatz zu dem Pizzeriabesitzer in Bredstedt schnackt dieser Italiener offenbar nicht so gerne. Aber vielleicht ist er ja auch eher Amerikaner. Und außerdem ist der Italiener in Bredstedt eigentlich Jugoslawe.

Sie räumt den Geschirrspüler ein und kommt dabei

schon wieder mächtig ins Schwitzen. Langsam muss sie mal weiterkommen. Gleich hat sie einen Termin für eine Honigmassage. Wenn sie die Hände voller Honig hat, kann sie nicht gleichzeitig Frühstück servieren. Aber dann hört sie den seltsamen Gast auf leisen Sohlen die Treppe herunterkommen. Sie hört sofort sein asthmatisches Rasseln und hat sein alkoholisch beißendes Rasierwasser in der Nase.

»Na, ausgeschlafen?« Die Frage klingt vorwurfsvoll. »Schnell noch Breakfast?!«

»Just coffee«, keucht der dünne Blonde, der wieder seine Schweißerbrille trägt.

»Kaffee ... und ich mach Ihnen wenigstens noch eben 'n Brötchen.« Renate wartet die Antwort nicht ab. »Wurst oder Käse?«

Der Typ sagt keinen Piep. Nur sein Atem rasselt. Renate spiegelt sich in seiner Brille. »Immer noch nich besser geworden mit den Bronchien, nä.« Sie sieht ihn mitfühlend an. »Ich mach Ihnen 'n schönes Mettbrötchen.« Ehe er sich wehren kann, hat sie ihm eine Tasse Kaffee eingeschenkt und ein Brötchen geschmiert, das der Dünne brav im Stehen in sich hineinschlingt.

»Und wenn Sie noch nix vorhaben, da hab ich was für Sie.« Renate hält den Flyer schon in der Hand. »Bootsfahrt zu den Seehundbänken. Büschen Seeluft tut Ihren Bronchien gut.«

»Sea-hund-banke.« Er starrt fragend auf den Prospekt. Renate zeigt auf das gerahmte Seehundfoto an der Wand.

»Ahh, Seals!« Der Blonde nickt. Er kippt seinen Kaffee, verschwindet kurz noch einmal in seinem Zimmer und steigt dann in seinen schwarzen Sportkombi und braust gen See davon.

Dörte, die bei der russisch-tibetischen Honigmassage auch gerne mitreden möchte und sich ganz nebenbei eine Verjüngung ihrer Haut verspricht, hat es sich auf der Liege im Tai-Chi-Raum im Keller bereits bequem gemacht. Renate macht derweil noch schnell die Betten. Dabei fällt ihr wieder der seltsame Koffer des Fremden auf. Sie ist versucht, ihn zu öffnen. Aber sie lässt es dann doch lieber. Im Nachbarzimmer bei Herrn Wesselmann macht sie noch eine andere Entdeckung. Als sie den Kleiderschrank öffnet, in dem sie ein paar Klopapierrollen zum Nachlegen deponiert hat, sieht sie dort die langgestreckte Hülle stehen. Das ist die seltsame Tasche, mit der der Gast gestern Nacht in die Pension zurückgekommen ist. Das ist keine Angel. Sie tastet das lange dünne Futteral ab. Sie meint ein Gewehr zu fühlen. Was macht der Froschfreund mit einem Gewehr bei ihr in der Pension im Kleiderschrank? Und was verbirgt sich in dem Koffer des Italieners? Was haben ihre Pensionsgäste für seltsame Gepäckstücke?

Renate ist gar nicht ganz bei der Sache, während sie in den großen Blechtopf mit Müller-Siemsens Deichhonig fasst und den Honig in ihren Händen erwärmt.

»Dörte, dat hab ich ganz vergessen. Muss ich vorher immer fragen: du hast doch keine Honigallergie, oder?«

»Honigallergie? Nö.«

»Is ja auch Biohonig«, beruhigt Renate ihre Patientin. Sie fasst ihr mit den klebrigen Fingern auf den nackten Rücken. Dann hebt sie die Hände wieder, wobei die Haut einen Moment an dem Honig kleben bleibt, so als würde sie ein Stück vom Körper gelöst. Zuerst tupft Renate vorsichtig, dann patscht sie beherzt auf Dörtes Rücken ein.

»Aua, Renate, dat ziept aber. Ich dachte, dat is angenehm.« Irgendwie hatte Dörte sich die russisch-tibetische Honigmassage anders vorgestellt.

»Das ist dat Entgiften«, erklärt die Pensionswirtin. »Wenn die energetischen Blockaden gelöst werden, dat tut 'n büschen weh.«

Mitten in die Harmonisierung des Energieflusses schrillt die Türklingel von oben in den Tai-Chi-Raum.

»Wer is denn das jetzt? Gäste sind doch alle unterwegs. Klaas mit der Post? Das passt jetzt gar nich.« Renate löst die klebrigen Finger von Dörtes Rücken. »Dörte, ich muss mal kurz.«

Vor der Tür steht ein Fremder. Renate will ihn schnell wieder loswerden. »Dat tut mir leid, aber ich bin belegt, und außerdem hab ich grad 'ne Honigmassage.« Renate hält die klebrigen Hände mit gespreizten Fingern vor sich.

»Signora, ich brauche gar kein Zimmer.« Tony blickt fragend auf ihre Hände und lächelt sie an.

»Honig«, klärt Renate ihn auf. Sie sieht ihn prüfend an. Ist das vielleicht der Italiener, von dem Alexandra ihr vorgeschwärmt hat. Er sieht ja tatsächlich gut aus.

»Honig, sì.« Aber so ganz kann er sich die Honighände nicht erklären. »Ich wollte nur fragen, ob ein … ähhh … Bekannter bei Ihnen ein Zimmer gemietet hat.«

20

Babette Barkowsky schlägt den Aktenordner auf. Sie muss ihn nur sehen und ist sofort bedient. Sie hat sich im Flur einen Kaffee geholt. Aber der Automatenkaffee verbessert ihre Laune nicht unbedingt. Außerdem ist es bei dieser Hitze das vollkommen falsche Getränk. Auch heute Morgen ist es in ihrem Büro in der Behörde im ersten Stock unter dem Dach schon wieder kaum auszuhalten. Babette bricht schon der Schweiß aus, weil sie in ihrem schwarzen Hosenanzug wieder viel zu warm angezogen ist. Aber sie kann hier ja schlecht im Bikini im Amt sitzen. Sie zieht ihre Jacke aus und zupft an ihrer seidenen Bluse, um sich etwas Luft zuzufächeln. Sie tauscht die Sonnenbrille mit den breiten goldenen Bügeln gegen eine normale Brille, die das gleiche Gestell hat. Von einem Plakat an der Wand glotzt sie eine Robbe mit großen Augen an. In der Sprechblase über ihr steht »Moin!« und darunter »Ein Moin sagt mehr als tausend Worte. Der echte Norden.« Babette fächelt sich mit einem Schriftstück Luft zu.

Eigentlich liegt ihr alles vor. Regional-, Flächennutzungs- und Bebauungsplan. Bei der Erstellung der neuen Raumordnungspläne für die Windenergie hatte sie es so gedreht, dass die Fläche in Fredenbüll als Eignungsgebiet für Windkraftanlagen ausgewiesen wird. Standorteignungsprüfung und Umweltverträglichkeitsprüfung waren noch nicht endgültig abgeschlossen. Das konnte in die eine oder andere Richtung entschieden werden. Da gibt es Spielräume. Aber Babette hat heute nicht die geringste Lust, irgendetwas zu entscheiden. Sie blättert lustlos in den Papieren und nimmt einen Schluck aus dem Plastikbecher. Wirklich ungenießbar, die Plörre. Sie sieht aus dem Fenster. Vor dem Amt hängen die Flaggen von Nordfriesland, Schleswig-Holstein, Deutschland und Europa müde nebeneinander in der lauen Frühsommerbrise. Eine Gruppe Schulkinder läuft mit Badesachen unterm Arm an dem Gebäude vorüber. Autos fahren zu Fähren nach Föhr und Amrum und zur Autoverladung nach Sylt. Gegenüber im »Dänischen Bettenlager« ist kein einziger Kunde. Aus der »Jawoll Sonderposten«-Filiale schlurft ein Mann in Unterhemd und Turnhose mit einem Tragesack Grillkohle.

Babette hätte sich auf diese ganze Geschichte überhaupt nicht einlassen dürfen. Aber der smarte Sven Blunck hatte sie um den Finger gewickelt. Gleich den ersten Abend, nachdem er bei ihr im Amt aufgekreuzt war, hatte er sie zum Essen in das einzige Sterne-Restaurant der Gegend eingeladen. Und nach ein paar Absackern in einer düsteren Kneipe am Husumer Hafen waren sie dann in seinem Hotelzimmer gelandet. Das Ganze hatten sie ein paarmal wiederholt. Für Babette war es eine Amour fou. Nach ihrer zweiten gemeinsamen Nacht war die große Wiese in Fredenbüll ganz plötzlich als Eignungsgebiet für Windkraftanlagen ausgewiesen. Sie hatte das so gedreht. Im Rahmen des sogenannten »vereinfachten Genehmigungsverfahrens« war das ohne Probleme möglich. Sie kam sich richtig ein bisschen verrucht vor, aber gerade das hatte ihr gefallen.

Dann war da dieser Abend im Hinterzimmer des Spielsalons bei dem Italiener, der hier seit Kurzem kleine, nicht ganz legale Pokerrunden organisierte. Sie war schon mehrmals dort gewesen. Das letzte Mal war das allerdings gar nicht gut gelaufen. Aber an dem Abend, zusammen mit Sven Blunck, hatten sie viel Spaß gehabt. Sven hatte verdammt gute Karten, sie hatte auch zweimal ein »Full House«. Und dann hatten sie ein paarmal vielsagende Blicke ausgetauscht, das war ausgesprochen hilfreich. Es ging zwar nicht um ganz große Beträge, aber den Niebüller Autohändler, die PR-Dame der Büsum-Touristik und einen örtlichen Makler hatten sie ganz hübsch ausgenommen.

Auch vorgestern auf der Versammlung dieser idiotischen Froschfreunde hatte sie sich wie seine Komplizin gefühlt, wie sie nebeneinander dagestanden und sich über deren Naivität lustig gemacht hatten. Aber nach der Veranstaltung hatte er nicht einmal mehr Zeit für einen Drink, und in sein spießiges Pensionszimmer, das er während der Bauarbeiten in Fredenbüll angemietet hatte, wollte er sie auch nicht mitnehmen. Und gestern hatte sie sich wieder einen Korb geholt. Der gute Sven war wohl der Meinung, die Sache sei für ihn gelaufen. Die Windräder seien genehmigt. Aber da hat er die Rechnung ohne sie gemacht. Wenn sie das recht überlegt, wird sie richtig sauer. Ihr bricht gleich wieder der Schweiß aus. Was bildet dieses gegelte Arschloch sich ein? Das wird er noch bereuen. Sie sitzt nämlich am längeren Hebel. Da ist noch gar nichts entschieden. Sie nimmt einen letzten Schluck aus ihrem Becher. Der Kaffee ist inzwischen kalt.

Von allen Seiten hacken sie plötzlich auf sie ein. Inzwischen macht auch Hühnerzüchter Dossmann wieder Druck. Er ruft jeden Tag an und erkundigt sich nach dem Sachstand. Sein Ton wird dabei immer ungemütlicher. Nicht nur Svens Windfirma, auch der Hühnerzüchter steckt in gewaltigen finanziellen Schwierigkeiten. Das ist ganz offensichtlich. Dossmann hat zwar noch seine große Halle in Betrieb, in der dichtgedrängt die zerrupften Hühner stehen. Aber für seine Dioxin-Eier findet er immer weniger Abnehmer. Der für seine ruppigen Umgangsformen berüchtigte Hühnerbaron war auf die Genehmigungen für die Windkraftanlagen auf seinem neuerworbenen Land dringend angewiesen. Er meinte sogar, ein Recht darauf zu haben. Schließlich hat Babette von ihm auf dem Umweg über Sven eine stattliche Geldsumme erhalten. Die zwanzigtausend Euro erschienen dummerweise auf ihren Kontoauszügen. Sie hätte das nicht annehmen dürfen. Aber Blunck und Dossmann hatten es ihr förmlich aufgedrängt und sie hatte sich dagegen eigentlich nicht wehren können.

Wusste der Vorsitzende der Froschfreunde etwa davon? Auch der war kürzlich bei ihr aufgekreuzt und hatte gedroht, Details an die Öffentlichkeit zu bringen, falls der Fredenbüller Standort genehmigt und damit verbundene Fördergelder bewilligt würden. Sie war erpressbar. Sie hatte Geld angenommen. Dabei war dieses Geld gar nicht mehr da.

Eigentlich hatte Babette gedacht, ihre Neigung zur Spielsucht im Griff zu haben. Dem Travemünder Casino hatte sie endgültig den Rücken gekehrt. Aber dann war sie im Hinterzimmer der Bredstedter Spielothek gelandet. Wann immer der charmante Tony zu einer Pokerrunde einlud, war sie dabei. Und an dem letzten Abend, als Sven sie mal wieder sitzen gelassen hatte, waren die Pferde mit ihr durchgegangen. Mit einer einfachen Straße auf der Hand wollte sie es wissen. Der Fredenbüller Dorfadlige mit der roten Hose und der Bordeauxfahne hatte längst gepasst. Aber der Niebüller Autohändler hatte blöde gegrinst und am Ende einen Zweihunderteuroschein nach dem anderen auf den Tisch gelegt. Auch der Ingenieur von der »WinWind«, Norwin Schulz, war die ganze Zeit mitgegangen. Sie war sich so sicher, dass beide blufften. Ihr Geld war schnell weg. Aber sie konnte unmöglich aussteigen. Tony hatte ihr netterweise mit tausend Euro unter die Arme gegriffen. Ein paar Minuten später hatte er auch noch ihr Auto in Zahlung genommen. Dann präsentierte der grinsende Autohändler ein »Full House« mit drei Assen, und der kleine silberne Mazda Roadster war weg.

Babette Barkowsky schiebt den Aktenordner lustlos von sich weg. Und auch mit der »Baubeseitigungsverfügung« in diesem Friseursalon will sie sich jetzt nicht beschäftigen. Sie hat heute einfach keine Lust. Sie blickt aus dem Fenster. Im »Dänischen Bettenlager« und auch bei »Jawoll« ist absolut tote Hose. Und dann sieht sie auf einmal ihren silbernen Mazda in eine der Parkbuchten vor dem Amt fahren. Der Spielhallenbetreiber Tony steigt aus. Was hat das zu bedeuten? Will er ihre Spielschulden eintreiben?

21

»Nicole, wir haben nich nur Norwin. Wir haben außerdem zwei tote Schafe, und heute Nacht haben sie angeblich noch ’n Storch erschossen.« Thies nimmt die Polizeimütze ab, wischt sich den Schweiß von der Stirn und atmet einmal tief durch. Draußen ist es wieder heiß. Aber in Nicoles klimatisiertem Zivil-Mondeo ist es angenehm kühl.

»Wie bitte? Einen Storch?« Nicole schnieft. »Dafür sind wir aber nicht zuständig, oder?« Die Kieler Kommissarin wirkt müde und mal wieder reichlich verschnupft. Mit ihren Allergien wird und wird es einfach nicht besser. Thies fragt schon gar nicht mehr, ob gerade Birke, Erle oder Beifußpollen dran sind. Nicole ist heute später zum Dienst erschienen. Wegen ihres zweijährigen Sohnes war sie gestern Abend nach Kiel zurückgefahren, angeblich um Finn von ihrer Mutter abzuholen. »Wenn Not am Mann is, kannst den Lütten einfach in der ›Hidden Kist‹ abliefern«, hatte Piet Paulsen schon angeboten. »Dat sind bessere Abholzeiten als in der Kita. Wir sind ja eigentlich immer da.« Und dann hat Nicole heute Morgen auf der A7 im Stau gestanden. Wieso eigentlich auf der A7? Kommt Nicole aus Hamburg? Er verfolgt den Gedanken nicht weiter. Thies ist mit dem Fall beschäftigt.

Heute Morgen hatte er sich Norwins Zimmer in Klaas' Wohnung noch mal angesehen. Spusimann Börnsen hatte seine Sachen ja bereits durchkämmt. Thies hat jetzt auch keine neuen Erkenntnisse gewonnen. Er ist ja sowieso der Ansicht, dass Norwin gar nicht gemeint war. Deshalb hatte er eben auch schon beim Bundeskriminalamt in Wiesbaden angerufen. Aus den Kollegen war allerdings nichts herauszubekommen. Von Tony wollten sie nichts wissen. Auf sein Nachfragen hatte der BKA-Beamte vollkommen dichtgemacht. Thies war richtiggehend sauer geworden.

»Klaas hat die Fahrzeuge mit dem Wiesbadener Kennzeichen doch gesehen und den Typ, der da vor der Tür eine nach der anderen geraucht hat«, hatte er den arroganten Typ angeschnauzt. »Dat denkt der sich doch nicht aus.« Die Weigerung des Kollegen, ihm irgendeine Auskunft zu geben, hatte Thies in seinem Verdacht allerdings erst recht bestätigt.

»Nicole, ich hab dat gleich gesagt. Alles topsecret. Dat is 'ne ganz große Sache. International! Dat is jetzt keine Hypothese mehr.« Thies ist schon ganz in dem neuen Fall drin. Aber auch die Kommissarin hat neue Ergebnisse von der KTU mitgebracht. Kollege Mike Börnsen hat die Kalibergröße des tödlichen Geschosses zweifelsfrei festgestellt: Kaliber sieben-zweiundsechzig, wie es bei Militär-, Jagd oder Scharfschützengewehren zum Einsatz kommt. Um die Waffe wollen sich die beiden Polizisten später kümmern. Jetzt müssen sie erst mal mit dem geheimnisvollen Tony sprechen. Die frappierende Ähnlichkeit mit dem Mordopfer gibt mittlerweile auch Nicole zu denken.

»Aber wer soll auf ihn schießen? Und wo ist derjenige?«

In seinem Domizil im Haus der Müller-Siemsens treffen sie ihn nicht an. Seine Frau wirkt gereizt und verhält sich den beiden gegenüber reichlich borniert. Sie trägt wieder ihr großzügig dekolletiertes, duftiges Sommerkleid und ist auch sonst von einer penetranten sommerlichen Duftwolke umgeben. Über die Gründe ihres Aufenthaltes oder ihrer Auswanderung nach Nordfriesland mag sie sich nicht äußern. Sie greift sich fahrig mit ihren lackierten, langen Fingernägeln durch die von ihrem New Yorker Coiffeur kunstvoll gestufte Zippelfrisur und vermittelt Thies und Nicole den Eindruck, dass es unter ihrer Würde ist, sich mit ihnen abzugeben.

»Tony ist viel unterwegs, das war auch in New York City so.« Jetzt vermutet sie ihn beim Rasieren im »Salon Alexandra«, worüber sie alles andere als erfreut ist. Thies' Bemerkung, dass ihre Kinder in der Klasse seiner Töchter sind, tut sie mit einem überheblichen Schulterzucken ab.

»Dat is irgendwie 'n ganz anderer Frauentyp als bei uns«, sinniert Thies, als die beiden wieder im Auto am Deich entlangfahren. »Son büschen wie in dieser amerikanischen Fernsehserie, die Heike immer guckt … mit den durchgeknallten Hausfrauen.«

»Desperate Housewives?« Nicole grinst.

»Jo, die Frau von Tony is doch auch so 'n überdrehtes Hausweif.« Jetzt muss Nicole lachen, aber Thies verzieht keine Miene.

Auch im Friseursalon treffen die beiden Polizisten Tony nicht an.

»Er war vorhin zum Rasieren hier«, erklärt Alexandra stolz. »Tony kommt jeden Morgen.«

Bei dem Thema Tony sind auch ihre im Salon anwesenden Freundinnen Marret und Sandra gleich ganz aufgeregt. »Thies, ich hab Tony vorhin mit Heike in der Filiale von Bäcker Hansen gesehen«, petzt Sandra, die schon wieder im Salon sitzt, obwohl sie grade gestern eine neue Dauerwelle bekommen hat.

»Bei Hansen, ja wieso?«, brummt Thies.

»Die beiden ham da zusammen Kaffee getrunken am Stehtisch und … na ja …«

»Wat heißt denn hier na ja?« Weder Thies noch Alexandra sind sonderlich amüsiert.

»Na ja, die ham sich unterhalten … aber schon 'n büschen intensiver.«

»Wieso geht der mit Heike Kaffee trinken?«, fragt sich Thies.

Sandra gibt ihm recht. »Ja, wieso geht er eigentlich nicht mit mir?«

»Scheint hier ja richtig eingeschlagen zu haben, der Herr.« Nicole grient schon wieder. Alexandra wirft ihr einen giftigen Blick zu. »Hat denn eine der Damen eine Ahnung, wo unser Tony abgeblieben sein könnte?«

»Der is in sein Casino nach Bredstedt.« Da ist sich Marret ganz sicher.

»Casino?«, wundert sich Nicole.

»Bredstedt kriegt doch jetzt 'n Spielkasino.« Alexandra streicht sich ihre rote Löwenmähne aus dem Gesicht.

»Na ja, dat is die Spielothek, die will Tony jetzt umbauen«, erklärt Sandra.

»Wollte er nich auch noch zu dieser Behördentante

und wegen deinem Anbau wat regeln?«, fällt Marret ein.

»Wat denn fürn Anbau?«, fragt Thies.

»Ach, nix.« Alexandra hält sich bedeckt.

»Er ist ja offenbar viel beschäftigt«, stellt Nicole fest.

»Was wollt ihr denn von ihm?« Sandra ist neugierig.

Thies sieht sie herausfordernd an. »Nicole und ich müssen uns auch mal 'n büschen *intensiver* mit ihm unterhalten.«

22

Es ist nicht viel los im Edeka-Frischemarkt an diesem heißen Frühsommertag. Stammkundin Frau Bandixen ist mit ihrem heutigen Mittagessen, einer Dose »Pichelsteiner Eintopf« im Gepäckkorb ihres Rollators, vor einer Stunde aus dem Laden geschoben. Jetzt lungern die beiden Jugendlichen der Luciano-Familie, Naomi und Jake, zwischen den Regalen herum.

»Kinder, sucht ihr wat Bestimmtes?«, fragt Oma Ahlbeck laut von der Kasse herüber.

Naomi guckt kurz hinter dem Regal mit den Spirituosen hervor. »Just take a look around.«

»'ne Runde gucken? Oder wie?« Oma Ahlbeck sitzt zur Abwechslung mal wieder an der Kasse. Der Azubi hat heute Berufsschule in Husum. Frau Ahlbecks Sohn, Filialleiter und Bürgermeister Hans-Jürgen, preist gerade eine Palette extrascharfen Senf aus und kommt dabei in seinem Edekakittel ordentlich ins Schwitzen. Aus der Spirituosenabteilung hört Frau Ahlbeck klirrendes Flaschenräumen.

»Kommt ihr klar?«, ruft sie den beiden Jugendlichen zu. »Ihr seid doch die Kinder von Tony? Wat sucht ihr denn?«

Jetzt kommt Jake hinter dem Regal hervor und streckt ihr den nach oben gestreckten Daumen entgegen. »Alrighty!«

»Wat soll dat sein? Dat führen wir, glaub ich, nich.«

Die Jugendlichen kichern. »Dopey granny. I'll be blowed. How does Ove say? *Voll verpeilt.*« Naomi kann sich vor Lachen gar nicht wieder einkriegen.

»Hans-Jürgen!«, ruft Frau Ahlbeck durch die Senf- und Gurkengläser hindurch. »Ich wollt mit dir noch mal über die Rotoren schnacken. Muss dat denn wirklich sein?«

»Mutti, seit wann interessierst du dich denn für erneuerbare Energien?« Der Edeka-Mann lässt die Preispistole rattern. »Dat ist ja wohl das Neuste.«

»Wir hatten ja gestern wieder Treffen mit unserer Frosch-Gruppe«, erklärt Frau Ahlbeck mit rollendem R. »Die meinten auch, dass ich noch mal mit dir reden soll, ob sich dat Ganze nich auch friedlich lösen lässt.«

Die beiden Lucianos-Kinder sind lachend dabei, die Schnäpse zu sortieren.

»Mutti, dat is 'n wichtiger Impuls für die ganze Region«, ruft Ahlbeck durch die Senfgläser hindurch.

»Vor allem is dat 'n wichtiger Impuls für diesen Windheini und für den alten Dossmann.«

»Warum soll sich Dossmann nicht noch mal umorientieren? Ist doch positiv. Statt der Dioxin-Eier kommt demnächst saubere Energie von seiner Wiese.«

»Ach wat, saubere Energie ist dem doch egal. Der will saubere Euroscheine. Das hat er doch alles mit dieser Wind-Wind und der Madame vom Amt in Bredstedt ausgeklüngelt. Und du machst da auch noch mit, Hans-Jürgen!«

»Haben dir das deine Froschfreunde eingeredet?« Ahlbecks Ton wird unwirsch. Rabiat pfeffert er Senf-

und Gurkengläser ins Regal. »Du musst dir die Truppe doch bloß angucken. Von Rissen, Bounty und dein Kurt, dat is doch das letzte Aufgebot.«

»Wart mal ab, wat wir noch für Aktionen vorhaben. Hans-Jürgen, pass du erst mal auf, dass du deine Gläser nich kaputt machst!«, sorgt sich seine Mutter.

Außerdem kommen jetzt laute Raschelgeräusche aus der Abteilung »Chips und Knabbereien«.

»Wat is denn da beim Salzgebäck los?«, ruft Frau Ahlbeck. »Bringt mir da bloß nix durcheinander!« Naomi und Jake haben schon mehrere Tüten aufgerissen und knuspern hinter dem Regal unverfroren Tortilla-Chips.

»Wat macht ihr da?« Frau Ahlbecks Ton wird bestimmter.

»Benchmark-test«, kichert Naomi.

»Ich muss die Ware hier erst mal scannen ... Hans-Jürgen, guck du mal, ich kann hier von der Kasse nich weg.«

In dem Moment rauscht ein Porsche auf einen der leeren Stellplätze vor dem Supermarkt. Windkraftmanager Blunck springt aus dem Wagen und betritt voller Tatendrang den Laden.

»Moin, Frau Ahlbeck! Mächtig heiß wieder, was?« Blunck gibt sich leutselig.

»Ja, schrecklich, Herr ... ähhh... Wir ham grad über Sie gesprochen.«

»Hoffentlich nur Gutes.« Blunck lacht schief. »Ist denn ihr Sohn auch da?« Aber da ist der Filialleiter bereits hinter seinem Gurkenregal hervorgekommen. »Ahh, da ist ja der Bürgermeister.« Er will Ahlbeck die Hand geben. Doch der hat noch die Preispistole in der Rechten und ein Glas Schlesische Gurken in der Linken.

»Wir müssen reden.« Bluncks Ton ist jovial, aber bestimmt.

»Was gibt es denn? Geht die Sache nicht voran?« Ahlbeck stellt die Gurken zwischen den Allzweckreinigern ab.

»Ahlbeck, wir müssen den Druck erhöhen.« Der Bürgermeister zieht sich mit seinem Gast zum Kühlregal im hinteren Bereich des Supermarktes zurück.

»Wat heißt denn Druck?«, will Ahlbeck wissen.

»Sie wollen doch auch, dass es mit unserem Windpark weitergeht, und wir sind auf die Fördergelder angewiesen. Sie sollten da auf politischem Wege noch einmal nachhaken.«

Von der Kasse aus kann Frau Ahlbeck den Gang entlang die Männer im Schein des Kühlregals stehen sehen. Sie versteht nur einzelne Satzfetzen, zumal die beiden Jugendlichen immer noch zwischen den Regalen herumturnen.

»Für die Förderung brauchen wir die positiven Bescheide zur Standorteignungsprüfung und Umweltverträglichkeit.« Blunck klingt nicht mehr jovial, sondern gehetzt.

»Soviel ich weiß, is dat eigentlich durch«, erklärt Ahlbeck. »Dat ist aus Kiel jetzt noch mal bei unserer Freundin in Bredstedt gelandet, die endgültig ihr Autogramm druntersetzen soll.« Das Kühlregal mit den Milchtüten wirft von unten kaltes Licht auf die beiden schwitzenden Männer, was ihre Mimik dramatisch erscheinen lässt. »Und wenn die keine Einwände hat … Aber warum sollte sie Einwände haben?« Ahlbeck versucht ein doppeldeutiges Grinsen.

»Verstehe ich das richtig, der Vorgang hängt jetzt noch einmal bei Frau Barkowsky?« Der Windmanager klingt besorgt.

»Dat ist bei uns hier, soviel ich weiß, der ganz normale Vorgang. Da haben wir in Kürze den Bescheid auf dem Tisch.«

Blunck scheint es für einen Moment die Sprache verschlagen zu haben. Oma Ahlbeck kann zumindest nichts mehr hören. Auch die Shoppingtour der beiden Lucianos ist inzwischen beendet. Naomi nimmt eine Packung Kaugummi aus dem Drahtbord vor der Kasse und legt sie auf das Fließband.

»Chewing Gummi? Richtig? Sonst nich fündig geworden?« Sie zieht die Kaugummis piepend am Scanner vorbei, während sich Jake mit deutlich ausgebeulter Jackentasche an der Kasse vorbeimogeln will. »Und du bleib mal schön hier, Freundchen!« Oma Ahlbeck zupft ihn an der Jacke.

»Wie bitte?«, fragt Jake mit amerikanischem Akzent und gespielter Verwunderung.

»Du weißt genau, wat ich meine!« Sie zeigt auf seine Jacke. Jake holt eine Flasche hervor, als wenn das nur ein dummes Versehen wäre.

»Russischer Wodka, fünfundvierzig Prozent? Dat vertragt ihr doch noch gar nich.« Sie kassiert die Spirituose ein. »Auf 'ne Anzeige wollen wir noch mal verzichten, weil ich euern Vater kenn. Und jetzt holst du noch mal schön die leere Chipstüte aus 'm Regal. Wie stellt ihr euch dat vor? Muss doch eingescannt werden!«

23

Tony steht in seinem türkisblauen Lacoste-Shirt neben Bounty in der »Hidden Kist« an Stehtisch Eins. Er genießt Antjes neue regionale Spezialität, eine Portion Pannfisch. Mehr noch, er zelebriert die verschiedenen Fische, die Antje ihm in einer gusseisernen Pfanne serviert hat.

»Specialità tradizionale, Antje, der Fisch ist perfetto.« Die Imbisswirtin strahlt. »Und demnächst zeige ich euch, wie wir in Sizilien ›sarde a beccafico‹ machen, Sardinen am Spieß.«

»Am Spieß?«, fragt Piet Paulsen von Stehtisch Zwei interessiert herüber.

»Sì, Piet, wie deine Putenschaschlik.«

Der New Yorker Italiener hat sich hier bestens eingelebt. Schon nach drei Besuchen scheint er voll in die Imbissgemeinschaft integriert. Antjes Herz hat er sowieso im Sturm erobert. Allein Klaas bleibt wegen der frappierenden Ähnlichkeit mit seinem Bruder noch skeptisch. Den gestrigen Tag hat Tony fast komplett in der »Hidden Kist« verbracht. Bei etlichen regionalen Spezialitäten in flüssiger Form hatte die Imbissrunde ihn ausführlich über die Fredenbüller Verhältnisse in Kenntnis gesetzt, über die Windkrafträder, die Rotbauchunken, ihre Bürgerinitiative und über die Provinzkönige Dossmann und von Rissen. Tony ist ganz begierig, etwas über seine neue Heimat zu erfahren. Er erkundigt sich nach der Verbreitung des Glücksspiels in Nordfriesland und versucht Piet Paulsen zu einem Besuch seiner geselligen Pokerrunde zu überreden. Außerdem zeigt er großes Interesse an Bountys Selbstgedrehten.

»Good flavour!«, urteilt Tony mit Kennermiene. »Wie viel davon produzierst du in deinem Garten? Wie steht es mit dem Vertrieb?«

»Vertrieb?« Bounty braucht einen Moment. »Ach so … ja nö, das is hauptsächlich Eigenbedarf. So ein ganz bisschen verticker ich manchmal.«

»Good weed. Das ist richtig gute Qualität.« Tony wird mit einem Mal ernst. »Aber eines muss ich dir leider sagen, mein Freund, die Logistik ist alles andere als professionell. Da gibt es Verbesserungsmöglichkeiten.«

Nicht nur das Herrchen, auch Hund Vito zieht es in »De Hidde Kist«. Und das liegt ganz allein an Susi. Der Mops ist schwer verknallt.

»Er hat ja richtig Frühlingsgefühle«, stellt Piet Paulsen fest. »Und er steht auf Schäfermischling.«

»Aber Susi lässt ihn nich recht ran.« Antje wirft einen amüsierten Blick über ihren Glastresen.

»Na ja, er kommt aber auch schlecht ran«, bemerkt Paulsen treffend. Er bleckt die Zähne und fasst sich an sein schmerzendes Knie. Der liebeskranke Vito tröstet sich derweil mit einer Tofuwurst.

Als Thies und Nicole im Imbiss eintreffen, ist die Runde in angeregter Diskussion über artgerechte Ernährung und das Sexualleben von Hunden.

»Hier stecken Sie also.« Nicole nickt den anderen zu. »Wir haben Sie schon überall gesucht, Herr … ähh.«

»Tony! Ich bin Tony.« Er gibt den beiden Polizisten die Hand. »Wir haben uns doch schon kennengelernt vor zwei Tagen hier in ›De Hidde Kist‹. Die Frau Oberkommissarin und Thies. Richtig? Der Mann der charmanten Heike. Vero? Die habe ich auch schon kennengelernt.«

»Jo, wir haben 'n paar Fragen.« Thies will sich nicht lange mit Smalltalk aufhalten und gleich zur Sache kommen.

»Fragen? Aber natürlich.« Tony verspeist die letzten Bissen seines Pannfischs. Er lächelt die blonde Kommissarin an.

»Wollen wir nicht lieber in die Wache fahren«, schlägt Nicole vor. »Da können wir etwas ungestörter reden.«

»Wieso? Wir stören euch doch nich.« Klaas würde die Befragung ungern verpassen.

»Wir sind doch hier unter uns«, bestätigt Paulsen.

»Und nebenbei mach ich euch 'n schönen Ladde Machia … ach so, nee … Expresso Machiado, nä, Tony?« Antje sieht Nicole fragend an. »Für dich auch, Nicole? Und Thies wie immer, ›Coffee to go‹?«

»Signora, Sie hören es, Sie können mir Ihre Fragen auch hier stellen.«

Nicole ist die Situation alles andere als angenehm. Ihre Rollen als ermittelnde Kommissarin und als Imbissgast gehen auf einmal durcheinander. »Sie sind Herr …« Sie wird offiziell.

»Lu… ähh Petersen.«

»Petersen?« Thies wundert sich.

»Das is der Name von Tonys Frau«, funkt Antje dazwischen, während sie die italienische Kaffeemaschine präpariert. Vito verschlingt keuchend die Tofuwurst. Susi würdigt ihn keines Blickes.

»Wie hat es Sie denn nach Nordfriesland verschlagen?«, will Nicole wissen. »Gibt es einen bestimmten Grund, warum Sie hier sind?«

»Sì, wie Antje schon sagt, die Familie meiner Frau. Ihre Großeltern kommen von Föhr.«

»Aber Sie sind Italiener?«

»Sicilia, sì! Ein Teil der Familie ist noch dort. Aber wir sind seit drei Generationen in New York City.«

»Da ist Nordfriesland schon ungewöhnlich. Normalerweise wandern die Leute von hier in die USA aus.« Nicole lässt sich von Tonys Charme bisher nicht sonderlich beeindrucken. Und auch Thies blickt skeptisch. Er ist nicht gut auf den Italiener zu sprechen.

»Amerika ist nicht mehr das, was es mal war. Und hier in Fredenbüll ist es wunderschön.«

»Dat hab ich doch schon immer gesagt«, kräht Paulsen dazwischen und ordert bei Antje ein Mittagspils.

»Schön? Na ja. Erst Klaas' Bruder im Beton, dann zwei tote Schafe und jetzt is auch noch 'n Storch erschossen worden.« Thies sieht den Italiener provozierend an. »Und der Tote hat verblüffende Ähnlichkeit mit Ihnen.«

»Mit dem Storch?« Tony grinst. Antje und Bounty glucksen. Nur Klaas verzieht keine Miene.

Thies wird langsam ungeduldig. »Die Schüsse auf Klaas' Bruder … die hatten das doch auf dich abgesehen.«

»Auf mich? No! Wer soll es hier auf mich abgesehen haben? Sehen Sie mich an.« Er deutet mit ausgestreckten

Fingern auf sein türkises Polohemd. »Alles in Ordnung.«

»Haben Sie Feinde?« So recht weiß Nicole auch nicht, wo sie ansetzen soll. »Irgendjemand, der Ihnen nach dem Leben trachten könnte?«

Tony zuckt mit den Schultern. »Seht mich an«, wiederholt er. »Wer soll mir nach dem Leben trachten?«

»Alles gute Freunde, oder wat?« Thies wischt sich resigniert den Schweiß von der Stirn.

»Sì, nur Freunde.« Der Rest der Imbissrunde nickt. Susi verkriecht sich zu Bounty unter den Barhocker. Mops Vito sieht aus traurigen Glubschaugen zu seinem Herrchen hoch. Nicole gibt die Hoffnung auf, hier in der »Hidden Kist« aus dem Mann irgendetwas herauszubekommen. Thies zupft etwas ratlos an seinen blonden Barthärchen. Tony sieht ihn mitleidig lächelnd an

»Was meinen Sie, Thies, soll ich Ihnen mal eine Rasur im Salon bei Signora Alexandra spendieren?«

24

Im Friseursalon steht die Luft. Ein Duftgemisch aus Shampoo, Haarsprays und leicht angesengten Haaren hängt im Raum. Die gläserne Eingangstür zur Dorfstraße steht offen. Aber von draußen kommt nicht der kleinste Hauch herein. Alexandra schwitzt. Sie trägt ein ärmelloses schwarzes Shirt und ihre rote Mähne hat sie mit einer Klammer hochgesteckt. Ihre Freundinnen Sandra, Marret und Dörte haben zusammen mit Tony den Salon verlassen. Jetzt sitzt nur noch Frau Bandixen da, und die ist mit Dauerwellen eigentlich überversorgt. Ihre dünnen Haare sind durch die vielen Friseurbesuche arg in Mitleidenschaft gezogen. Die Seniorin verbringt trotzdem gern ihre Zeit im »Salon Alexandra«. Im Zweifelsfall sitzt sie auf einem der Wartestühle und arbeitet die ›Bunte‹ durch. Alexandra kann sie schlecht rauswerfen. Schließlich ist Frau Bandixen ihre beste Kundin.

Die Salonchefin überlegt gerade, ob sie den Salon für heute Nachmittag schließen und nach Neutönninger Siel zum Baden gehen sollte. Termine im Salon sind nicht mehr eingetragen, und spontane Kundschaft ist bei diesem Wetter auch nicht zu erwarten. In dem Moment betritt eine Frau den Laden. Sie sieht ein bisschen nach Büro aus in ihrem dunklen Hosenanzug und der Bluse, findet Alexandra. Ungewöhnlich für Fredenbüll und viel zu warm für dieses Wetter. Was ist neuerdings los?

Normalerweise kennt Alexandra ihre Kundschaft. Jetzt kommen immer mal wieder neue Leute zu ihr in den Salon. Tony, mit dem sie vor ein paar Tagen einen Deichspaziergang bei Sonnenuntergang gemacht hat, ist mittlerweile Stammkunde, und ab und an kommt mal ein Gast aus »Renates Wellnessoase«. Nach einer Touristin sieht die Frau in ihrem Businessaufzug allerdings nicht aus. Alexandra blickt kritisch.

»Haben Sie Zeit, mir die Haare nachzufärben?« Ihr Ton klingt ein bisschen schnippisch. Sie lässt ihren Blick durch die Räumlichkeiten schweifen.

»Frau Bandixen und ich wollten eigentlich gerade ein bisschen das schöne Wetter nutzen.« Sie zögert einen Moment, aber dann weist sie der Kundin einen Friseurstuhl zu. »Sie haben ein bisschen Zeit mitgebracht?«

»Jaja.« Die Frau nickt und blickt sich weiter im Salon um, während Alexandra ihr den Friseurkittel umhängt und die Tafel mit den Farbtönen zückt. Frau Bandixen blickt interessiert von ihrer Zeitschrift auf.

»Viele machen das ja zu Hause selbst.« Die neue Kundin bemüht sich um Smalltalk.

»Aber das sieht dann auch dementsprechend aus. Ich sag immer, alles, was zwei Nuancen heller als der Naturton ist, gehört in die Hände eines Profis.« Alexandra fährt der Kundin mit ihren lackierten Fingernägeln durchs Haar. Sie vergleicht die Farben im Haar mit ihrer Mustertafel. »Und bei Ihnen sind das ja ein paar Nuancen mehr … Was meinen Sie zu ein paar Kontra-Strähnchen?«

»Kontra?«

»Durch die Strähnchen verspielt sich der Übergang ein bisschen.«

»Bei Alexandra sind Sie in den besten Händen«, ruft Frau Bandixen, die es schließlich wissen muss.

»Wollen wir den Ton ›Goldhauch‹ nehmen?« Alexandra deutet zielsicher auf ein Kästchen ihrer Farbtafel. »Was meinen Sie?«

Während die Salonchefin mit einem Wasserzerstäuber die Haare befeuchtet, lässt die Kundin über den vor ihr hängenden großen Spiegel immer wieder den Blick durch die Räumlichkeiten des Salons schweifen. Besonders scheint sie der Durchgang zu dem Hinterzimmer zu interessieren. Alexandra ist irritiert. Sie bereitet Schale, Farbe und Pinsel für die Färbung vor.

»Sie haben hier ja einen schönen kleinen Friseursalon.«

»Na ja.« Alexandra weiß nicht recht, was sie dazu sagen soll. Irgendwie kommt ihr diese Frau seltsam vor.

»Das heißt, so klein ist Ihr Salon ja gar nicht. Gehört der hintere Raum auch noch dazu?« Sie deutet auf das Hinterzimmer im Anbau.

Ganz plötzlich fällt es Alexandra wie Schuppen von den Augen. Mit einem Mal ist ihr klar, wer da auf dem Friseurstuhl vor ihr sitzt. »Das scheint Sie ja mächtig zu interessieren, was dort ist.« Ihr Ton wird unfreundlicher.

»Wieso, da stehen noch zwei Hauben und dat fahrbare Becken zum Waschen für die Herren«, tönt Frau Bandixen von ihrem Wartesitzplatz aus. »Is doch kein Geheimnis.«

»Die Räumlichkeiten gehören also zum Laden?«

»Der Raum gehört zum Salon, und zwar schon immer!« Alexandra sortiert wütend die Farbtuben. »Und ich kann mir denken, warum Sie hier sind. Sie kommen gar nicht zum Nachfärben, Sie wollen hier ganz unauffällig rumspionieren! Frau … Barkowsky. Hab ich recht?!« Ihr fallen ein paar rote Haarsträhnen ins Gesicht.

»Zuerst einmal bin ich zum Haarefärben da, und dann wollte ich mir vor Ort mal ein Bild machen, das sehen Sie schon ganz richtig.«

Alexandra fühlt jetzt, wie die Wut ihren ganzen Körper durchflutet. Was bildet diese Wichtigtuerin vom Amt sich ein, hier aufzutauchen und sich auch noch von ihr die Haare machen zu lassen? Die arrogante Zicke kommt hier in den Salon und tut, als könnte sie sich alles erlauben.

»Der Anbau war schon immer da, solange ich denken kann.« Alexandra gibt sich Mühe, ruhig zu bleiben.

»Das mag ja sein.« Babette Barkowsky betrachtet sich im Spiegel. »Für die baurechtliche Situation ist das in diesem Fall allerdings unerheblich.«

»Na, mal sehen, ob das wirklich endgültig ist.« Die Friseurin zückt Farbpinsel und eine Schachtel mit etlichen Farbtuben. Sie sucht den Farbton »Goldhauch« heraus. Dann zieht sie einen Mittelscheitel und trennt mit Klammern einen ersten Bereich für die Färbung ab.

»Sagen Sie mal, haben Sie mir diesen halbseidenen Italiener aus der Spielothek aufs Amt geschickt?«

»Was soll ich bitte getan haben?« Alexandra weiß natürlich sofort Bescheid. Tony hatte ihr schließlich versprochen, der Dame im Amt mal einen kleinen Besuch abzustatten. Es wäre doch gelacht, wenn sie mit dieser blöden Behördentante nicht fertig wird. Alexandra wird immer wütender. Sie tauscht kurzerhand »Goldhauch« gegen die Tube »Mandarin Neon« aus. Babette bekommt es gar nicht mit.

»Was bildet dieser Typ sich ein!«, ereifert sie sich, während Alexandra den schrillen Farbton in einem Schälchen anrührt. »Taucht dieser Schmierlappen mit der Reibeisenstimme und seinem lächerlichen Mafiagehabe bei mir auf. ›Nur eine kleine Gefälligkeit.‹« Sie versucht seine raue Stimme zu imitieren. »›Man kann doch alles friedlich regeln. Ich mag keine Gewalttätigkeiten.‹ Meine Güte, wir sind hier in Deutschland und nicht in Sizilien!«

Alexandra muss innerlich grinsen. Genüsslich schmiert sie der Frau vom Bauamt die orangene Paste auf den Haaransatz, Stück für Stück.

»Achten Sie bitte darauf, dass Sie die Farbe nur auf die Ansätze auftragen.« Babette Barkowsky sorgt sich um ihre Frisur.

»Natürlich.« Alexandra klingt jetzt fast so heiser wie Tony. »Wir wollen das Haar ja nicht zu stark belasten.« Sie steckt die Haarklemme um und koloriert den nächsten Abschnitt.

»Bei der Chefin sind Sie in den besten Händen!«, ruft Stammkundin Frau Bandixen von ihrem Wartestuhl herüber.

25

Kriminaltechniker Mike Börnsen hat aus Kiel die Ergebnisse der ballistischen Untersuchung übermittelt. Der Schuss auf Norwin ist aus derselben Waffe abgegeben worden wie die Schüsse auf die Schafe. Thies hatte darauf bestanden, alle Projektile von der KTU prüfen zu lassen. Irgendwie hatte er mal wieder den richtigen Riecher. Das Projektil aus dem toten Storch hatte zwar dasselbe Kaliber, war aber offensichtlich aus einer anderen Waffe abgegeben worden.

»Thies, was ist los in Fredenbüll?«, fragt sich Nicole. »Irgendwie macht das alles keinen Sinn. Da knallt einer in der Gegend herum … oder sind das mehrere?«

»Der Mord an Norwin … wie gesagt. Aber die ganzen Tiere? Ich weiß auch nicht.«

»Wir müssen in alle Richtungen ermitteln«, verkündet die Kieler Kommissarin den Leitspruch der Mord zwei.

»In alle Richtungen? Nicole, der Beginn jeder Fallbearbeitung wird durch eine fallkonstituierende Hypothese gesetzt.« Theoretisch ist Thies mal wieder voll auf der Höhe.

Seine Kollegin verdreht die Augen. »Erst mal müssen wir uns einen Überblick verschaffen, wer hier alles Gewehre besitzt.«

»Dat sind mehr, als man denkt. Da kommen wir mit einer Hypothese nich aus.« Thies überlegt. »Für die

Jagd haben hier viele 'n Gewehr bei sich zu Hause im Schrank oder im Schützenhaus stehen.«

Als die beiden Polizisten sich vom Ersten Vorsitzenden des Schützenvereins, Holger Gonscherowski, die Waffenschränke aufschließen lassen, machen sie eine erstaunliche Entdeckung: Zwei Gewehre fehlen.

»Wat haben die fürn Kaliber?«, will Thies wissen.

Da muss Gonscherowski, der Thies und Nicole vor ein paar Jahren bei einer Geiselnahme mal mit Waffen ausgeholfen hat, nicht lange überlegen. »Sieben-zweiundsechzig«, antwortet er knapp.

»Sieben-zweiundsechzig. Jo, dat passt.« Thies nickt Nicole zu.

»Können Sie uns sagen, wem die Gewehre gehören?«, fragt Nicole.

»Der Schrank hier, dat is Eigentum des Vereins«, erklärt Waffenfreund Gonscherowski. »Sonst hätte ich da gar keinen Schlüssel für.«

»Und wer hat alles Zugang zu dem Schrank?«, hakt Nicole nach.

Jetzt muss Gonscherowski doch überlegen. »Eigentlich alle Mitglieder ... Na, auf jeden Fall alle, die einen Schlüssel haben.«

»Und wer hat alles einen Schlüssel?« Nicole wird langsam ungeduldig.

»Na ja, dat sind so einige.« Gonscherowski macht eine Pause.

Nicole schnieft.

»Dat sind vor allem die Jäger.«

»Von Rissen?«, kommt Thies seiner Kollegin zu Hilfe. »Dossmann?«

»Ja, Dossmann, Ahlbeck … und ich. Jo, das ist es im Wesentlichen. Früher waren wir mal mehr.«

»Aber jetzt ist keine Jagdsaison«, wendet die Kommissarin ein. »Und auf Schafe und Störche haben Sie vermutlich nicht geschossen.«

»Störche? Nee, Rebhühner, Fasane, Karniggel, ab und zu vielleicht mal 'n Reh. Is hier am Deich ja eher selten.«

Auf dem Weg zu dem Geflügelzüchter Dossmann müssen Thies und Nicole an der großen Hühnerhalle vorbei. Aus dem Gebäude dringt gedämpft das Gackern der Tiere. Es klingt wie Schreie, bildet Nicole sich ein.

»Das ist doch echt 'ne Sauerei, das ist Tierquälerei«, ereifert sie sich. »Da vergeht einem doch jeder Appetit auf ein Ei und auf ein Hähnchen erst recht.«

»Dat will keiner mehr, das is es ja. Seine Hühner hatten doch alles, Dioxin, Vogelgrippe, Fibronil, dat ganze Programm. Jetzt hat er echt Probleme, seine Sachen loszuwerden. Deshalb will er ja auf Wind umsatteln.«

Ganz so geleckt wie vor ein paar Jahren, als die beiden in ihrem ersten Fall schon mal zu einer Befragung hier waren, ist es inzwischen nicht mehr. Die Waschbetonplatten der Auffahrt sind unter den getrockneten Jauchepacken kaum zu erkennen. Die triste Allee aus Thujen und Kirschlorbeer hat in dem trockenen Frühjahr jede Menge gelbe Blätter bekommen. Der geriffelte weiße Kunstklinker der im neofriesischen Stil erbauten Villa hat eine Moospatina angesetzt. Die prekäre Situation des Geflügelbetriebes ist dem Dossmann'schen Anwesen anzusehen.

»Muss er auch mal wieder abkärchern«, stellt Thies

fest, als sie die Türglocke mit dem Big-Ben-Läuten betätigen.

Die Frau des Hühnerbarons öffnet. »Ach so, Thies … und die Frau Kommissarin aus Kiel? Hab ich recht?«

»KHK Stappenbek.« Nicole zückt ihren Dienstausweis.

»Ja, ich weiß. Lassen Sie mal stecken. Sie wollen sicher zu meinem Mann?«

»Wir haben ein paar Fragen«, erklärt die Kommissarin.

»Ja, mein Mann is bei den Hühnern.« Frau Dossmann überlegt einen Moment. »Ich bring sie mal eben zur Halle rüber.«

Das diffuse massenhafte Gackern wird mit jedem Schritt lauter. Frau Dossmann führt die beiden Polizisten durch einen Vorraum. Als sie die Tür zur eigentlichen Halle öffnet, wird das Glucksen und Gackern zum ohrenbetäubenden Lärm. Der ätzende Gestank von Urin und Kot beißt in der Nase. Nicole muss sofort niesen. Ihr ist das Entsetzen anzusehen. In der ganzen Halle drängen sich dicht an dicht die Hennen. In den riesigen Stall fällt kein einziger Strahl Tageslicht. Er wird komplett von den an der Decke hängenden Neonröhren ausgeleuchtet.

»Hans-Werner!«, ruft Frau Dossmann in die Halle. »Hans-Weeerneeer!« Der Geflügelkönig kommt hinter einer der verrotteten Drahtvolieren, die außerdem noch in dem Raum stehen, hervor. »Besuuuch!«

»Besuch?!«, schreit Dossmann zurück.

Angesichts der Hühner, die übereinandersteigen und aufeinander einhacken, bekommt Thies seinen Kuhblick. Die beiden Polizisten sehen sich angeekelt an.

»Wir haben auf Kleingruppen- und Bodenhaltung umgestellt«, erklärt Frau Dossmann, während ihr Mann ihnen mit schwankendem Gang entgegenkommt.

»Aber das ist ja …« Nicole fehlen die Worte.

»Sach ich ja auch, mehr Platz hat das einzelne Tier nich«, räumt Frau Dossmann ein. »Aber der Kunde will Eier aus Bodenhaltung.«

»Da gäbe es doch noch andere Möglichkeiten … oder?« Nicole muss schon wieder niesen.

»Tja, darf ja nix kosten, dat Ei.« Der Geflügelzüchter baut sich vor den beiden auf. »Thies … und dat Frollein Kommissarin aus Kiel?« Er zieht geräuschvoll die Luft durch seine Schweineschnute ein und taxiert die Kommissarin von oben bis unten. »Wat führt euch zu mir? Aber gehen wir am besten mal hier raus. Vorne is dat ’n büschen ruhiger.«

»Herr Dossmann, wir haben nur ein paar Fragen.« Nicole fühlt sich alles andere als wohl, und dieses dämliche »Frollein« gibt ihr den Rest.

»Dat passt mir eigentlich grade gar nich, aber wat wollt ihr denn wissen?«

»Hans-Werner, wollen wir nich ins Haus rüber. Kann ich euch ’n Kaffee anbieten?« Frau Dossmann freut sich immer über jeden Besuch.

»Erika, dat soll hier kein Kaffeekränzchen werden«, blafft er seine Frau an. »Die beiden wollen auch gleich weiter.«

»Ja, wir wollen Sie gar nicht lange aufhalten.« Die beiden Polizisten lassen ihren Blick durch den Vorraum zur Hühnerhölle schweifen.

»Herr Dossmann, Sie haben doch ’ne Waffe? Is doch

richtig?« Den früheren Respekt vor dem Hühnerbaron hat der Fredenbüller Dorfpolizist in den letzten Jahren abgelegt. Neben den großen Säcken mit Futtermittel hat er gerade ein Gewehr entdeckt.

»Thies, wat soll dat denn heißen?« Dossmann ist empört.

»Das ist doch eine ganz einfache Frage«, kommt Nicole ihrem Kollegen zu Hilfe.

»Hans-Werner, wollen wir nich doch lieber rübergehen?«, funkt Frau Dossmann dazwischen. »Ich hab noch Bienenstich da.«

»Erika!« Ihr Mann wirft ihr einen bösen Blick zu.

»Wir haben die Information, dass Sie eine Waffe aus dem Schützenhaus hier haben.« Thies wirft einen unmissverständlichen Blick auf das Gewehr.

»Ja, wieso? Und?«, blafft Dossmann Thies an. Der Hühnerbaron ist in der letzten Zeit nicht gerade umgänglicher und sein Blutdruck nicht unbedingt niedriger geworden. Unter dem Bürstenschnitt leuchtet sein Gesicht knallrot. So ganz falsch scheinen sie mit ihrem Verdacht nicht zu liegen, hat Nicole den Eindruck.

»Können wir uns dat Gewehr mal genauer ansehen?« Thies zeigt auf die Jagdflinte.

»Dat ist doch 'ne Unverschämtheit. Sind ja wohl ganz neue Sitten.« Der rote Kopf droht gleich zu platzen. »Wollt ihr jetzt in Fredenbüll alle Gewehre einsammeln?«

»Sind denn hier noch andere mit dem Gewehr unterwegs?«, fragt Nicole nach.

»Da gibt dat mehrere, von Rissen zum Beispiel.« Dossmann gibt sich alle Mühe, von sich abzulenken.

»Dieser versoffene Dorfadlige knallt doch auch immer wieder mit seiner Büchse rum. Den Biobauern vor 'n paar Jahren hat er doch auch auf 'm Gewissen. Nich, dass mir dat um den leidtut …«

»Hans-Weeerner …!«, mahnt seine Frau, die reichlich bedröppelt zwischen dem Hühnerfutter steht.

»Na ja, von Rissen is nich ganz ohne«, bemerkt Dossmann inzwischen wieder etwas ruhiger. Thies und Nicole sehen sich an. Beide halten das für ein Ablenkungsmanöver.

»Wollen Sie damit sagen, dass Herr von Rissen etwas mit dem Tod des ›WinWind‹-Ingenieurs zu tun hat?«, fragt Nicole.

»Ich will damit gar nichts gesagt haben. Aber er ist schließlich gegen die Windräder und dann macht er jetzt bei diesem Fröscheverein mit. Dat sind doch so militante Revoluzzer!«

»Revuluzzer? Na ja …« Thies will grade protestieren. Schließlich macht auch seine Tochter bei der Bürgerinitiative mit. Aber dann sagt er doch lieber nichts. Dossmann lässt sich ohnehin nicht mehr in seinem Redefluss aufhalten.

»Der soll mal schön auf seinem Gut sitzen bleiben, seinen Rotwein süffeln und die Klappe halten.«

»Ja, er is ja immer fix am Rotweintrinken«, pflichtet Frau Dossmann ihm bei.

»Erika, darum geht's doch jetzt nich.«

»Mein Mann darf ja nich mehr so viel.«

»Erika!«

»Herr Dossmann, Sie haben die Frage meines Kollegen noch gar nicht beantwortet«, kommt Nicole wieder auf das eigentliche Thema zurück. »Wir würden uns Ihre Waffe gern mal genauer ansehen.«

»Unsere Kriminaltechnik«, präzisiert Thies.

»Wat soll dat denn heißen? Wollt ihr die mitnehmen?« Er sieht die beiden konsterniert an. »Dat is 'n ganz normales Jagdgewehr.«

»Mit so einem Jagdgewehr ist unser Opfer erschossen worden«, erklärt Nicole.

»Mein liebes Frollein Kommissarin, nun mal ganz langsam ...« Die Gesichtsfarbe des Hühnerbarons tendiert mittlerweile ins Violette. Aber auch Nicole läuft angesichts der Frollein-Anrede rötlich an. »Dat is reine Selbstverteidigung. Bei mir in der großen Hühnerhalle gab's ein regelrechtes Blutbad.«

»Blutbad?« Thies horcht auf.

»Wie bitte?« Auch Nicole wundert sich.

»Dat war der Marder. Aber den erwisch ich noch.«

»Deswegen sind wir nicht hier.« Von toten Tieren hat Nicole allmählich genug. »Uns geht es um den toten Ingenieur Norwin Schulz. Sie haben ein großes finanzielles Interesse an dem Bau der Windräder auf ihrem Gelände. Sie arbeiten eng mit dem Anlagenbetreiber, der ›WinWind‹ zusammen.«

»Und da gab es Unregelmäßigkeiten, die der Ermordete möglicherweise an die große Glocke hängen wollte«, führt Thies aus.

»Thies, wat redet ihr da? Dat war Klaas' Bruder, den bring ich doch nich um!« Der Geflügelzüchter schwitzt. »Wir haben alle bestens zusammengearbeitet, Blunck von der Windfirma, sein leitender Ingenieur und auch die Dame vom Amt, Frau Barkowsky, war bisher immer sehr kooperativ.« Er wischt sich den Schweiß von der Stirn. »Diese Froschfanatiker, dat sind unsere Gegner!«

»Da sollen Gelder geflossen sein. Dat is doch mafiös.« Auch Thies ist langsam warmgelaufen.

»Quatsch!« Dossmann wird immer lauter. »Dat is eine Interessengemeinschaft. Dat is die normalste Sache der Welt. Thies, dat sind Dinge, von denen hast du keine Ahnung!«

»Hans-Werner, pass auf deinen Blutdruck auf«, sorgt sich die Frau. »Hast du deine Pillen überhaupt schon genommen?«

»Erika, lass mich mit den Scheißpillen zufrieden«, schreit er sie an.

Der Geflügelzüchter zeigt Nerven. Thies und Nicole fühlen sich in ihrem Verdacht bestätigt, dass Dossmann in krumme Deals im Zusammenhang mit den Windrädern verwickelt ist.

»Aber meinst du wirklich, dass er mit unserem Mordfall zu tun hat?«, fragt Nicole, als die beiden zusammen mit Dossmanns Jagdgewehr auf der Rückbank von Nicoles Zivilmondeo zu einem Drink in »De Hidde Kist« fahren.

»Na ja, er is pleite, er hängt bei der Windfirma mit drin und er hat 'n Präzisionsgewehr.« Thies deutet auf die Rückbank.

»Er ist ja wirklich ein unangenehmer Typ. Aber ich glaube, der schießt wirklich nur auf Marder.«

26

Jürgen Wesselmann fliegt mit dem Rad die kleine Straße den Deich entlang. Es hat nachts etwas abgekühlt, aber dann durchfährt er immer wieder kurze warme Zonen, in denen sich zwischen Deich und einer Wiese oder einem Maisacker die Wärme gehalten hat. Über ihm ziehen schrill piepend drei Austernfischer hinweg Richtung Nordsee. Wesselmann hatte das Gefühl, dass er noch mal los musste, einmal am Deich entlang an die See. Er hat wieder sein Gewehr dabei, an die Mittelstange seines Rades geschnallt. Vielleicht kann er die Jagdflinte zum Einsatz bringen. Wesselmann ist Ökoaktivist, wobei die Betonung auf Aktivist liegt. Er hat es satt, sich immer wieder als »Öko« verspotten zu lassen. Er ist keiner dieser Ökos, die sich nur von Fallobst ernähren, und schon gar kein Pazifist. Gewehre faszinieren ihn sogar. Er hat immer gern mal geschossen. Schon damals, als Kriegsdienstverweigerer, haben sie auf Amrum die Krähen vom Abendhimmel geschossen und Karnickel gejagt. Die Natur ist viel zu wichtig, als dass man sie sich selbst überlassen sollte, findet Wesselmann. Ein paar Krähen, von denen es viel zu viele gab, und jetzt mal ein Storch, der es auf seine Unken abgesehen hatte, das gehört für Wesselmann zum Thema Revierpflege.

»Keine Kröten für Rotoren!« Im Vorbeifahren wirft er einen abschätzigen Blick auf eines der selbstgemalten

Plakate auf einem Stromkasten. Irgendwie sieht das nach Kindergeburtstag aus. Mit den spektakulären Aktionen von früher hat das nichts mehr zu tun. Heute erkundigen sich die weichgespülten Väter vorher, ob die Demo auch kinderfreundlich ist. Es ist nicht mehr seine Welt. Und eigentlich ist Wesselmann auch gar kein Windkraftgegner. Aber das müssen die anderen ja nicht unbedingt erfahren. Er ist nur gegen die »WinWind« und ihre dubiosen Deals mit dem BUND. Darin war er schließlich selbst verstrickt, und sie hatten ihn seinen Job gekostet. Wesselmann muss nur an diesen glatten Schnösel Blunck denken und bekommt eine Stinkwut.

Es ist ja eigentlich keine große Sache, kaum der Rede wert, aber die paar Windräder in Fredenbüll muss er verhindern. Unbedingt. Er hat schließlich einen Deal mit der »Nordwind«. Und dann hat er inzwischen tatsächlich einen Narren an den kleinen Rotbauchunken gefressen. Mithilfe dieses drolligen Frosches muss man die Bevölkerung doch gegen die »WinWind« mobilisieren können. Aber mit dieser dösigen Truppe ist das nicht so einfach. Am liebsten hätte er sich seine Leute selbst mitgebracht. Aber jetzt muss er sich mit einem dauerbekifften Althippie, der vor dreißig Jahren schon jede politische Aktion in die Grütze gefahren hat, auseinandersetzen. Was sollte er mit diesem versoffenen Landadligen, den vorlauten Gören des Dorfpolizisten, der schrulligen Mutter des Bürgermeisters und ihrem Kurschatten anfangen? Mit dieser Gurkentruppe ließ sich doch keine öffentlichkeitswirksame Aktion auf die Beine stellen.

Wesselmann schwitzt. Aber der Fahrtwind kühlt etwas. Vor dem über der See immer noch etwas helleren

Himmel steht das neu aufgestellte Windrad. Ganz deutlich hallen vom Tümpel die Rufe der Unken herüber. Früher hat er sich für die Seevögel eingesetzt, inzwischen für die Unken. Wesselmann machte immer wieder radikale Kehrtwendungen. Jetzt kämpft er eben für die Rotbauchunken und macht unerbittlich Jagd auf alle ihre Feinde, die »WinWind«, Lady Barkowsky und den Storch auf der großen Biowiese.

Die Erschießung des Storches hat ihn keinen Schritt weiter gebracht, das weiß er natürlich. Er muss die »WinWind« zur Strecke und die »Nordwind« ins Spiel bringen. Er hatte versucht, diesen cholerischen Hühnerzüchter von dem Fredenbüller Projekt abzubringen. Vergeblich. Der Typ hatte ihn nur angeschrien und vom Hof gejagt. Bei Dossmann weiß er, woran er war. Aus Norwin Schulz dagegen war er nicht schlau geworden. Er kannte Norwin von früher. Sie waren mal zusammen segeln gewesen, zusammen mit dem Chef der »Nordwind«. Sie hatten über Wind philosophiert, und Norwin hatte auf der Gitarre Stones gespielt. Es sah alles nach einer gemeinsamen beruflichen Perspektive aus. Und dann baute Norwin als Chefingenieur die Fredenbüller Anlage für die »WinWind«. Aber das Problem hatte sich erledigt. Oder sollte es da noch irgendwelche Unterlagen geben, die ihn belasten? Die Töchter des Polizisten hatten so etwas gefaselt. Er muss das unbedingt herausfinden. Und gegen diese Babette Barkowsky, die sich ja ganz offenbar auf die »WinWind« und den Geflügelzüchter mit der Schweineschnute festgelegt hatte, muss man doch auch etwas tun können.

Im letzten Licht des Abendhimmels sieht er die großen gezackten Schwingen eines Storches. Er fliegt Richtung Rotoren, um dann über dem Tümpel zu kreisen, um sich nach einem spätabendlichen Imbiss umzusehen. Wesselmann vermutet, es ist der weibliche Storch, der jetzt auf der verzweifelten Suche nach dem Partner ist. Er hält an und schnallt die Gewehrtasche von der Mittelstange seines Rades.

27

»Neue Frisur und neues Kleid?« Thies mustert das dekolletierte Sommerkleid seiner Frau. Vor lauter Staunen gießt er den Morgenkaffee fast neben den Becher.

»Echt, Mama, ganz schön gewagt.« Auch Tadje staunt.

»Wieso? Bei dem Wetter. Außerdem war das 'n Sonderangebot.«

»Zweiter Frühling, oder was?« Telje runzelt die Stirn.

»Wieso?« Heike bekommt leicht gerötete Wangen. »Wieso denn nich?«

»Machst hier jetzt einen auf ›Desperate Housewifes‹, oder was?« Telje hat auch schon mitbekommen, dass der Vater von Naomi und Jake die Fredenbüller Frauen verrückt macht.

»Jo, ich sag's euch, unser Housewife is fix unterwegs«, stellt Thies mit kritischem Blick auf Heikes geglättete Haare und das figurbetonte geblümte Kleid fest. »Morgens Powerwalken. Und dann pflegt eure Mutter ja neuerdings internationale Kontakte.«

»Thies, ich hab mit Tony bei Hansen in der Bäckerei 'n Kaffee getrunken, das wird ja wohl noch erlaubt sein.«

»Ist ja gut, sagt ja keiner wat.« Thies beißt knurrend in ein Körnerbrötchen, ebenfalls aus der Bäckerei Hansen.

»Tooony?« Tadje kann es tatsächlich nicht fassen.

»Dat is ’n sehr charmanter Mann. Mit dem kann man sich sehr interessant unterhalten.«

»Interessant unterhalten? Wie peinlich ist das denn jetzt?« Tadje sieht ihre Mutter entgeistert an. Heike ist es ebenfalls unangenehm, aber ein bisschen genießt sie es auch.

»Lass mal, Tony is ganz cool«, nuschelt Telje. »Er will uns vielleicht sogar bei den Rotbauchunken und den Aktionen gegen die Windräder helfen.«

»Sag ich doch, ’n interessanter Mann«, pflichtet Heike ihrer Tochter bei.

»Pass man bloß auf, dass ihr euch alle bei Tony nicht in die Quere kommt«, brummt Thies.

»Wieso, wer denn noch?«, will Heike wissen.

»Na ja, Alexandra is wohl auch nich ganz abgeneigt, was man so hört.«

»Alexandra is doch nie so ganz abgeneigt«, bemerkt Heike hämisch.

»Er erinnert sie wahrscheinlich an Norwin. Mit dem hatte sie ja mal was. Und die Ähnlichkeit is ja nich zu übersehen.«

»Ach so!« Daran hatte Heike noch gar nicht gedacht. »Mit Alexandra is tatsächlich nich zu spaßen. Die ist doch damals mal mit ’nem Gewehr auf Norwin losgegangen.«

»Mit einem Gewehr?« Thies ist auf einmal hellwach. »Hat Alexandra ’n Gewehr?«

»Thies, dat weiß ich doch nicht! Das ist ein paar Jahre her. Ich glaub, das war ’n Gewehr ausm Schützenverein oder so.«

»Aus dem Schützenverein?« Thies stutzt.

»Was ist daran auf einmal so interessant?« Heike zupft sich das Dekolleté zurecht.

»Heike, hier knallt einer in der Gegend rum, und der hat vermutlich auch Norwin auf dem Gewissen.«

»Da hat so mancher 'n Gewehr, was man so hört. In der Pension bei Renate liegen in den Zimmern wohl auch die Gewehre nur so rum ... hat Renate erzählt.«

»Wie jetzt?« Thies ist alarmiert. »Bei wem liegen die Gewehre rum?«

»Einmal bei diesem Froschfritzen. Der hat ja 'n Zimmer bei ihr.«

»Jürgen?« Telje hat ihre Zweifel.

»Wer is Jürgen?«, fragt Thies.

»Mann, Papa, Jürgen Wesselmann, der Vorsitzende von ›Sei (k)ein Frosch‹«. Tadje verdreht die Augen.

»Und dann ist da ja wohl noch 'n Italiener, der bei Renate 'n Zimmer hat«, trumpft Heike auf. »Der hat angeblich so einen komischen Koffer.«

»Noch 'n Italiener?« Thies kommt aus dem Staunen gar nicht raus. »Und was für einen Koffer?«

»So 'n komischer langer Koffer, hat Renate gesagt.«

Bei der Hitze ist Fredenbüll wie ausgestorben. Nur Kurschatten Kurt poliert vor dem Edeka-Markt die Kühlerhaube seines Opel. Auf dem Weg zu »Renates Wellnessoase« kommen Thies und Nicole an der Baustelle der Windkrafträder vorbei. An einem der Fundamente steht schon wieder ein Lastwagen mit einem Betonmischer. Nicole nimmt es gar nicht wahr. Sie ist verspätet und offenbar wieder aus Hamburg zum Fredenbüller Dienst angereist. Als sie bei Renate klingeln, kommt ihnen die Pensionswirtin schon entgegen. Im Gegensatz zu der übermüdeten Kommissarin ist die passionierte Honigmasseurin voller Tatendrang. Statt der obligatorischen Kittelschürze trägt sie einen weißen Anzug.

»Ich hab gleich 'ne Massage«, warnt Renate. »Aber ich kann euch noch kurz die Zimmer zeigen. Betten sind gemacht.«

»An wen haben Sie zurzeit denn alles vermietet? Sie haben ja inzwischen drei Zimmer, hat Thies mir erzählt.« Nicole staunt immer noch über Renates Masseurkleidung mit dem aufgestickten Schriftzug »Renates Wellnessoase. Darunter meint sie, mehrere Honigflecken zu erkennen.

»Den Herrn von den Froschfreunden, der liest jeden Morgen ausführlich die Zeitung und nimmt 'n schönes Bio-Eichen, und wenn eins über ist, auch zwei.«

»Renate, wegen der Eier sind wir nich hier«, geht Thies dazwischen.

Sie steigen die Treppe nach oben. »Zimmer Heringsmöwe« hat der Herr von der Windmühlenfirma, aber der is meist gar nich da. Weiß auch nich ... Und dann is da seit zwei Tagen noch dieser Ausländer. Er hat immer so eine Sonnenbrille auf und Asthma ... ganz schlimm.« Renate zögert. »Dürft ihr dat überhaupt?« Thies nickt. Die Zimmertür ist nicht abgeschlossen. »Der Froschfreund hat sein Gewehr normalerweise im Schrank stehen.« Sie öffnet den Kleiderschrank. An der Kleiderstange hängen nur ein Anorak und mehrere leere Bügel.

»Hast du dat Gewehr wirklich gesehen?« Thies sieht Renate zweifelnd an.

»Thiiies, ich denk mir dat doch nich aus!«

Im Zimmer »Strandläufer« finden sie lediglich in der Nachttischschublade eine gewaltige Geflügelschere, die fast wie ein Bolzenschneider aussieht. »Was macht die denn hier?«, wundert sich Thies. »Is dat deine?« Die Antwort wartet er gar nicht ab. Die drei sind auf die Suche nach dem seltsamen Koffer konzentriert. Aber er ist nirgends zu entdecken, nicht unter dem Bett, nicht im und auch nicht auf dem Schrank.

»Ja, komisch«, resümiert Renate. »Scheinbar sind die Herren mit 'm Gewehr unterwegs.«

»Wo wollen die mit dem Gewehr hin?«, fragt sich die Kommissarin.

»Dat wundert mich auch. Der Herr aus Amerika wollte wohl heute mit 'm Krabbenkutter raus.« Renate überlegt. »Wat will er bei den Krabben mit dem Gewehr?«

»Nicole, dat hört sich nicht gut an.«

28

Es ist bereits der zweite Besuch, den er der Dame abstattet. Offenbar muss er deutlicher werden. Diese Art von Besuchen gehörte früher nicht zu seinen Aufgaben. So etwas hatte Mickey übernommen, und Mickey, die Makrele, musste nur einmal kommen. Normalerweise.

Tony kommt richtig ein bisschen ins Schwitzen, als er im Amt für Bau, Umwelt und Verkehr in Bredstedt die Treppe hinaufsteigt. Es wird draußen immer wärmer. Das Thermometer zeigt mittlerweile fast dreißig Grad. Es ist so heiß wie ein stickiger Sommer in Manhattan … oder in Sizilien. Tony trägt beigefarbene Shorts und das obligatorische Polohemd, heute in Blau, Azzurri-Blau.

Er hat verschiedene Dinge mit Signora Barkowsky zu besprechen. Keine großen Sachen, nichts, was man nicht regeln konnte. Er hat hier nette Leute kennengelernt, neue Freunde, und die hatten ihn um eine kleine Gefälligkeit gebeten. Eigentlich haben sie ihn gar nicht gebeten, er hatte sich vielmehr angeboten. Diese lächerliche, wie nennt man das, »Baubeseitigungsverfügung«, die Signora Babette seiner charmanten Coiffeuse ins Haus geschickt hat, kann doch sicher nicht ganz ernst gemeint sein. Und seinen Freunden im Imbiss und diesen netten Leuten, die sich so rührend für die Frösche einsetzten, wollte er auch gern helfen. Was haben diese hässlichen, übergroßen Spargelstangen in der schönen

Landschaft, in der er sich nach wenigen Wochen bereits wie zu Hause fühlt, zu suchen? Dann sind da noch ihre Spielschulden und für den Umbau seines kleinen Spielsalons fehlt ihm auch noch ein Stempel. Er hat einige Dinge mit der Signora zu besprechen.

Tony klopft. Als er den Raum betritt, will Babette gerade das Fenster öffnen.

»Moin … moin.« Die norddeutsche Begrüßung geht Tony schon fast akzentfrei über die Lippen.

»Ach so, Sie sind das.« Babette Barkowsky ist etwas außer Atem und wirkt verunsichert. Dass Tony hier schon wieder auftaucht, ist ihr richtig unangenehm, das ist ihr deutlich anzusehen. »Das ist schon wieder eine Hitze«, stöhnt sie um Konversation bemüht. Auch ihr steht der Schweiß auf der Stirn.

»Sì, schönes Wetter.« Tony gibt ihr die Hand. »Oh Signora, eine neue Frisur? Eine interessante Haarfarbe. Albicocca, Aprikose! Che bello!«

»Na ja, das sollte … ach, egal.« Ihr bricht noch einmal zusätzlich der Schweiß aus.

Babette Barkowsky stellt die Jalousie fest und öffnet das Fenster. Sie fächelt sich von draußen etwas frische Luft zu. Ein bisschen kühler kommt es tatsächlich herein. Auch Tony steht jetzt am offenen Fenster. Er lächelt. Auf der Straße draußen fährt ein Trecker vorbei.

Babette wischt sich die Locken aus dem Gesicht und wendet sich ihm zu. »Ich fürchte, seit Ihrem letzten Besuch …«

Mitten im Satz bricht sie ab. Tony hört ein kurzes schweres Atmen. Dann sackt die Dame vom Amt in sich zusammen. Er will sie auffangen. Einen Moment kann er sie halten, dann rutscht sie ihm aus den Händen zu Boden. Tony legt sie ab. Zuerst denkt er an einen Schwächeanfall, etwas mit dem Kreislauf oder dem Herzen. Vielleicht die Hitze. Doch dann sieht er sofort das Einschussloch in ihrer Schläfe. Ein sauber gestanztes dunkles Loch, aus dem im Augenblick kein Blut austritt. Er hat keinen Schuss gehört. Oder war da dieses dumpfe »Dumb«, der unverwechselbare Sound der »Bloody Mary«, der schallgedämpften Remington von Louis, the Lobster? Nein, das ist Einbildung. Er hat nichts gehört. Nur den Trecker.

Reflexartig will er wieder zum Fenster, um zu sehen, wo der Schuss herkam. Aber er bleibt geduckt. Vorsichtig lugt er an einer der unteren Ecken über den Fensterrand, um einen Blick auf die gegenüberliegende Straßenseite zu werfen. Er kann nichts Verdächtiges entdecken. In den Fenstern des dreistöckigen Gebäudes über dem »Dänischen Bettenlager« ist nichts Ungewöhnliches zu sehen, kein Sniper, kein Zielfernrohr, das irgendwo herauslugt. Oder war daneben auf dem Flachdach hinter dem großen »Jawoll – Sonderposten«-Schild eben eine Bewegung? Aber zu weit wagt er sich mit dem Kopf auch nicht hervor. Der Schütze könnte jederzeit noch ein zweites Mal abdrücken. Zumal dann, wenn er es auf ihn abgesehen haben sollte.«

»Signora«, ruft Tony. Aber Babette ist nicht ansprechbar. Sie atmet schwer. Nur wenige Atemzüge. Dann japst sie noch einmal laut, als wenn sie sich verschluckt hätte. Mitten in einem Einatmen erstarrt sie auf einmal. Ihre plötzlich eingefrorenen Gesichtszüge drücken Entsetzen aus. So als hätte sie eben einen furchtbaren

Schreck bekommen. Tony versucht ihren Atem zu erspüren und ihren Puls zu ertasten. Ein paar schwache Pulsschläge glaubt er noch zu fühlen. Dann gibt es keine Regung mehr, kein Atmen, keinen Herzschlag.

Für Tony ist das kein Anlass zur Panik. In seiner näheren Umgebung kam es des Öfteren zu plötzlichen Todesfällen. Das kann ihn nicht aus der Fassung bringen. Aber er muss jetzt schon überlegen, was zu tun ist. Die Ambulanz zu rufen macht keinen Sinn mehr. Aus dem Loch in ihrer Schläfe suppt ein dünnes Blutrinnsal auf ihre Wange. Signora Barkowsky ist nicht mehr zu retten. Tony starrt auf das Plakat mit der Robbe: »Ein Moin sagt mehr als tausend Worte.« Aber Babette sagt nicht mal mehr »Moin«.

29

Tony überlegt. Sollte er sich einfach verdrücken und die gute Babette hier in ihrem stickigen kleinen Büro liegen lassen? Vermutlich hatte ihn jemand das Amt betreten sehen. Ganz sicher hatte jemand das Auto bemerkt. Nein, er kann sie hier nicht zurücklassen, dann käme er sofort in Verdacht. Oder soll er die Polizei rufen? Soll er den netten, aber leicht begriffsstutzigen Dorfpolizisten und die blonde Kommissarin mit der verstopften Nase alarmieren? Er hält das für keine gute Idee. Sie würden nur unangenehme Fragen stellen, und das kann er ihnen nicht mal verdenken. Es ist eine ausgesprochen unangenehme Situation, in die er hier geraten ist, er zusammen mit der toten Signora vom Amt für Bau, Umwelt und Verkehr. Wie sollte er ihnen erklären, dass er mit der ganzen Sache nichts zu tun hat? Er hat doch nichts damit zu tun ... oder doch?

Galt der Schuss der Frau vom Amt oder ihm? Vorgestern die toten Schafe am Deich waren kein Zufall. Und einer der Gäste in dem kleinen Bed and Breakfast, das war nicht irgendwer, das war Louis, der Sniper der Capreses. Und die hatten es auf ihn abgesehen. Aber wieso erschoss er dann Babette Barkowsky?

Er hat jetzt keine Zeit, diese Fragen zu klären. Aber eines weiß er genau, um Babette muss er sich selbst kümmern. In New York haben das andere geregelt. Dafür hatten die Lucianos Mickey. Aber auch Tony weiß, wie man lästige Zeugen unauffällig verschwinden lässt. Das ist in diesem Fall allerdings nicht so ganz einfach. Wo verdammt sollte er mit Babette bleiben? In den Industriebrachen der South Bronx kannte er sich aus. Aber hier in dieser weiten flachen Landschaft wird das schwieriger. Und dann fällt ihm die Baustelle für die Windräder ein, an der er auf dem Weg eben vorbeigefahren ist. Stand da nicht wieder ein Betonmischer am Deich?

Zunächst einmal muss er die Tote aus diesem Büro herausschaffen. Im Gebäude scheint nicht viel los zu sein. Die Beamten hier lassen es ruhig angehen, hat er den Eindruck. Aber im entscheidenden Moment, wenn er die Tote die Treppe hinunterbugsiert, könnte einer dieser Beamten munter werden und aus dem Zimmer kommen. Andererseits, bis zum Abend kann er nicht warten. Sie muss hier möglichst schnell verschwinden. Worin soll er sie transportieren? Irgendwie braucht er eine Verpackung für Babette. Einen Sack, eine Folie. Hier im Büro gibt es nur Aktenordner, Briefkuverts und Klarsichthüllen. Auf ihrem Schreibtisch liegt ein ganzer Stapel Akten. Auf der obersten steht in großer Schrift »Salon Alexandra«.

Tony blickt noch einmal vorsichtig aus dem Fenster. Er bleibt dabei in Deckung, soweit das möglich ist. Immer wieder sticht ihm das »Dänische Bettenlager« ins Auge. Aber zwischen den Komfortkaltschaummatratzen wird er Babette auf die Schnelle kaum unterbringen können. Doch was ist mit diesen seltsamen »Jawoll Sonderposten«?

Im Hinausgehen schlägt er noch schnell die Akte

»Alexandra« auf. Aus einem Stempelständer sucht er den passenden Stempel heraus und drückt ein sattes ERLEDIGT auf das offizielle Schriftstück. Dann schleicht er sich aus dem Amt, um gleich wieder zurückzukehren. Er kommt unbemerkt aus dem Gebäude. Auf dem Parkplatz schließt er schon mal das Verdeck von Babettes Roadster. Anschließend sieht er sich in dem Laden für Sonderposten um. Zwischen einem reichhaltigen Angebot von Grillutensilien, Bilderrahmen und Kuschelkissen entdeckt er eine Großpackung Klebeband, zwei Gummistiefel und fünf knallgelbe Regencapes zum Preis von einem.

Die Frau an der Kasse in dem Kittel, auf dem groß das »Jawoll«-Logo mit einer Krone über dem »W« und darunter klein ihr Name steht, scannt das Klebeband und die Gummistiefel ein. Anschließend zieht sie den Strichcode auf den fünf Regencapes immer wieder an dem Scanner vorbei. Vergeblich. Genervt tippt sie Achteuroneunundneunzig in ihre Kasse. Sie wirft einen verächtlichen Blick auf die eingeschweißte Plastikfolie. »Fünf Regencapes XXL? Is doch gar kein Wetter für!«

»Man weiß nie, was kommt.« Tony nickt ihr mit einem gequälten Lächeln zu. Besonders wohl ist ihm nicht bei der ganzen Aktion. Die Frau an der Kasse könnte sich bestimmt später an ihn erinnern und eine unangenehme Zeugenaussage machen. Er mustert sie noch einmal. Jawoll? Nein, wahrscheinlich doch nicht.

30

»Na, Bounty, bist deine Protestliste nich losgeworden?« Piet Paulsen wirft einen kritischen Blick über die schwere Gleitsichtbrille, als der Althippie von seiner hellblauen Zündapp Zweigang steigt und »De Hidde Kist« betritt.

»Ja, weiß auch nich, typisch Behörde, echt. Wenn du die mal brauchst, ist keiner da. Wir haben jetzt schon dreihundert Unterschriften gegen den Windpark. Der Kampf geht weiter.« Bounty reckt etwas müde die Faust nach oben. Er will gerade den Plastikordner mit den Unterschriftenlisten an seinem Stammplatz deponieren. Doch Stehtisch Eins ist belegt. Auf dem Tisch steht kein einziges Getränk wie sonst üblich, stattdessen ist fein säuberlich aufgereiht frisch gemachte Pasta über die Tischplatte gelegt.

»Is ja geil, was is das denn?« Bounty blickt sich um. Überall im Imbiss, an einer provisorisch aufgehängten Leine, am Gewürzregal und an Handtuchhaltern hängen die selbst gemachten Spaghetti zum Trocknen.

»Hast noch nich gemerkt, Antje hat umdekoriert«, bemerkt Paulsen und nimmt einen kräftigen Schluck Pils.

»Tony hat uns heute gezeigt, wie man Nudeln selbstmacht«, erklärt Antje. »Is gar nich so schwer.«

»Hat er eben bei dir auf Stehtisch Eins ausgerollt.« Klaas demonstriert das Rollen und kommt dabei schon ins Schwitzen, obwohl er die Postjacke längst ausgezogen hat.

»Und dazu machen wir ’ne schön scharfe Tomatensoße, auch ’n Rezept von Tony.« Antje blüht regelrecht auf. Der Italiener steht mit einem in den Hosenbund gesteckten Geschirrhandtuch neben ihr, in Antjes heiligem Bereich hinter dem Glastresen, der selbst für ihre Stammgäste eigentlich tabu ist. Er wirft Kapern, Oliven und Sardellen in einen Topf.

»Alla puttanesca«, verkündet Tony mit raspelrauer Stimme.

Statt Pommesdunst weht heute der Duft von Peperoni, Kapern, Knoblauch und Kräutern durch den Fredenbüller Imbiss. Die Imbissrunde schnuppert genüsslich den mediterranen Duft. Nur Mopsmännchen Vito ringt vor dem Glastresen schnaufend nach Luft. Susi liegt gelangweilt daneben und beachtet ihn gar nicht.

»Dat klingt ja ganz ähnlich wie Putenschaschlik.« Auch Piet Paulsen beginnt sich mit der italienischen Küche anzufreunden.

»Puttanesca«, korrigiert Tony. »Pasta alla puttanesca.«

»Tony lädt uns zum Essen ein«, klärt Klaas Bounty auf.

»Dass ihr bei der Hitze was essen mögt«, wundert sich der Althippie.

»Tony sagt, wer arbeitet, muss auch gut essen.« Antje strahlt. »Hast du doch gesagt.«

»Sì, vero.«

»Wieso eigentlich arbeiten, du machst hier doch nur Urlaub, oder?« Klaas sieht ohne Postjacke auch schon halb wie im Urlaub aus.

»Sì, sì, ferie …« Er wirkt auf einmal etwas unruhig. »Urlaub an der schönen Nordsee.« Vito hechelt.

»Na ja, dat Spielcasino is auch Arbeit«, stellt Antje fest.

»Keine Arbeit, that's fun.« Tony lacht.

»Antje, ich brauch zwischendurch erst mal 'n Alsterwasser.« Bounty deponiert seine Plastikordner auf dem Glastresen.

»Bist auf deiner Zündapp ins Schwitzen gekommen?« Auch Paulsen ordert das nächste Bier.

»Das kann den Beamten in der Behörde nich passieren. Ich war dreimal da und diese Tussi vom Amt ist nie anzutreffen, das ist doch unglaublich, echt jetzt.« Susi sieht staunend zu ihm auf. »Sind entweder nich da oder trinken den ganzen Tag Kaffee. Ich fass es nich!« Bounty redet sich regelrecht in Rage.

»Na ja, Bounty, du lässt dat doch normalerweise auch 'n büschen entspannter angehen«, bemerkt Piet Paulsen. Seit seinem Engagement gegen die Windräder und für die Frösche ist der Althippie irgendwie wesensverändert. Seine Freunde im Imbiss staunen.

»Behörde, dat braucht immer 'n büschen Zeit, weißt du doch«, gibt Klaas, der bekanntermaßen auch nicht für die Eilpost zuständig ist, zu bedenken.

»Klaas, ich bin dreimal bei der Lady angetanzt. Ich hab den ganzen Vormittag in Bredstedt verdrömelt. Zwischendurch bin ich erst mal 'n Eis essen, dann wieder hin. Aber das Fräulein vom Amt war immer noch nich am Platz.« Bounty regt sich immer mehr auf. »Dann hab ich gegenüber bei ›Jawoll‹ noch günstig 'n Sack Blumendünger geschossen.«

»Damit die Kräuter gut wachsen.« Tony sieht ihn aufmunternd an. »Damit haben wir noch etwas vor.«

Bounty hört gar nicht hin. »Als Madame immer noch nicht da war, bin ich dann hierher zurück. Kann doch nich angehen. Faules Beamtenpack!«

»Komm, ganz ruhig, trink erst mal dein Alsterwasser. Gleich gibt's scharfe Spaghetti«, versucht Klaas ihn zu beruhigen.

»Und dann hat mich der ›WinWind‹-Fritze mit seinem Scheiß-SUV fast von der Straße gefegt. Der ist mit seiner Kiste echt so dicht an meiner Zündapp vorbei.« Er zeigt mit den Fingern einen Abstand von wenigen Zentimetern. »Als wenn die linke Sau es auf mich abgesehen hätte. Wahrscheinlich wollte er auch zu der Behörden-Lady.« Der Althippie hat ganz offensichtlich einen ereignisreichen Vormittag hinter sich.

»Alle wollen etwas von Signora Barkowsky.« Tony zuckt mit den Schultern.

Antje hat einen großen Topf Wasser zum Kochen gebracht, wodurch es im Imbiss nicht unbedingt kühler wird. Tony sammelt die überall herumhängenden Spaghetti zusammen und wirft sie ins kochende Wasser. »Rapido! Nur kurz. Al dente. Wir können sofort servieren.«

Kurz darauf sitzt die Imbissrunde auf den Barhockern um die Stehtische herum, vor sich jeweils einen Teller dampfende »Spaghetti alla puttanensca«, ein ungewöhnliches Bild in der »Hidden Kist«.

»Dat ist kein Putenschaschlik ›Hawaii‹, aber die Soße is …« Piet ringt nach Worten und angesichts der Schärfe auch nach Luft.

»… is besser, Piet«, bringt Klaas den Satz zu Ende. »Gib's zu.«

»Ja, könnt ich mich dran gewöhnen.« Piet Paulsen atmet schwer. Auch Mops Vito japst nach Luft. Susi sieht Bounty enttäuscht an, der sich mittlerweile wieder beruhigt hat. »Heute Abend haben wir wieder Meeting mit den ›Fröschen‹. Willst uns da nich auch was kochen?«

»Heute Abend …« Tony wiegt den Kopf. »Heute Abend hab ich leider schon etwas vor.«

»Na, wer ist denn die Glückliche, mit der du heute verabredet bist?« Die Männer in der Imbissrunde grinsen. Nur Antje bleibt ernst.

»Das ist mein piccolo segreto.« Auch Tony zeigt ein breites Grinsen.

»Sag mal, dat fällt mir bei der Gelegenheit grad ein, du hattest doch auch noch was mit dieser komischen Barkowsky zu regeln …« Klaas dreht Spaghetti auf die Gabel. »… wegen dem Anbau von Alexandra.«

»Ich denke mal, das ist … wie sagt man … ERLEDIGT.«

31

Seit Tagen hatte Kurt seine Bekannte bearbeitet. Er wollte Oma Ahlbeck unbedingt überreden, ihn einmal auf seiner nächtlichen Fotopirsch zu begleiten. »Hertha, das ist hochinteressant. Das Quaken der Frösche in der Dämmerung am Deich. Ein Erlebnis!«

»Mir reichen eigentlich deine Fotos von den Fröschen«, hatte Oma Ahlbeck ihm entgegnet. Der erschossene Storch hatte sie zusätzlich abgeschreckt. Sein enttäuschter Blick hatte die Seniorin dann aber doch erweicht, ihren Freund bei der nächtlichen Jagd auf die Rotbauchunke zu begleiten. Kurts Überredungskünste hatten Zeit gekostet, und außerdem musste er in der Küche noch klar Schiff machen. Heute war es also noch später geworden. Ehe sie sich auf ihrem Beobachtungsposten eingerichtet haben, ist es fast dunkel.

Kurt und Oma Ahlbeck hocken versteckt hinter einem Fliederbeerstrauch am Tümpel in der Nähe der Windräder. Oma Ahlbeck hat auf einem Campingstuhl Platz genommen. Die Aluminiumkonstruktion und der gestreifte Markisenstoff ächzen unter ihrem Gewicht. Von ganz nahem ist der satte Paarungsruf der Rotbauchunken zu hören.

»Hertha, ist das nicht wieder eine wunderschöne Sommernacht?«, haucht Kurt ihr in einer romantischen Anwandlung zu.

»Ja, büschen kühler is es ja geworden, aber immer noch warm«, entgegnet Frau Ahlbeck eine Spur zu laut. »Schrecklich!«

»Psst, Hertha, du vertreibst die Kröten«, mahnt Kurt.

Der Naturfotograf bringt sein Stativ in Stellung, Hertha reicht ihm die Objektive mit der langen Brennweite. Frau Ahlbeck hat sich innerhalb kürzester Zeit in die Materie eingearbeitet. »Wenn du 'n Fotoamateur als Bekannten hast, geht dir dat ganz automatisch in Fleisch und Blut über«, erzählt sie den Kunden im Laden.

Über ihnen kreist ein Storch. »Guck mal, Kurt!« Oma Ahlbeck wundert sich. »Ich denk, der ist erschossen worden.«

»Das ist vielleicht der Mann dazu«, vermutet Kurt.

»Oder umgekehrt, vielleicht ist auch der Mann erschossen worden, und dat ist jetzt die Frau.«

Kurt und Oma Ahlbeck haben sich kaum hinter ihrem Gesträuch fertig eingerichtet, als auf der Landstraße ein Auto mit abgeblendeten Scheinwerfern herannaht. Der Wagen verlangsamt das Tempo und stoppt.

»Den können wir hier jetzt gar nicht gebrauchen«, flüstert Kurt, der gleichzeitig auch den Froschtümpel im Blick behält.

»Nich dat der uns die Rotbauchfrösche verscheucht«, befürchtet auch Hertha.

Die Scheinwerfer des kleinen Sportwagens werden auf Standlicht geschaltet.

»Auch 'n Naturfotograf?«, fragt sich Frau Ahlbeck.

»Ich weiß nicht. Mit dem Auto?« Kurt hat Zweifel.

»Na ja, wegen der schweren Fototasche.«

Einen Moment bleibt der kleine Sportwagen noch

stehen, dann schleicht er weiter und hält direkt neben dem frisch gegossenen Fundament für eines der geplanten Windräder.

»Wat will der hier? Mitten in der Nacht?«

Die Unken quaken unbeirrt weiter.

»Vielleicht 'n heimliches Liebespaar?«, vermutet Oma Ahlbeck.

»Meinst du?« Kurt sieht seine Bekannte auch gleich ganz verliebt an.

Was im Innern des Wagens passiert, ist nicht zu erkennen. Eine Weile geschieht gar nichts. Dann wird die Fahrertür geöffnet.

»Steigt aber keiner aus«, flüstert Frau Ahlbeck.

»Wie du sagst, vielleicht tatsächlich ein Liebespaar.« Kurt ist mit seiner Aufmerksamkeit schon wieder bei seinen Rotbauchunken.

»Dreh doch mal dein Objektiv zu dem Auto hin«, schlägt sie vor.

»Wir sind doch keine Spanner«, gibt Kurt zu bedenken.

»Nee, mich interessiert nur, wer dat ist und wat die da machen.« Oma Ahlbeck wird schon wieder so laut, dass sie die Frösche zu verjagen droht.

»Pssst.«

In dem Moment steigt aus dem japanischen Roadster ein Mann aus. Er klappt die Rückenlehne des Fahrersitzes um und verschwindet mit dem gesamten Oberkörper wieder im Wageninneren. Aus dem Auto ist ein kurzes Hundeknurren zu hören. Es sieht aus, als würde der Typ auf der Rückbank etwas umräumen oder einen sperrigen Gegenstand aus dem engen Coupé entladen wollen. Oma Ahlbeck beobachtet das fasziniert, während Kurt gar nicht weiß, wo er hinsehen soll. Denn von der Feuchtwiese, die nach der Trockenperiode nicht mehr sehr feucht ist, nähert sich mit beherzten Sprüngen eine Rotbauchunke dem Geschehen.

Der Fremde wuchtet derweil ein riesiges gelbes Paket aus dem kleinen Sportwagen.

»Wat hat er denn dabei?«, wundert sich Oma Ahlbeck. »Fotoausrüstung ist dat nich.« Beide starren auf das große, in knallgelbe Folie verpackte und mit Klebeband verschnürte Paket. Es sieht fast aus wie ein menschlicher Körper, wie eine Mumie.

»Was ist das? Und wer ist das?«, fragt sich Kurt.

»Da will einer wat entsorgen. Mitten in der Nacht. Dat is doch bestimmt nich legal«, vermutet Frau Ahlbeck.

»Hertha, du bist gut, das sieht aus wie ein Toter.« Kurt dreht jetzt die Kamera mitsamt dem Teleobjektiv auf dem Stativ in die Richtung und blickt durch den Sucher.

»Kannst du wat erkennen?«

»Das gibt es doch nicht.« Kurt starrt gebannt durch das Objektiv. Währenddessen hat sich unbemerkt die Rotbauchunke den beiden bis auf wenige Meter genähert.

»Was denn? Lass mich auch mal.« Hertha kann es gar nicht abwarten, auch einen Blick durch das Objektiv zu werfen.

»Wenn mich nicht alles täuscht, ist das dieser angebliche Mafioso, von dem sie alle reden.«

»Tony?!«

»Pst! Ja, Tony.« Kurt lässt seine Bekannte an den Sucher der Kamera.

Sie blickt durch die Optik des Dreihunderter-Teles.

»Kurt, dat is ja wie 'n Fernrohr.« Sie staunt. »Du hast recht, er sieht tatsächlich 'n büschen wie Tony aus ... Dat gibt's doch gar nich, wat macht der da?«

Tony schleift das Paket über den Sand zu dem frisch gegossenen Betonfundament.

»Hertha, wo will er mit dem Paket bloß hin?«

»Mich würd ja mal interessieren, wer da in der gelben Folie drin ist.«

»Lass mich mal wieder.« Kurt möchte an den Sucher seiner Kamera zurück.

»Wart mal!« Oma Ahlbeck kann sich von der Kamera gar nicht wieder lösen. »Er sieht ja wirklich aus wie Michael Corleone.« Den Vornamen spricht sie deutsch aus. »Aber im Gegensatz zu Al Patschino hat er ja so 'n kleinen Bauch. Ist mir bisher noch gar nich aufgefallen. Er war ja grad bei uns im Laden ... wegen Hundefutter. Er ist ja 'n ganz Charmanter.« Bei Oma Ahlbeck hat Tony einfach ein Stein im Brett.

Der Italiener zerrt das Paket auf das halbnasse Fundament. In der Mitte lässt er es fallen. Die beiden können erkennen, dass er Gummistiefel trägt. Jetzt holt er sich eine vor einer Baubude stehende Schaufel. Beim Laufen über das halbgegossene Fundament versinkt er mit den Gummistiefeln ein Stück in dem noch nicht abgebundenen Beton. Auch das gelbe Paket ist bereits ein Stück in die Betonpampe eingesackt. Er schaufelt zwischen den Bewehrungseisen ein tieferes Loch. Der Beton hat die Konsistenz von dickem Haferbrei. Tony gräbt hektisch, weil die zähe Betonmasse immer wieder in die ausgegrabene Stelle nachrutscht.

»Das gibt es doch gar nich.« Kurt mag gar nicht glauben, was er da sieht. Er schüttelt den Kopf und drückt ein paarmal den Auslöser seiner Kamera. Ein zaghaftes Quaken der Unke, die sich mit schweren Sprüngen noch weiter genähert hat, überhört er. An ihren Füßen klebt Zement.

»Na ja, Kurt, denk an Michael Corleone.« Oma Ahlbeck weiß mittlerweile, wie es bei der Mafia läuft.

»Hertha, wir müssen Thies Detlefsen und seiner Kommissarin oder wenigstens deinem Sohn Bescheid sagen.«

»Meinem Sohn? Bist du verrückt geworden? Der muss von der Sache erst mal gar nichts wissen. Wie wissen doch noch nicht mal, wer da in dem Plastiksack drin ist.«

»Hertha, das ist doch ...« Kurt fehlen die Worte. Stattdessen drückt er noch mal den Auslöser.

»Mir ist dat auch 'n büschen unheimlich. Aber Kurt, wir wissen dat doch aus den Filmen, die Mafia regelt dat anders, als wir dat kennen.«

»Wir sind hier nicht im Kino.«

»Aber in Fredenbüll, dat is fast wie Kino«, bemerkt Oma Ahlbeck. »Musst nur hingucken. Dat is hier doch wie im ›Paten 2‹ oder vielleicht doch eher ›Good Fellas‹?«

Der gelbe Plastiksack ist mittlerweile vollständig im Beton verschwunden. Mit der Schaufel glättet Tony die Oberfläche und schüttet mehrere Eimer Wasser darüber, bis alles wieder so aussieht wie vorher. Kurt lässt den Auslöser klicken.

Die Rotbauchunke sitzt mittlerweile, immer noch unbemerkt, neben der Fototasche. An der Scheibe des Sportcoupés drückt sich Mops Vito die Nase platt. Im Maul hat er einen Fetzen gelbe Folie.

32

Drei Tage lang durfte Klaas nicht mehr in sein Wohnzimmer. Nach dem Tod seines Bruders hatte die Kieler Kriminaltechnik den Raum versiegelt. Küche und Schlafzimmer durfte er glücklicherweise betreten. Eben in der »Hidden Kist« hatte Thies ihm mitgeteilt, dass sein Wohnzimmer wieder freigegeben war.

In der Hitze der letzten Tage hat sich das Zimmer aufgeheizt. Die Luft steht in dem Raum. Es ist stickig und riecht muffig. Als Erstes reißt Klaas das Fenster auf. Aber von draußen strömt nur wenig Luft herein. Die Straßenlampe gegenüber wirft Licht in den dunklen Raum. Ein blau-gelber Lichtreflex vom Edeka-Markt schräg gegenüber spiegelt sich auf einem parkenden Auto.

Klaas schaltet die Stehleuchte am Sofa an. Auf dem mit Kunstleder bezogenen Schlafsofa liegen noch die zusammengerollte Bettwäsche und eine Ausgabe der Zeitschrift ›Das Motorrad‹, auf dem Couchtisch davor, neben einer leeren Bierflasche, eine Sonnenbrille, eine angebrochene Packung Kaugummis und die Ersatzschlüssel für Norwins Moto Guzzi. Außerdem steht das kleine Modell eines Windrades auf dem Tisch. Es ist so groß wie die Bierflasche. Auf dem kleinen Maschinenraum hinter den Rotorblättern prangt das Logo der »WinWind«. Auf einem Stuhl in einer Ecke ist fein säuberlich unbenutzte Wäsche gestapelt. Aber Klaas mag die Sachen seines Bruders gar nicht anrühren. Überall liegt sein Kram hier herum. Hätte die Spusi das nicht alles einfach mitnehmen können?

Er geht zu seinem Plattenspieler, den er all die Jahre über behalten hat. Er hat natürlich auch noch die alten Vinylplatten. Klaas schaltet die Anlage ein und startet den Plattenspieler. ›Sticky Fingers‹, das Stones-Album von 1972, liegt noch auf dem Teller. Ohne die vertrauten Kratzer würde in ›Brown Sugar‹ etwas fehlen. Norwin und er hatten nicht mehr viel gemeinsam, da macht sich Klaas nichts vor. Aber die Stones hatten sie noch immer verbunden, besonders ›Sticky Fingers‹ mit dem berühmten Jeansreißverschluss von Andy Warhol auf dem Plattencover.

Neben dem Stuhl mit den Klamotten steht ein blauer Schalenkoffer. Er ist ebenfalls noch mit der Folie verklebt, mit der auch die Wohnzimmertür versiegelt war. Klaas hat auch überhaupt keine Lust, den Koffer zu öffnen. Irgendwann wird er es wohl müssen. Er weiß nicht, was er mit Norwins Sachen machen soll. Norwin war nicht verheiratet und er hatte auch keine Freundin, zumindest hat er nichts davon erzählt. Und Familie hatten sie auch nicht mehr. Klaas könnte mitheulen, als Mick Jaggers traurig geschluchztes ›Wild Horses‹ aus den Boxen kommt.

Klaas muss sich nicht nur um die Sachen kümmern. Thies hat ihm auch gesagt, dass er die Beisetzung und allerlei Formalien regeln muss. Er ist Norwins nächster Verwandter. Wer weiß, vielleicht erbst du ja noch wat, hatte sein Freund gesagt. In den letzten Monaten hatte

Norwin zwar kein Gehalt bekommen, aber davor hatte er wahrscheinlich gut verdient, kein Vergleich mit seinem kleinen Postbotengehalt. Und dann sind da ja angeblich noch Aktien. Sind die wirklich nichts wert? Er hatte keine Ahnung.

Klaas geht ans Fenster. Gedankenverloren stiert er auf die Dorfstraße. Die halbe LP lang steht er hier am Fenster, in der Hand ein eiskaltes Bier. Zwischen zwei Songs hört er von weitem, aus Richtung der Nordsee, kurz schrilles Möwenschreien. Dann setzt der nächste Song ein. Im Licht der Straßenlaterne tanzt eine Gruppe von Insekten, Mücken, Motten oder Schuster, so genau kann er das aus der Entfernung nicht erkennen, zu ›I got the Blues‹. Klaas nimmt einen Schluck aus der Bierflasche. Sie ist mittlerweile so feucht angelaufen, dass sich das Etikett halb abgelöst hat.

Er geht zur Stereoanlage und nimmt sich die Plattenhülle. In dem Moment rutscht ein Blatt Papier aus dem Cover. Zuerst will er es einfach beiseitelegen, aber dann stutzt er. Was ist das für ein Zettel? Der Name »WinWind« sticht ihm sofort ins Auge. So viel kann er im spärlichen Schein der Stereoanlage erkennen.

Klaas macht sich Licht. Wie ein offizielles Schreiben sieht es eigentlich nicht aus. Es wirkt wie der Ausdruck verschiedener E-Mails, wie ein Briefwechsel.

»… wir haben bei ›WinWind‹ schon jetzt Kaufkurse, aber du solltest ruhig noch etwas warten … Auf erfolgreiche Investments. B.«, schreibt einer.

Und der andere antwortet darauf: »Über eine Koordination sollten wir uns absprechen …« Dahinter ein zwinkerndes Smiley und die Initialen B. B.

»… wann wir den Turnaround machen, haben wir schließlich selbst in der Hand …« Noch ein Smiley, B.

»Ist unser Freund, der Verpächter, bei dieser Sache eigentlich mit im Boot?«, fragt B. B.

B und BB, Klaas versteht nur Bahnhof. B., dabei könnte es sich um Blunck handeln, den Manager der »WinWind«. Aber wer ist B. B.? Klaas geht im Kopf die Initialen sämtlicher Fredenbüller durch. Aber ihm fällt niemand ein. Aus den Boxen kommt ›Sister Morphine‹.

33

»Du siehst grauenhaft aus!« Sharon wirft Tony, der übermüdet noch in seinem Nachtdress steckt, einen abschätzigen Blick zu. Die Frau des Mafioso sieht in ihrer enggeschnittenen halblangen Sommerhose und dem knappen knallroten Shirt alles andere als grauenhaft aus. »Tony, wir müssen hier abhauen, und zwar schnell«, bedrängt sie ihn gleich. »Dieser Beamte vom BKA hat heute Morgen in aller Frühe angerufen. Wir sind in Gefahr.«

»Sharon, relax!«, brummt Tony. Doch der einzig Relaxte ist im Augenblick Mops Vito, der lethargisch vor dem Kühlschrank auf den handgebrannten antiken Fliesen lümmelt.

»Wo warst du überhaupt gestern Abend?«, giftet Sharon ihren Mann an. Sie hat den guten Tony sofort in Verdacht, dass er mal wieder abendliche Damenbesuche unternommen hat. Vito sieht mit tränenden Augen zu ihm hoch.

»Ein geschäftlicher Termin. Honey, nicht was du denkst.« Aber bei der eigenen Frau verfehlt seine Raspelstimme ihre Wirkung.

»Was heißt denn Geschäfte? Was hast du hier schon für Geschäfte? Diese alberne Spielhalle?« Sie wischt sich ärgerlich eine Strähne aus dem Gesicht. »Und was ist das für ein lächerliches Auto, mit dem du neuerdings unterwegs bist.«

»Nur geliehen, Darling, nur geliehen.« Er fährt sich über seine Bartstoppeln. »Ich beginne, mich hier einzuleben, und du solltest das auch tun. Entspann dich.«

»Hör doch bloß auf, dir selbstverliebt die Bartstoppeln zu streicheln.« Sie regt sich immer mehr auf. »Deine rotgelockte Frisöse wartet doch bestimmt schon sehnsüchtig. Was findest du bloß an diesen Landeiern?«

»Sharon, beruhige dich, was regst du dich auf, die haben doch nicht deine Klasse. Das ist doch unter deiner Würde.« Jetzt zeigt die Reibeisenstimme doch ein bisschen Wirkung. Sharon atmet kurz durch. »Es sind einfach nette Leute. È normale! Capisci? Sie sind nett zu mir, also bin ich auch zu ihnen nett. Sto bene. Ich fühl mich hier wohl.«

»Da bist du der Einzige in der Familie!« Sie sieht zu dem Hund herunter. »Diese Hinterwäldler sind nicht mal nett!« Sharon will sich doch lieber weiter aufregen. »Wenn ich schon höre, wie unser Vito von dieser Imbisstöle behandelt wird. Erst macht sie ihn verrückt, und dann lässt sie ihn abblitzen. Was bildet dieser abgerissene Straßenmischling sich ein. Sieh dir unseren armen Hund an, er ist reif für den Psychiater.« Vito sieht mit tränenden Augen zu seinem Frauchen hoch.

»Vito neigt seit jeher zu Depressionen. Das ist nichts Neues. In New York warst du mit ihm auch schon beim Hundepsychiater …«

»… nachdem du ihn zu einer Schießerei mitgenommen hast.« Sharon schüttelt verständnislos den Kopf. »Nun verrate mir bitte mal, wo ich hier in dieser Einöde einen guten Hundepsychiater auftreiben soll? In Bredstedt?«

»Die Natur und die frische Nordseeluft werden ihm guttun. Und vielleicht erhört Susi ihn ja doch noch.« Tony pustet in seinen Kaffee.

»Gott bewahre, lass mich mit dem Köter und den Leuten aus diesem Imbiss in Frieden. Vielleicht kümmerst du dich ja auch mal um deine Familie. Wegen Jake und Naomi wurde ich gestern in die Schule zum Direktor zitiert.«

»Wegen Jake und Naomi? Was haben sie wieder angestellt?«

»Ach, das Übliche. Ich weiß gar nicht, was dieser spießige Oberlehrer sich aufregt.« Sharon schüttelt verständnislos den Kopf.

»Was wirft man ihnen vor?«, will er wissen.

»Ach, Tony, du weißt doch, Körperverletzung, Drogenhandel, Schutzgelderpressung, das Übliche.« Sharon gibt einen langen Seufzer von sich.

»Da siehst du doch, die Kinder haben sich hier auch schon eingelebt.« Tony versucht seine Frau in den Arm zu nehmen, aber die sperrt sich.

»Tony, im Ernst, wir müssen hier schnellstens weg. Angeblich weiß die Caprese-Familie, wo wir sind. Das dauert nicht lange, dann haben wir ihre Killer am Hals!«

Tony kratzt sich nachdenklich seine Bartstoppeln. Er sieht seine Frau prüfend an und plötzlich wird auch sein Ton ernst. »Dio mio, meinst du, ich sehe das nicht. Louis hat sich offenbar schon seit Tagen hier in der Fredenbüller Pension eingemietet und ballert wahllos in der Gegend herum. Der Junge schießt auf alles, was sich bewegt.« Tony zuckt mit den Achseln.

»Louis the Lobster?« Sharon steht der Schrecken im Gesicht.

»Ja, aber alles halb so wild. Stai calma, Honey. Der gute Louis ist nicht mehr der, der er mal war. Er trifft einfach nicht mehr. Er schießt nur noch daneben. Ich weiß nicht, warum. Vielleicht die Augen? Es scheint ihm nicht gutzugehen.«

»Er hat auf dich geschossen?« Sharon kann es nicht fassen. »Warum erfahre ich das nicht? Wie kannst du so ruhig bleiben? Dieses Fredenbüll ist gefährlicher als New York.«

»Sharon, ich werde mit ihm fertig, glaub mir. Ich muss ihn nur zu fassen bekommen. Er ist ständig unterwegs … zu den Seehunden oder mit den Krabbenfischern … keine Ahnung.« Er hebt die Hände. »Ich bin nicht auf der Flucht vor ihm, er flieht vor mir, und ich werde ihn erwischen. Sharon, glaub mir. Ich werde das Problem lösen … so wie ich die Probleme in Little Italy gelöst habe.«

»Tony, in Little Italy haben sie deine ganze Familie ausgelöscht!«

34

Thies blickt demonstrativ auf seine Uhr, als Nicole mal wieder reichlich verspätet in der »Hidden Kist« eintrifft.

»Ja, Thies, ich weiß.« Nicole guckt schuldbewusst. »Mal wieder totaler Stau auf der A7, Dreieck Nordwest.«

»A7?« Allmählich wundert sich Thies wirklich.

»Ich komme heute Morgen aus Hamburg.« Sie spricht so leise, dass sie kaum zu verstehen ist.

»Aus Hamburg?« Thies fragt sich, was Nicole schon wieder in Hamburg wollte. »Und wo is Finn?«

»Bei meiner Mutter.« Er meint, plötzlich einen rosa Schimmer über ihr Gesicht huschen zu sehen. Bei Nicole? Er muss sich täuschen. Sie übergeht die Frage und bestellt sich bei Antje ihren Latte Macchiato und einen Croque. Gleichzeitig entdeckt sie die zwischen der vorsortierten Post auf dem Stehtisch ausgebreiteten Papiere.

»Was habt ihr denn da?« Sie ist froh, schnell das Thema wechseln zu können.

Klaas hat die von seinem Bruder ausgedruckten E-Mails, die er in der Plattenhülle von ›Sticky Fingers‹ gefunden hatte, gleich in »De Hidde Kist« mitgenommen. »Sag mal, Nicole, wieso hat dein Super-Börnsen die bei der Durchsuchung eigentlich nicht gefunden?« Thies genießt es immer ein bisschen, wenn er seinem speziellen Freund von der KTU eins auswischen kann. Nicole überhört es einfach. Zusammen mit Antje und Piet Paulsen begutachten die beiden Polizisten die Papiere und sind gleich in angeregter Diskussion.

»Turn around, wat soll dat nu wieder sein? Neuer Slogan fürs norddeutsche Turnerfest, oder wat?«, fragt sich Piet Paulsen.

»Und wat heißt eigentlich ›Kaufkurse‹?«, will Antje wissen und stellt der Kommissarin ihren Kaffee auf den Glastresen. »Gibt dat bei Aktien auch Sonderangebote?«

Währenddessen trudelt auch Bounty auf seiner Zündapp im Imbiss ein. Er wollte es heute Morgen »zu nachtschlafender Zeit«, wie er selbst sagt, noch einmal mit seiner Unterschriftenliste im Bredstedter Amt versuchen. Doch auch diesmal kommt er unverrichteter Dinge mit seiner Mappe zurück.

»Unglaublich! Die Lady war wieder nich da«, ereifert sich der Althippie. »Was macht die den ganzen Tag? Beamter müsste man sein! Antje, darauf brauch ich erst mal 'n Riegel.«

»Ja, die haben nich so 'n Stress wie du«, krächzt Paulsen.

Nicole liest bei ihrem Morgenkaffee die Ausdrucke, die Klaas in der Plattenhülle gefunden hat. »Das klingt nach Insidergeschäften«, stellt sie gleich fest. Ganz glücklich ist sie nicht darüber, dass gleich wieder die gesamte Imbissbelegschaft in die Ermittlungen eingebunden ist. Aber Klaas hat die brisanten Unterlagen nun mal gleich mit in den Imbiss gebracht. »… den Turnaround haben wir selbst in der Hand. B«, liest sie laut vor.

»Wer B ist, können wir uns ja denken.« Klaas ist sich sicher.

»Blunck, der Obermufti von der Windfirma«, führt Bounty die Überlegung zu Ende.

»Na klar.« Die anderen stimmen alle zu.

»Aber wer is BB?«, stellt Antje die entscheidende Frage.

»BB? Na ja.« Piet Paulsen schiebt sich sinnierend die schwere Gleitsichtbrille auf die Nase zurück. »Kommt einem irgendwie bekannt vor.«

»Na, was meint ihr wohl?« Bounty muss sich über die lange Leitung seiner Imbissfreunde wundern. »Wo komm ich grade her?«

»Aus Bredstedt. Wieso?« Bei Thies ist der Groschen noch nicht gefallen. Auch die anderen sehen ihn fragend an.

»Meine Güte! Babette Barkowsky!« Bounty reißt nervös das Papier von der Schokolade. Susi sieht erwartungsvoll zu ihm hoch.

»Blunck und diese Barkowsky, die haben gemeinsame Sache gemacht.« Für Klaas ist der Fall auf einmal sonnenklar. »Und Norwin hatte den Beweis. Deshalb musste er sterben.«

»Nu mal langsam, Klaas.« Nicole mahnt zur Besonnenheit.

»Das is ein abgekartetes Spiel. Die Staatsmacht macht gemeinsame Sache mit der kapitalistischen Energiewirtschaft«, doziert Bounty und verschluckt sich dabei an seinem Schokoriegel. Susi jault kurz auf.

»Bounty, nu mal sutsche«, kräht Paulsen. »Nix überstürzen.«

»Wir müssen jetzt kühlen Kopf bewahren«, stimmt Thies ihm zu. »Mit der Mao-Bibel kommen wir bei Mord nich weiter. Nur weil die so 'n kleinen Aktiendeal laufen hatten, erschießen sie Norwin doch nicht gleich.« Thies glaubt immer noch an einen Mafiamord.

»Thies, du warst doch dabei, als wir mit Norwin an dem einen Abend hier im Imbiss …«, erklärt Klaas.

»… als wir 'n paar kühle Getränke genommen haben …«, kräht Piet dazwischen.

»… von den Machenschaften bei der ›WinWind‹ erzählt hat. Das ging nich nur um Aktien. Da sind noch andere Gelder geflossen, und dann gab es allerlei Schmuh mit den Genehmigungen. Dat is 'n Riesenskandal, hat Norwin gesagt.«

»Da hatten wir aber auch schon den einen oder andern …« Paulsen lässt den Satz in einem Husten verenden.

»Ihr alle, aber ich war nüchtern«, stellt Antje fest. Die Kommissarin muss grinsen. »Ja, Nicole, muss ich schon wegen dem heißen Frittierfett«, verkündet die Imbisswirtin mit ernster Miene. »Aber Klaas hat recht. Sein Bruder hat wat von Schiebung erzählt, und da sollen andere mitgemischt haben.«

»Hat er auch gesagt, wer?«, will Nicole wissen.

»Weiß auch nich, Dossmann oder auch unser Bürgermeister, wat man so hört.« Antje ist gegen das Brutzeln der Fritteuse kaum mehr zu verstehen.

»Ach wat, Norwin war sauer, weil er keinen Lohn gekriegt hat«, meint Piet sich zu erinnern.

Die Kieler Kommissarin schiebt sich das letzte Stück ihres Croques in den Mund. »Thies, wir sollten mit dieser BB vom Amt reden. Hier kommen wir so nicht weiter.«

»Na, dann viel Spaß.« Bounty zieht seinen dünnen grauen Pferdeschwanz stramm. »Da werdet ihr niemanden antreffen.«

»Jo, Beamtin.« Piet Paulsen schiebt sich in aller Seelenruhe ein Stück Putenschaschlik zwischen die zu großen dritten Zähne.

35

Auch Thies und Nicole treffen Babette Barkowsky natürlich nicht an. Der Kollege kann sich ihr Fehlen gar nicht erklären. »Normalerweise meldet sie sich dann krank. Da kann man sich schon auf sie verlassen. Und gestern Morgen stand ihr Auto noch kurz da, aber seit Mittag war es dann weg. Irgendwie komisch.«

Und auch die Wohnungsnachbarn von Frau Barkowsky meinen, sie seit zwei Tagen nicht gesehen zu haben. Thies und Nicole kommen nicht recht weiter bei der Aufklärung ihres Falles. Ihre bisherigen Befragungen haben keine großen Erkenntnisse gebracht.

»Wir können im Augenblick niemanden ausschließen«, wiederholt Nicole ihren Lieblingssatz. Die Verdächtigen werden tatsächlich eher mehr als weniger. Durch Norwins E-Mails hat sich ihr Kreis erweitert. Jetzt geraten vor allem wieder alle Beteiligten des Windkraftprojektes in den Fokus der Ermittlungen. Gewehre mit dem Kaliber sieben-zweiundsechzig sind in Fredenbüll jede Menge im Umlauf.

»Wir können die schlecht alle einsammeln. Das schafft unsere KTU nicht. Der Waffenschrank im Schützenhaus ist voller Gewehre«, stöhnt Nicole.

»Aber in der Pension bei Renate liegt nichts mehr unterm Bett.« Thies fährt sich nachdenklich durch seine Bartfussel. »Und die Verdächtigen treffen wir nich an.

Nicole, dadurch werden die Befragungen nicht unbedingt einfacher.«

Den ominösen Fremden in »Renates Wellnessoase« hat außer der Pensionswirtin offenbar noch niemand zu Gesicht bekommen. Frau Barkowsky, die eindeutig ein Motiv hat, aber angeblich auch ein Alibi, scheint abgetaucht. »WinWind«-Manager Blunck, der ein Motiv hat, ist in seinem Büro in Husum zwar erreichbar, hat aber ebenfalls ein Alibi. Er beruft sich auf die Versammlung im »Café Wattblick«. Frau Babette Barkowsky könne das jederzeit bestätigen. Thies und Nicole drehen sich im Kreis.

Auch Geflügelzüchter Dossmann hat ein Motiv. Außer seiner schwierigen finanziellen Situation haben sie aber nichts gegen ihn in der Hand. Während der Tatzeit war er die meiste Zeit ebenfalls auf der Versammlung im »Wattblick«. Und bei dem konfiszierten Gewehr von Dossmann handelt es sich nicht um die Tatwaffe, das haben die kriminaltechnischen Untersuchungen inzwischen ergeben. »Aber Dossmann kann sich jederzeit 'ne andere Waffe besorgen«, gibt Thies zu bedenken. »Dat sagt noch gar nichts. Nicole, wir müssen die Tatwaffe finden, dann sind wir am Täter schon mal 'n ganzes Stück näher dran.«

»Und wir müssen uns die Alibis noch mal genauer ansehen«, meint Nicole, die etwas mehr Systematik in die Ermittlungen bringen will. »Waren die Betreffenden zur genauen Tatzeit wirklich auf dieser Versammlung? Thies, du warst doch schließlich auch da … und Bounty und Telje. Zeugen haben wir eigentlich genug. Der Saal in dem Café soll ja proppevoll gewesen sein.«

»Dat war 'n ziemliches Durcheinander. Ich hab da selbst 'n büschen den Überblick verloren. Und ob Bounty und Telje dat so genau gesehen haben, da hab ich meine Zweifel. Die waren doch vor allem mit ihren Kröten zugange und neuerdings mit der großen Weltrevolution. Außerdem gab's da zwischendurch wohl mal 'ne Pause. Da hätte jeder kurz mal weggekonnt.« Thies wischt sich den Schweiß von der Stirn. Die Klimaanlage in Nicoles Zivil-Mondeo, mit dem sie von einer Befragung zur nächsten unterwegs sind, kommt gegen die Hitze kaum an. »Wahrscheinlich is dat mal wieder jemand, den wir überhaupt nich auf der Rechnung haben«, sinniert der Fredenbüller Polizeiobermeister.

»Dieser Vorsitzende der Umweltgruppe soll ja auch ein Gewehr haben ... bei Renate im Schrank.«

»Wesselmann. Bounty hat auch schon so Andeutungen gemacht.«

»Was für Andeutungen?«, will Nicole wissen.

»Na ja, ganz so friedlich, wie er mit seinen Fröschen tut, ist er wohl auch nich, und er ändert wohl auch schnell mal seine Meinung und macht gern mal so 'n kleinen oder auch größeren Deal nebenbei. Und wat is eigentlich mit Alexandra?«

Die Kieler Kommissarin sieht ihren Kollegen stirnrunzelnd an.

»Die alte Frau Bandixen hat bei Ahlbeck im Laden erzählt, dass Alexandra bei sich im Salon auch 'n Gewehr stehen haben soll.«

»Und sie ist sich sicher, dass das keine Trockenhaube war?«

Thies überhört die Bemerkung. »Mit Alexandra is

nich zu spaßen. Sie hat früher mal wat mit Klaas' Bruder gehabt. Sie ist nachtragend und impulsiv … Und jetzt ist sie wohl manchmal mit Tony zugange, der irgendwelche Sachen für sie erledigt.«

»Mal langsam, Thies, da komm ich nicht mehr ganz mit.« Nicole muss sich wundern. Mit ihrem Kollegen scheint mal wieder die Fantasie durchzugehen. »Du meinst, Alexandra hat ihren früheren Freund Norwin vom Motorrad geschossen? Und jetzt soll sie auch noch was mit der Mafia zu tun haben?« Sie schüttelt den Kopf.

»Ja nee, dat ist jetzt nur …«

»Eine kriminalistische Hypothese, ich weiß, Thies.«

»Nicht das Wahrscheinliche ist bei der Hypothesenbildung von höchster Relevanz …«, zitiert Thies mit wichtigem Blick den Leitsatz aus seinem Seminar, »sondern das Unwahrscheinliche, weil menschliche Verhaltensweisen nicht immer den Gesetzen der Logik entsprechen.«

»Thies, Thies.« Nicole schnieft.

In dem Moment klimpert ihr Telefon. Nicole drückt die Freisprechfunktion. Der Kieler KTU-Mann Mike Börnsen ist dran. »Nicole, wo steckst du?«

»Wieso, wo soll ich schon sein? In Fredenbüll. Thies und ich ermitteln.«

»Normalerweise guckst du morgens vorher noch mal kurz im Kommissariat vorbei«, pflaumt Börnsen sie an.

»Ja, das war heute schlecht, ich war gar nich in Kiel.«

»Wieder in Hamburg, oder was?«, plärrt Börnsens Stimme aus dem kleinen Lautsprecher. Thies horcht auf.

Was hat Nicole immer in Hamburg zu suchen? Hat sie etwa einen neuen Freund?

Nicole ignoriert die Frage. »Was gibt's Neues, Mike?«

»Sitzt ihr gut?«

»Jo, in dem Mondeo von Nicole sitzt man an und für sich nich schlecht. Blöde Frage.« Thies reagiert mal wieder gereizt auf Börnsen.

»Thies hat recht.« In der Freisprechanlage gibt es ein Knacken. »Internationaler Fall. Große Mafiageschichte.«

»Wie jetzt?« Nicole schnieft.

»Wir haben die Daten des Projektils von dem Beton-Toten spaßeshalber mal an Interpol gegeben, und die Kollegen haben das durch ihren Rechner laufen lassen. Und jetzt haltet euch fest ...« Nicole ist rechts rangefahren. Die beiden horchen gespannt. »... das Projektil stammt aus einer Waffe, vermutlich einer Remington 700, die bei etlichen Mafiamorden in New York zum Einsatz kam, Kaliber sieben-zweiundsechzig.«

»Sieben-zweiundsechzig«, wiederholt Thies. »Dat passt ja.«

»Mafia? Wirklich?« Nicole mag es irgendwie nicht glauben.

»Zuletzt wurden in einem Mafiakrieg mehrere Mitglieder der Luciano-Familie mit dieser Waffe erschossen.«

»Luciano?« Thies sieht seine Kollegin fragend an.

»Wie heißt unser Tony noch gleich? Petersen?«

»Nicole, der heißt doch niemals Petersen. Dat is doch 'n Deckname.« Thies ist voll bei der Sache. »Tony Luciano ... klingt schon besser.«

»Eine Sache ist allerdings anders«, meldet sich Börnsen aus der Freisprechanlage. »Ganz seltsam. In Amerika ist den Mordopfern der kleine Finger abgetrennt worden. Das hatten wir bei unserem toten Motorradfahrer doch nicht, oder?«

»Die Geflügelschere bei Renate!«, platzt es aus Thies heraus. »Und der Gewehrkoffer. Nicole, ich will ja nix sagen, aber ...« Der Fredenbüller Polizeiobermeister strahlt. Für ihn ist der Fall geklärt. Doch dann bekommt Thies ganz plötzlich seinen Kuhblick. »Hoffentlich is Heike nich wieder mit dem Mafiaboss in der Bäckerei Hansen zum Kaffeetrinken.«

36

In der Tenne des Biohofes liegen große Pappen auf dem Boden. Daneben stehen Farbtöpfe und liegen Pinsel bereit. Eigentlich wollen die Froschfreunde heute gemeinsam Schilder und Plakate für das geplante Sit-in auf den Betonfundamenten der Windkraftanlage malen. Telje hat ihre Schwester Tadje mitgeschleppt. Auch Klaas hat sich mittlerweile dem Protest angeschlossen. Seit seinem Fund in der Plattenhülle ist er fest davon überzeugt, dass die »WinWind« seinem Bruder zum Verhängnis geworden ist. Und Oma Ahlbeck kommt mit Kurschatten Kurt und einem fröhlichen »Hopp-hopp-hopp, Windrotoren stopp!« in den Biohof gewackelt. Aus den hinter aufgehängten Kräuterbunden versteckten Lautsprechern tröpfelt kontemplative Harfenmusik. Lara hat mehrere Teekannen »Friesenfrühling« aufgebrüht, die auf einem Stövchen neben einem leicht verwelkten Blumenstrauß vor sich hin dampfen. Onno von Rissen hat wieder zwei Fläschchen Bordeaux beigesteuert. Es soll ein solidarischer und produktiver Abend im Kampf für die Rotbauchunke und gegen die Windräder werden. Doch dann mischen sich auf einmal Misstöne in die Harfenklänge. Lara Brodersen hat Jürgen Wesselmann in Verdacht, den Storch erschossen zu haben.

»Nun macht mal wegen eines toten Vogels nicht so ein Theater«, blökt Onno von Rissen.

»Der Jürgen ist doch ein Tierfreund«, wendet Oma Ahlbeck ein. »Der erschießt doch keinen Storch.«

Aber Lara lässt sich von ihrem Verdacht nicht abbringen. Ihre anfängliche Schwärmerei für den Umweltaktivisten ist abrupt erloschen. Sie fürchtet nicht nur das destruktive Schwingungsfeld der Windräder. »Auch von dem Jürgen gehen negative Energien aus.« Die Biobäuerin hat deshalb schon Räucherstäbchen entzündet und eine Rassel bereitgelegt, mit deren Hilfe sie die schlechten Energien vertreiben will. Doch nun ist der große Vorsitzende gar nicht erschienen. Und das hat seinen Grund, meint Bounty.

»Jürgen Wesselmann ist alles zuzutrauen. Der wechselt seine Meinungen, wie es ihm passt, der macht, was er will. Ich kenn ihn ja noch aus seiner Zivildienstzeit in der Vogelschutzstation auf Amrum. Kriegsdienstverweigerer, und gleichzeitig hat er mit der Flinte auf Vögel geschossen.«

»In der Vogelstation und dann auf Vögel? Krass!« Telje ist fassungslos.

»Keine Seevögel, sondern Krähen. Also, jetzt vielleicht Störche, keine Ahnung.« Bounty zuckt mit den Achseln.

»Weil die seinen Rotbauchunken zu nahe kommen? Kann doch sein«, meint Naturfotograf Kurt, der in den letzten Tagen ebenfalls ein besonderes Verhältnis zu der naturgeschützten Unke entwickelt hat.

»Ob es ihm wirklich um die Unken geht? Da sind wir uns mittlerweile gar nicht mehr so sicher.« Auch Bounty ist nicht sonderlich gut auf seinen alten Bekannten zu sprechen. »Telje hat da etwas entdeckt.«

»Wir haben doch alle das Foto mit den fünfzig toten Unken unter den Windrädern gesehen, das Wesselmann groß auf der Versammlung im ›Wattblick‹ präsentiert hat«, setzt Telje an.

»Fünfzig Unken, tot, fein säuberlich aufgereiht vor dem Windrad«, ergänzt Bounty.

»Ich fand ja gleich, das sah irgendwie gepost aus«, findet Tadje, deren Begeisterung für die Froschfreunde sich bislang in Grenzen hält.

»Dann hat dieser Berufsdemonstrant tote Frösche gesammelt und vor seine Kamera gelegt?«, fragt von Rissen, der sich bereits ein übervolles Glas Rotwein genehmigt hat. »Typisch.«

»Nee, die Mühe hat er sich nicht gemacht, das ist alles derselbe Frosch, immer wieder in eine Bilddatei reinkopiert«, erklärt Telje.

»Da ist heutzutage technisch allerlei möglich«, weiß der Fotoamateur.

»Wenn man sich das Bild auf dem Computer größer zieht, kann man es ganz deutlich sehen. Das ist alles dieselbe Unke. Voll der Fake.« Telje hat sich gründlich in die Materie eingearbeitet.

»Ach so, dat is eine von diesen Fake-Nuus, die jetzt in Mode sind.« Auch Oma Ahlbeck ist auf dem neuesten Stand und findet immer mehr Spaß an ihrem Engagement in der Umweltinitiative.

»Das getürkte Foto ist noch gar nichts.« Der sonst tiefenentspannte Bounty ist richtig aufgeregt. »Telje hat da noch etwas ganz anderes im Internet rausgefunden.«

»Wesselmann ist gar nicht so ein großer Gegner der Windkraft, wie er immer behauptet.« Vor Aufregung spricht Telje so schnell, dass sie sich fast verhaspelt. »Vor gar nicht langer Zeit hat er Aktionen für den Strom aus Windkraft gemacht, und zwar für eine Firma namens ›Nordwind‹. Und die ist ein Konkurrent der ›WinWind‹. Diese ›Nordwind‹ will auch an die Fördermittel ran, um einen Windpark zu bauen. Ich glaube nicht in Fredenbüll, sondern woanders.« Telje hat richtiggehend rote Backen bekommen. Oma Ahlbeck schwirrt der Kopf.

»Als er Großmufti beim BUND war, hat er bei einer Demo ja wohl auch schon groß gegen Windkraft gewettert«, ergänzt Bounty. »Dabei ging das gar nicht gegen die Windenergiewirtschaft, sondern gegen die mit dem BUND verbandelte ›WinWind‹. Es gibt ja Gerüchte, dass Wesselmann von dem Konkurrenten, von dieser ›Nordwind‹ geschmiert worden ist.«

»Unglaublich!«, bellt Onno von Rissen. »Aber ich trau diesem Windei alles zu.«

»Negative Energien«, raunt Lara Brodersen. Aber gegen das von Harfenmusik untermalte Raunen der anderen Froschfreunde ist sie kaum zu verstehen.

»Wir Idioten lassen uns für seine Zwecke missbrauchen? Das kann ich gar nicht glauben.« Kurt wischt ein paar aus einem Blumenstrauß herausrieselnde Blütenblätter von dem alten Holztisch und fängt sie mit der hohlen Hand auf.

»Ihr meint, er hat mit den Fröschen gar nix am Hut? Und wie kommt ihr darauf?«, fragt Frau Ahlbeck.

»Ich hab da allerlei im Internet gefunden.« Telje macht ein ernstes Gesicht. »Außerdem hat Klaas' Bruder in der ›Hidden Kist‹ über die Machenschaften bei der ›WinWind‹ erzählt.« Klaas nickt bestätigend.

»Mensch, Telje, du bist ja schon richtig am Ermitteln, wie dein Vater.« Oma Ahlbeck staunt, und die Tochter des Dorfpolizisten läuft ein bisschen rosa an.

»Na, ich habe den Eindruck, die Tochter ermittelt etwas zügiger.« Von Rissen schenkt Rotwein nach.

»Bounty kennt ihn ja von früher«, erinnert Telje noch mal.

»Der große Tierfreund geht über Leichen.« Die anderen sehen den Althippie staunend an.

»Er hat den Storch auf dem Gewissen!« Lara wird etwas lauter.

»Meinst du, dat er auch den Ingenieur von seinem Moped runtergeschossen hat?«, fragt Oma Ahlbeck mit rollendem R. »Ich weiß nich recht. Da hat dieser Frosch-Fritze doch gar nich dat Format für. Telje, kannst deinen Vater nich mal fragen?«

»Frau Ahlbeck, der weiß es doch auch nicht.«

37

»Hans-Werner, wat is mit den Schnittchen? Du hast deine Schnittchen ja überhaupt nich angerührt.« Frau Dossmann schnauft bei der Hitze. Sie wirft einen besorgten Blick auf das Holzbrettchen. Die Wurstränder sind in der Hitze schon glasig geworden. Von einem der Brote leckt gerade die Mayonnaise des Fleischsalats herunter.

Der Hühnerbaron hängt in einem Sessel der voluminösen Polstergarnitur und starrt geistesabwesend auf den Riesenfernseher, in dem eine Quizshow läuft. Im Gegensatz zu ihrem Mann zeigt Frau Dossmann großes Interesse an der Sendung. »Dat sind manchmal ganz interessante Fragen. Hans-Werner, welche Sparte ist denn dran?«

Dossmann dreht sich nur kurz um und wirft seiner Frau einen abschätzigen Blick zu. »Sparte? Keine Ahnung.« Auch Dossmann schwitzt.

»Ach so.« Sie zeigt auf den Fernseher. »Musik und Schlager«. Frau Dossmann möchte sofort mitraten. »Mal sehen, wat jetzt kommt. Wahrscheinlich nur wieder diese neue Hopp-Hopp-Musik.«

»Ja, ja«, grunzt er. »Bring mir lieber noch 'n Bier. Hopp, hopp, Erika!«

»Hans-Werner, iss erst mal deine Schnittchen. Und hast du deine Pillen genommen?«

»Erika, lass mich mit den blöden Pillen in Ruhe!« Die Stimmung des Geflügelzüchters ist mal wieder auf dem Tiefpunkt.

Seine Gattin schwirrt Richtung Küche ab. In der Tür dreht sie sich noch einmal um. »Hans-Werner, du hast dat Gewehr wieder im Flur stehen lassen. Neben dem Frisiertisch, wie sieht denn das aus?«

»Nich anfassen«, blafft Dossmann. »Hast du gehört?«

»Appetitlosigkeit und Antriebslosigkeit, dat ist kein gutes Zeichen, hab ich grade in der ›Apotheken Umschau‹ gelesen.« Die Frau stellt die geöffnete Bierflasche auf dem Glastisch ab und greift jetzt selbst zu den Schnittchen. »Dat kann Alzheimer sein, Burnout oder sogar wat mit 'm Magen.« Ihr schmeckt es, im Gegensatz zu ihrem Mann.

»Erika, raub mir hier nich den letzten Nerv«, ruft Dossmann wutschnaubend »Wir haben weiß Gott andere Probleme. Keiner will mehr meine Eier, und meine Hühner auch nich mehr.«

»Außer dem Marder!«

»Scheiß-Marder!«, schimpft er. »Den krieg ich auch noch zu fassen! Aber erst mal müssen wir den Windpark unter Dach und Fach bringen. Mir sitzt die Bank im Nacken. Wir sind auf die Rotoren angewiesen.«

»Ich denk, dat ist alles geregelt.«

»Tja, dat dachte ich auch mal.«

»Guck mal hier, jetzt kommt ›Fremdwörter‹. Dat is auch nich so einfach.« Frau Dossmann zeigt auf den Fernseher. Ihr Mann winkt ab.

»Die ›WinWind‹ baut ja schon und will unbedingt weiterbauen, und ich will verpachten. Wir wollen beide, das heißt, wir müssen. Die weiteren Fundamente werden gerade geschüttet. Wenn dat nich klappt, dann muss ich die zurückbauen. Verrat mir mal, wovon ich dat bezahlen soll? Dann müssen wir in Zukunft kleinere Brötchen backen.«

Frau Dossmann blickt ihn ungläubig an und greift schnell noch mal zu einem Schnittchen mit Fleischsalat.

»Irgendwie geht das bei der Behörde nich weiter. Ich hab schon mit Ahlbeck telefoniert.«

»Aber ihr wart mit dieser Frau vom Amt in Bredstedt doch einig. Die hat von dir doch Geld gekriegt. Du hast doch noch mal ’n Kleinkredit aufgenommen.« Frau Dossmann leckt sich Mayonnaise vom Finger.

»Dat erzählst du aber keinem!«

»Ach was«, beteuert Frau Dossmann. »Aber wenn sie bezahlt worden ist, dann muss sie doch …«

»Wenn die man überhaupt noch zuständig ist.«

»Wieso, is die versetzt worden oder so?«

»Dat weiß keiner so recht.« Dossmann klingt für seine Verhältnisse ungewöhnlich kleinlaut.

Frau Dossmann beißt in eine Gewürzgurke. Sie will sich gerade wieder Jörg Pilawa widmen, als das Telefon laut durch das Haus schrillt.

»Erika, Telefon!«, blafft Dossmann seine Frau an. Aber da ist sie längst mit einem restlichen Stück Gurke in der Hand unterwegs.

»Worum handelt es sich bei dem Begriff ›bombina bombina‹?«, fragt Showmaster Pilawa und zwinkert in die Kamera. »Um einen italienischen Schlager, einen karibischen Drink, um den lateinischen Namen der Rotbauchunke oder den Spitznamen eines brasilianischen

Fußballers?« Durch das Studiopublikum geht ein Raunen.

»Hans-Werner, dat is Herr Blunck von der Windfirma.« Frau Dossmann hält die Hand über die Sprechmuschel des tragbaren Telefons. Dossmann meldet sich, und dann sagt er eine ganze Weile gar nichts mehr. Der Manager redet ununterbrochen. Dann platzt es aus Dossmann heraus.

»Wesselmann?« Sein Kopf ist inzwischen hochrot. »Mit einer anderen Firma? An einem anderen Standort?«

Aus dem leiser gestellten Fernseher kommen undeutlich die Stimme von Jörg Pilawa und Publikumsapplaus. Das Viereck mit dem Begriff »Italienischer Schlager« blinkt rot. Im nächsten Moment leuchtet »Rotbauchunke« grün auf.

38

Nach zwei Flaschen Bordeaux steigt die Stimmung im Biohof. Die politischen Thesen werden mutiger. »Das ist ein klassischer Fall von Korruption, und Korruption gehört zum Kapitalismus wie die Lohnarbeit und das Profitstreben.« Bounty geht es um das Grundsätzliche. »Wenn ich das richtig sehe, hängen Dossmann und auch die Lokalpolitik fett mit drin.«

»Lokalpolitik?« Die Mutter des Bürgermeisters ist empört. »Du meinst mein' Sohn? Nee, Bounty! Hans-Jürgen is gegen Korruption … immer gewesen!« Da ist sie sich ganz sicher. »Ich hab da ja noch jemand anders in Verdacht, dat der hier heimlich mitmischt … Kurt, ich weiß gar nich, ob wir dat überhaupt erzählen sollen … Telje und Tadje sind die Töchter von … na ja …« Mit einem Mal ist es ganz still. Selbst die Harfe hinter den Kräuterbunden ist zwischenzeitlich verstummt. Alle sehen Frau Ahlbeck gespannt an.

»Hertha und ich haben es mit eigenen Augen gesehen, und ich hab Fotos gemacht.«

»Wenn Sie was wissen, sollten Sie das in die Gruppe einbringen.« Lara Brodersen nickt Kurschatten Kurt aufmunternd zu.

»Ihr kennt doch den Italiener oder Amerikaner, die Familie, die jetzt im Haus von dem Professor wohnt«, übernimmt Oma Ahlbeck die Antwort.

»Tony«, bestätigt Bounty. »In der ›Hidden Kist‹ ist er mittlerweile Stammgast.«

»Er war auch schon als Kunde bei uns im Edeka … wegen Hundefutter … und gestern Abend haben wir ihn dann wieder getroffen.«

»Ja, ich wollte endlich die Rotbauchunke mit meiner Kamera erwischen, bei dem Tümpel in der Nähe der Rotoren«, fährt Kurt fort. »Da fuhr dann so ein Sportwagen vor.«

»Und wer steigt aus?«, unterbricht ihn Frau Ahlbeck.

»Na, Hertha, erst mal passierte gar nichts.«

»Ja, Kurt sagt noch, vielleicht ’n Liebespaar. Aber dann steigt stattdessen unser Tony aus und zieht so ’n großes gelbes Paket aus dem Auto. Is mir ja ’n Rätsel, wie er dat da reingekriegt hat. Denn der Hund war auch noch mit im Wagen, dieser kleine Mops.«

»Ein gelbes Paket?«, haucht Lara, als hätte sie eine Erscheinung.

»Ja, er war mächtig am Schwitzen.« Oma Ahlbeck wird jetzt auch warm. »Dat war gar nich einfach, dat zu der Baustelle rüberzukriegen. Er wollte damit ja in den Beton rein.«

»Es sah ja aus wie ein Toter. Ich habe das fotografiert.«

»In den Beton? Echt?«, will Telje wissen. »Da, wo sie auch Norwin gefunden haben?«

»Nee, Telje, die Betongrube daneben.« Oma Ahlbeck schüttelt den Kopf. »Der Beton von Norwin is doch längst hart.«

»Und wer oder was war da drin?«, fragt von Rissen mit schwerer Zunge.

»Das war durch die gelbe Folie nicht zu sehen. Auch auf meinen Fotos ist leider nichts zu erkennen.«

»Aber wer soll das denn gewesen sein?«, fragt sich Klaas. »Gibt es neben Norwin noch einen zweiten Toten?«

»Mein Vater behauptet ja, dass dieser Tony einer von der Mafia ist«, schaltet sich Tadje zur Abwechslung ein. »Und Naomi und Jake benehmen sich bei uns in der Schule auch irgendwie mafiamäßig. Echt heftig.«

»Aber wen will er bei uns in Fredenbüll denn entsorgen?« Klaas blickt ratlos. »Hier gibt's doch gar keine Mafia.«

»Na ja, Tony soll ja wohl gesagt haben, dass er uns so 'n büschen hilft.« Oma Ahlbeck kommt ins Schnaufen. »Mit den Rotoren und den Fröschen, dat wollte er in unserm Sinne regeln, und Alexandra wollte er bei dieser Sache mit ihrem Anbau helfen. Was hat er genau gesagt, Kurt?«

»Ich habe Frau Barkowsky ein Angebot gemacht, das sie nicht ablehnen kann.«

»Mit derselben leisen Stimme wie Vito Corleone in ›Der Pate 1‹.« Oma Ahlbeck ist voll in ihrem Element.

»Deshalb landen hier jetzt gelbe Pakete im Beton?« Lara schüttelt ungläubig den Kopf.

»Die Mafia regelt dat ganz anders. Kurt und ich kennen dat ja aus 'm Kino. Die ganze Familie Corleone, dat sind eigentlich nette, umgängliche Leute, wie unser Tony. Aber wenn's drauf ankommt … nä.«

»Krass.« Telje und auch die anderen sehen Oma Ahlbeck ungläubig an. Kurt wischt verlegen Blütenblätter vom Tisch. Bounty muss sich ein Grinsen verkneifen.

»Bounty, das ist jetzt aber nicht mehr gewaltfrei.« Telje und Tadje wird jetzt doch etwas mulmig.

»Erst der Storch und dann …« Lara hat jetzt wieder die übliche kalkweiße Gesichtsfarbe.

»Sollten wir nicht doch lieber Thies und Nicole Bescheid sagen?«, gibt Klaas zu bedenken.

»Ich weiß nicht.« Bounty ist auch unsicher. »Die Gewaltfrage haben wir immer noch nicht geklärt. Vielleicht sollten wir erst mal abwarten.«

»Fürs Erste sollten wir unseren italienischen Freund nicht unnötig in Schwierigkeiten bringen.« Von Rissens Position in der Frage ist deutlich. Im Gegensatz zu seiner Aussprache.

»Seid ihr wirklich sicher, dat da ’n Toter im Beton liegt?«, fragt Klaas vorsichtshalber noch mal nach.

Oma Ahlbeck nickt. »Tony hat doch noch ’ne Weile danebengestanden und gewartet, bis dat gelbe Paket im Beton versackt war. Und der Hund klebte die ganze Zeit mit seiner Schnauze an der Scheibe von dem kleinen Sportflitzer.«

39

Louis the Lobster drückt sich die Nase an dem Aquarium platt. Er stiert durch seine Schweißerbrille in das trübe Original-Nordseewasser. Aus dem Wasser glotzt ein Taschenkrebs zurück, der normalerweise auf dem sandigen Grund des Wattenmeeres zu Hause ist. Die beiden starren einander fasziniert an, ohne sich einen Millimeter zu bewegen. Im Hintergrund staksen zwei Hummer in Zeitlupe über eine Seeanemone.

Tony hat den Killer des Caprese-Clans sofort gesehen. Er war morgens nach dem Rasieren im »Salon Alexandra« und einem Kaffee mit der blonden Frau des Dorfpolizisten gleich zu der Pension gefahren, wo sie diese seltsamen Massagen mit Honig machen. Die Pensionswirtin in dem Kittel mit dem Seepferdchenmuster hatte ihm bereitwillig Auskunft gegeben. Heute hatte sie Louis nach Tönning ins »Multimar Wattforum« geschickt, was immer das sein mochte. Offensichtlich so etwas wie ein Aquarium mit den einheimischen Meerestieren der Nordsee und Erlebnismuseum für das Wattenmeer. Tony musste ein Stück mit dem Auto fahren. Aber er war ja schon froh, dass Wirtin Renate den Lobster nicht wieder mit dem Schiff zu den Robben beordert hatte.

Angesichts des Killers, der seine Familie ermordet hatte, spürt Tony die Wut in sich aufsteigen. Er wäre fast gleich auf Louis losgestürmt und hätte ihn sich vorgeknöpft. Die handliche 38er-»Stupsnase« hatte er unauffällig in der Tasche seiner weiten Shorts dabei. Aber jetzt sieht er, dass der Scharfschütze der Capreses inmitten einer Reisegruppe steht. Hier vor dem Aquarium, inmitten der Touristen, kann er den Lobster schlecht liquidieren. Eine Mitarbeiterin des Museums führt die Gruppe durch die »Interaktive Erlebnisausstellung«.

»Wir haben hier über zweihundertachtzig verschiedene Arten von Fischen, Krebsen, Schalen- und Weichtieren des Wattenmeeres und der Nordsee.« Das Aquarium beleuchtet die Gesichter der Besucher, vornehmlich im Rentenalter. Das blaue Licht eines Spots, der in dem sonst spärlich ausgeleuchteten Raum etwas maritime Unterwasseratmosphäre schaffen soll, fängt sich in den grauen Dauerwellen der Bustouristen.

Louis hat Tony noch gar nicht bemerkt. Er starrt weiter in das grünlich leuchtende Aquarium, das sich in den runden Gläsern seiner Brille spiegelt. Tony kann es nicht fassen. Der Lobster scheint tatsächlich Probleme mit den Augen zu haben. Incredibile, der Scharfschütze der Capreses kann nicht mehr richtig gucken! Sollte Louis ihn tatsächlich mit diesem Windkraftingenieur verwechselt und diesen versehentlich erschossen haben? Und statt Babette Barkowsky war ganz sicher auch er gemeint. Nein, Louis the Lobster muss schleunigst verschwinden. Der Mann wird zu einer Gefahr für ihn und für die Allgemeinheit.

Die Gruppe schlurft weiter und der Lobster mittendrin. Tony hält zunächst Abstand. Im nächsten Becken findet gerade die Fütterung der Meeresbewohner statt.

Ein kleiner Sardinenschwarm huscht durch die Meeresalgen. Eine Kalmarfamilie pumpt sich durchs Wasser. Seeskorpione kriechen aus ihren Verstecken. Zwei Einsiedlerkrebse fuchteln wild mit den Scheren. Louis japst mitfühlend und röchelt. Tony kann sehen, dass er schwitzt. Auf der Fahrt hierher hatte er auch geschwitzt. Aber hier drinnen ist es eigentlich angenehm kühl.

Vor einem großen, verglasten Schaukasten erklärt die Dame vom Wattforum die Lebensräume der Nordsee, die Abläufe von Ebbe und Flut. Jetzt scheint auch Louis Tony bemerkt zu haben. So genau kann Tony das wegen der Spiegelbrille nicht erkennen. Währenddessen schildert die Reiseführerin in drastischen Bildern, wie sich die Priele, die man bei Niedrigwasser bequem durchqueren kann, bei Hochwasser in reißende Ströme verwandeln. Vor seinem inneren Auge sieht Tony den guten Louis, von so einem Strom mitgerissen, in den Weiten der Nordsee verschwinden. Der Nationalpark Wattenmeer bietet echte Alternativen zu den Betonfundamenten der Windrotoren, denkt Tony. Es müsste doch auch für den Lobster eine tröstliche Vorstellung sein, in dieser einmaligen Landschaft auf See seine letzte Ruhe zu finden. Louis wäre sein lästiges Asthma schneller los, als er sich je erträumt hätte. Doch hier im Wattforum lässt sich das nicht so leicht bewerkstelligen. Vielleicht wäre die Fahrt zu den Seehundbänken doch passender gewesen.

Vor der sechs mal sechs Meter großen Panoramascheibe versucht Tony den Killer beiseitezunehmen. »Louis, wir haben etwas zu regeln.« Von Nahem hört er überdeutlich dessen rasselnden Atem. Louis hat gar keine Zeit zu reagieren. Sie werden sofort von einer

Rentnerin unterbrochen. Sie sieht den Killer der Capreses mitfühlend an.

»Na, Sie haben es wohl auch hier ...« Sie klopft sich auf die Brust. »Schlimm. Mein Mann auch, bekommt ganz schlecht Luft. Er ist hier zur Kur in Sankt Peter.«

Tony nickt ihr freundlich zu. »Sì, gute Luft hier.« Der Lobster röchelt und verzieht keine Miene. In dem Großaquarium hinter ihnen ziehen Seelachs, Stör und Kabeljau vorüber. Die 38er-»Stupsnase« drückt unangenehm in Tonys Hosentasche.

»Che ci fai qui? Was treibst du hier?« Tony ist ihm ganz nah auf die Pelle gerückt. Er riecht eine Mischung aus Rasierwasser und Schweiß. Er muss sich beherrschen, ihm nicht gleich an die Gurgel zu gehen. Mit dem Handrücken wischt er ihm provozierend einmal über die Schulter.

»Nicht hier.« Louis bekommt kaum Luft. »Ich will mir in Ruhe die Fische ansehen. Studiare i pesci.«

»Mein Freund, du wirst bald sehr viel Zeit haben, die Fische zu studieren.« Er fasst sich in die rechte Hosentasche seiner Shorts.

Im Aquarium schlägt ein Katzenhai gerade Schellfisch und Dorsch in die Flucht. »Schon faszinierend, was in der Nordsee alles so rumschwimmt«, ruft eine der Rentnerinnen.

»Ja, interessant, aber wenn einem die alle beim Baden begegnen. Ich weiß nicht recht.« Ihre Reisegefährtin ist nicht ganz so begeistert.

Dieses Großaquarium wäre auch ein hübsches letztes Plätzchen für Louis the Lobster, überlegt Tony, während die Meeresexpertin zum Brandungsbecken schlendert. Im Plauderton erzählt sie von den tödlichen Gefahren der Nordsee und im nächsten Moment von dem zu erwartenden Nachwuchs im Seepferdchen-Aquarium. Louis ist derweil zwischen mehreren Rentnern abgetaucht. Tony beobachtet, wie er sich ängstlich wegduckt und sein Asthmaspray zückt. Er tut ihm fast ein bisschen leid.

Tony verdrückt sich nach draußen, um den Lobster dort abzufangen. Als die Führung beendet ist, kommt Louis inmitten der Rentnertruppe aus dem Wattforum. Die Senioren tun so, als würde er mittlerweile dazugehören. Es ist ja gar nicht so abwegig, denkt Tony, bei seinen Schießkünsten sollte der Hitman der Capreses schnellstens in Rente gehen. Aber was hat Louis vor? Was soll das? Wo will er hin? Will er sich dieser Truppe anschließen, die laut parlierend in den Reisebus mit der geschwungenen Aufschrift »Friesentours« steigt. Tony staunt. Aber er kann ihn jetzt schlecht mit gezogener Waffe aus dem Kreis seiner neuen Reisebegleiter herausholen.

Der in sämtlichen Regenbogenfarben lackierte Bus rollt auf die Straße Richtung Sankt Peter-Ording. Tony lässt ihn fahren. Louis entwischt ihm hier nicht. Er hat jetzt sogar schon Mitleid mit ihm. Soll Louis the Lobster sich in Sankt Peter noch mal ein letztes Krabbenbrötchen gönnen, bevor Tony sich näher mit ihm beschäftigt.

40

»Na, Piet, wo wollen wir den Flipper hinstellen?« Klaas unterbricht das Sortieren der Post und lässt seinen Blick durch den Imbiss schweifen.

»Gar nich so einfach«, stellt Piet Paulsen fest.

»Wat denn für 'n Flipper?« Antje wirbelt hinter ihrem Glastresen, um die Stammkundschaft mit Morgengetränken zu versorgen.

»Piet war doch in Tonys Spielhölle pokern«, erklärt Klaas. »Dabei hat er 'n Flipper gewonnen.«

»Ja, unser Freund Tony war zu später Stunde nich mehr so flüssig. Da hat er dann 'n alten Flipper aus seiner Spielothek als Einsatz gebracht. ›Williams Comet‹, antiquarisches Stück, is angeblich achthundert Euro wert. Der gehört jetzt mir.«

»Piet hat sie alle sauber abgezockt.« Klaas kichert in sich hinein.

»Ja, Piet hat 'n echtes Pokerface«, stellt Bounty fest. »Du kannst nicht in ihn reinsehen.«

»Du weißt nie, was er grade denkt und was er vorhat«, bestätigt der Postbote.

»Ach wat, wenn Piet 'n frisches Pils braucht, dat seh ich ganz genau.« Die Imbisswirtin winkt ab. »Und, Freunde, mir kommt hier kein Flipper in ›De Hidde Kist‹.«

Die Runde ist am Morgen schon recht munter. Nur Thies wirkt irgendwie geknickt, als er den Imbiss betritt.

»Für dich erst mal 'n ›Coffee to go‹?«, ruft Antje ihm gleich zu.

»Ja. Und machst mir auch 'n belegtes Brötchen?« Thies klingt tatsächlich ungewöhnlich muffelig.

»Hast kein Frühstück gekriegt?«, fragt Klaas.

»Weiß auch nich. Heike war heute Morgen nich da.«

»Oha.« Piet Paulsen schwant Böses, während er von Antje zum zweiten Frühstück sein erstes Bier gereicht bekommt.

»Was willst denn drauf haben?«, fragt Antje.

»Egal.« Irgendwie wirkt Thies abwesend und ein bisschen verstört, seitdem er heute Morgen auf Heikes Nachttisch diese Streichholzschachtel mit der Aufschrift »Dolce Vita« gefunden hat. »Jo, meinetwegen irgendwat mit Fisch.«

»Eingelegte Sardinen? Hat Tony gestern gemacht.« Antje ist ganz begeistert. »Bounty, wie heißen die noch gleich?«

»Sarde … ja, wie heißen die?« Der Althippie, der mit seinen Gedanken eigentlich schon ganz bei dem morgigen großen Sit-in ist, überlegt. »… ›sarde a beccafico‹, glaube ich.«

»Echt lecker«, bestätigt Klaas. »Eingerollte Sardinen mit 'ner Füllung drin. Brot mit Knoblauch, Petersilie, Minze, Pinienkernen, Korinthen und so.«

»Kann man auch gut kalt essen«, findet Antje. »Aus Tonys Heimat, also aus der von seinem Großvater.«

»Dat is so was wie 'n Rollmops auf Italienisch.« Paulsen trinkt das halbe Bier in einem Zug. »Antje, mit deiner regionalen Küche hat dat aber nix mehr zu tun.«

»Wieso, Piet? Die Sardinen kommen aus der Nordsee, und Tony wohnt bei uns im Dorf.«

»Sag mal, Antje, hast den Italiener jetzt als Hilfskoch eingestellt?« Thies ist nicht gut auf Tony zu sprechen.

»Hilfskoch is gut«, kräht Paulsen. »Er is hier neuerdings der King. Thies, wir haben nix mehr zu melden.«

»Der Kunde is König«, verkündet Antje ihr Geschäftsmotto.

»Und wat is mit uns? Wir sind auch Kunden«, beschwert sich Piet und fasst sich an sein krankes Knie.

»Nö, wir gehören zum Inventar«, stellt Bounty treffend fest.

»Mal 'ne Frage, ›Dolce Vita‹, sagt euch dat was?« Die Streichholzschachtel geht Thies nicht aus dem Kopf.

»›Dolce Vita‹?« Paulsen wischt sich den Bierschaum von den Lippen. »Wieso? Das is dat, wat wir hier seit Jahren in ›De Hidde Kist‹ praktizieren.«

»Ja, nee. Is dat nich 'n Restaurant?«

»Dat is doch dieser Nobelitaliener in Husum.« Klaas kennt sich aus. »Alles vom Feinsten. Teller Spaghetti zwanzig Euro, mehrere Weingläser, Kerzen aufm Tisch und so.«

»Antje, nich dat du auf die Idee kommst, uns hier noch auch Kerzen auf 'n Stehtisch zu stellen.« Piet hat die schlimmsten Befürchtungen.

»Thies, wat soll sein damit?«, fragt Bounty nach.

»Ja, nee, nix.« Thies will nicht damit herausrücken.

»Tony is wohl Stammgast in dem Schuppen«, meint Klaas.

»Er führt angeblich seine Damenbekanntschaften dahin aus«, flüstert Antje hinter vorgehaltener Hand. »Was man so hört.«

»Wie bitte?« Thies bekommt seinen Kuhblick.

»Marret hat erzählt, dass er mit Alexandra in diesem ›Dolce Vita‹ war. Angeblich. Dat war wohl 'ne saftige Rechnung.« Antje reicht Thies sein Sardinen-Sandwich über den Glastresen. Aber der hat keinen Appetit mehr. Bei der Vorstellung, dass Heike mit dem Mafioso turtelt, wird ihm ganz anders.

»Ja, er is ja wohl fix zugange.« Paulsen stürzt den Rest seines Bieres hinunter.

»Was heißt dat denn?«, will der Fredenbüller Polizeiobermeister wissen.

Tony hilft, wo er kann, das hat sich mittlerweile herumgesprochen. »Marret hatte doch jahrelang diesen Ärger mit den Nachbarn.« Als Postbote weiß Klaas, was in seinem Bezirk so los ist. »Der Sohn hat den ganzen Tag seine Rapper-Musik voll aufgedreht, und der Vater war dat ganze Wochenende am Grillen. Der hat alles vollgenebelt. Marret konnte gar nicht mehr auf der Terrasse sitzen. Nachdem Tony mal da war, war mit einem Mal Schluss mit Grillen und auch keine Rap-Musik mehr.«

»Komisch, nä«, findet Antje, die sich ein Leben ohne Grillen gar nicht vorstellen kann.

»Tja, er hatte wohl keinen Spaß mehr am Grillen«, vermutet Klaas.

Piet Paulsen winkt ab. »Er soll wohl dat Muster von dem Grillrost auf der Hand gehabt haben.«

Nicole, die inzwischen mal wieder aus Richtung Hamburg eingetroffen ist und einen Croque »Störtebeker« verspeist, ist alarmiert. »Wie bitte?«

»Nicole, ich sag dat doch, der ist von der Mafia! Den müssen wir uns schnellstens mal vornehmen.«

»Ja, Thies, das wissen wir jetzt, wir haben neue Erkenntnisse.«

41

Die Temperaturen steigen von Tag zu Tag. Das ganze Leben in Fredenbüll läuft mittlerweile in Zeitlupe. Supermarktbesitzer Ahlbeck schiebt vor der Tür stehende Einkaufswagen zurück in den Laden. Er wischt sich den Schweiß von der Stirn und winkt Thies und Nicole müde zu, als die beiden im Auto die Dorfstraße entlangfahren. Von innen grüßt seine Mutter, die an der Kasse zerfließt. Ein paar Meter weiter kniet Kurschatten Kurt mit dem Akkusauger in seinem Opel.

»Sag mal, wie oft saugt der eigentlich seinen Wagen?«, fragt sich Thies. »Ist doch auch irgendwie verdächtig.«

»Er hat es eben gern 'n bisschen ordentlicher im Auto.« Nicole muss grinsen.

»Ja, er soll ja angeblich Hausschuhe im Wagen tragen.« Thies wirft einen kritischen Blick auf das Bonbonpapier und eine leere Zigarettenschachtel auf der Fußmatte.

»Sach mal, Nicole, rauchst du wieder?«

»Ab und zu mal eine.« So recht will die Kommissarin es nicht zugeben. Thies macht sich seine Gedanken. Nicole raucht wieder und Heike hat plötzlich Streichhölzer auf dem Nachttisch liegen. Die Damen machen Ausflüge nach Hamburg und in Nobelrestaurants. Was ist bloß los mit den Frauen?

Nicole Stappenbek hat neue Erkenntnisse mitgebracht, die ihre Kieler Kollegen recherchiert haben. Dieser geheimnisvolle Italiener ist tatsächlich Tony Luciano. Er ist Mitglied der Luciano-Familie, die in der New Yorker Unterwelt eine wesentliche Rolle gespielt hat und deren männliche Mitglieder bei einem Überfall auf ein Restaurant im New Yorker Stadtteil Little Italy durch den rivalisierenden Caprese-Clan grausam exekutiert wurden. Tony, der das Massaker beobachtet und überlebt hatte, sagte in einem spektakulären Mafiaprozess als Kronzeuge gegen den Caprese-Clan aus. Im Anschluss sollen die Behörden ihm zu einer neuen Identität verholfen haben, wird in dem Zeitungsausschnitt behauptet, den Nicole Thies auf ihrem Smartphone zeigt. Tony Luciano und seine Familie verschwanden zumindest von der Bildfläche.

»Und tauchen bei uns in Fredenbüll im Ferienhaus von Professor Müller-Siemsen wieder auf«, stellt Thies lapidar fest. »Er führt hier jetzt auch schon seine Mafiamethoden ein und wickelt alle um den Finger … na ja, die Frauen zumindest.«

»Wie war das noch gleich, ›Dolce Vita‹?« Nicole grinst breit.

»Der muss nur mit seinem Maccheroni-Charme und seiner Olivenölstimme ankommen … ach, hör doch auf!« Thies findet das überhaupt nicht komisch. »Und der andere, wahrscheinlich von dieser Caprese-Gang, der ihn umbringen soll, ballert hier in der Gegend rum, dat geht doch nich. Wir haben hier Mafiakrieg in Fredenbüll. Über das Stadium der Hypothesenbildung sind wir langsam mal raus. Nicole, wir müssen handeln.«

»Thies, das tun wir doch jetzt.«

Besonders erfolgreich sind die beiden Polizisten an diesem Morgen allerdings nicht. Im Haus von Müller-Siemsen treffen sie nur die Frau an. Als Thies sie mit dem Namen Luciano anspricht, macht sie sich nicht mal die Mühe zu protestieren. Wo ihr Mann steckt, weiß sie nicht. »Tony ist unterwegs, das ist normal.«

Thies hat die schlimmsten Befürchtungen. Heike ist schließlich auch unterwegs.

Auch bei Pensionswirtin Renate treffen sie keinen ihrer Kandidaten an. »Meinen Gast mit dem Asthma hab ich heute ins Wattforum geschickt«, erzählt die Pensionswirtin. »Ob er da wirklich hin is, weiß ich natürlich nich. Dieser andere Ausländer war auch schon da und hat sich nach ihm erkundigt.«

»Und der ist dann auch Richtung Sankt Peter-Ording?«, fragt Nicole.

»Ich glaub schon«, vermutet Renate.

»Der Mafiakrieg verlagert sich nach Sankt Peter«, raunt Thies seiner Kollegin zu.

Zusammen mit der Pensionswirtin werfen die Polizisten noch mal einen heimlichen Blick unter die Betten und in die Schränke der Gäste. Waffen können sie auch diesmal nicht entdecken.

»An dem Abend, als die Versammlung der Bürgerinitiative stattfand und Klaas' Bruder Norwin erschossen wurde, hatte dein ausländischer Gast da schon eingecheckt?«, will die Kommissarin wissen.

»Eingecheckt?« Renate sieht die beiden fragend an. »Ach so, wartet mal. Ja, der war schon da. Der is hier nachmittags … eingecheckt.«

»War er abends auch bei dir in der Pension?«, hakt Nicole nach. »Dein Gast braucht nämlich 'n Alibi.«

»Nee, der is doch zum Essen los … nach Bredstedt in' ›Palermo-Grill‹.«

»Palermo?« Bei Thies klingeln gleich wieder die Alarmglocken.

»Ja, da hab ich ihn hingeschickt. Er wollte ja wohl Spaghetti oder Pizza oder so.«

»›Palermo‹ in Bredstedt, das müsste sich ja überprüfen lassen«, meint Nicole.

»Ich weiß nich, ob dat Alibi viel wert is.« Thies hat Zweifel. »Die Italiener halten doch alle zusammen.«

»Nee, Thies, dat is kein Italiener, dat is … weiß auch nich, ich glaub 'n Jugoslawe. Dat is doch derselbe, der früher den ›Dubrovnik-Grill‹ hatte. Da kriegst du inzwischen alles. Pizza, Döner und Wiener Schnitzel.«

»Na ja, auch nicht gerade regionale Küche«, brummt Thies mehr zu sich selbst, als er und Nicole wieder in ihr Auto steigen.

Das »Palermo« hat heute Ruhetag, und Babette Barkowsky, die sie bei der Gelegenheit aufsuchen wollen, ist wie vom Erdboden verschluckt. »Die is in krumme Deals verwickelt und hat sich jetzt aus dem Staub gemacht«, vermutet Thies. Die Kollegen im Amt machen sich Sorgen und haben mittlerweile eine Vermisstenanzeige aufgegeben. Auch Friseurin Alexandra wundert sich. Angeblich hat sie wegen ihres Anbaus schon mehrmals vergeblich bei Frau Barkowsky angerufen.

Thies interessiert außerdem noch eine andere Sache. »Sag mal, Alexandra, ich hab gehört … na ja …« Er druckst herum.

»Was hast du gehört?« Alexandra sieht ihn provozierend an.

»Na ja, ›Dolce Vita‹, klingelt da wat bei dir?«

»›Dolce Vita‹, der schicke Italiener in Husum? Wieso, was is mit dem?« Ihr Blick ist nicht mehr halb so provozierend.

»In letzter Zeit mal da gewesen?«

Alexandra druckst eine ganze Weile herum. Schließlich erzählt sie, dass sie mit Tony im »Dolce Vita« war. Tony wollte ihr in der Sache mit dem Anbau behilflich sein und bei Frau Barkowsky vorsprechen. Und jetzt ist die Dame vom Bauamt verschwunden. »Tony sagt, es wäre alles geregelt«, sagt die Friseurmeisterin mit versteinertem Blick.

Die beiden Polizisten sehen sich an. »Der eine ballert hier in der Gegend rum, der andere räumt die Sachbearbeiterin vom Bauamt aus 'm Weg, und jetzt gibt's den Mafia-Showdown im Wattforum, oder wat? Nicole, wir müssen da langsam mal was unternehmen!«

42

Neben dem Glastresen in der »Hidden Kist« steht seit gestern ein Ventilator. Der kühlende Effekt hält sich allerdings in Grenzen. Auch auf Höchststufe verquirlt der Standventilator mit der Schwenkfunktion nur den Frittendunst.

»Antje, so gleichmäßig lecker nach Putenschaschlik hat es bei dir im Imbiss noch nie geduftet.« Piet Paulsen ist in skeptischer Erwartung des ersten Putenschaschlik »Husum«. Bounty isst die noch übrig gebliebenen »sarde a beccafico« und als Dessert einen Kokosriegel. Gedanklich ist er schon ganz bei dem großen Sit-in, zu dem der Mitorganisator zahlreiche auswärtige Gäste erwartet. Der sonst immer relaxte Althippie ist fast ein bisschen angespannt. Bounty hat ein paar alte Kontakte reaktiviert, und dann hat der große Vorsitzende Wesselmann seine Verbindungen spielen lassen.

Wegen des polizeilichen Großeinsatzes will Nicole in Fredenbüll übernachten. Ihren kleinen Sohn Finn musste sie ausnahmsweise mal mitnehmen. Sie hat ihn für ein paar Stunden in der »Hidden Kist« abgeliefert, ebenso wie Tony seinen Mops Vito. Nach etlichen Partien Kinder-Memory mit Piet Paulsen auf dem Stehtisch schlummert Finn in dem von Antje extra aufgestellten Kindersitz. Auch der Mops liegt nach dem Verzehr einer Riesenknacker völlig ermattet vor dem Tresen.

Er schmachtet Susi aus tränenden Glubschaugen an und röchelt. Ab und zu rappelt er sich kurz auf und beißt frustriert an einem zerfetzten gelben Stück Plastikfolie herum, das er wie einen Schatz hütet.

»Was hat er da eigentlich?«, will Klaas wissen.

Antje kommt hinter dem Tresen hervor. »Da is so was wie 'n Waschzettel dran.« Sie streichelt Vito, greift kurz nach dem gelben Plastik und liest vor. »›XXL. Wasserdicht, atmungsaktiv‹? Was soll dat denn?«

»Komisch«, findet auch Klaas. »Hat er wohl irgendwo gefunden.«

»Und er atmet ja auch ziemlich aktiv«, kommentiert Paulsen das Röcheln des Mopses.

Die Memorykarten sind wieder in der Schachtel. Inzwischen steht auf Stehtisch Zwei das Modell des Windrades von Norwins Schreibtisch. Klaas hat es mit in den Imbiss gebracht. Auf der Suche nach Hinweisen auf Absprachen und Skandale im Zusammenhang mit dem Bau der Windräder hatte er die Sachen seines Bruders noch mal gründlich durchsucht. Er wollte die Suche schon aufgeben und saß sinnierend vor dem Modell auf seinem Wohnzimmertisch. Als er mit den sich drehenden Rotorblättern spielte, entdeckte er, dass sich das kleine Teil mit dem »WinWind«-Logo hinter dem Propeller herausziehen ließ. Es handelte sich um einen USB-Stick. Und da Klaas nicht recht wusste, wie er weiter verfahren sollte, und auch nicht der große Computerexperte war, nahm er Modell samt Stick kurzerhand zu seinen Freunden in die »Hidde Kist«.

Die ganz großen Computerexperten sind die Imbissfreunde allerdings auch nicht. Thies und Nicole, die natürlich immer ihr Tablet dabeihat, sind noch in laufenden Ermittlungen unterwegs.

»Piet hat doch jetzt auch 'n Tablet.« Bounty grient.

»Ach wat, Piet, wusste ich gar nich, dat du so 'n Tablett hast«, staunt Wirtin Antje.

»Ja, hab ich von meiner Nichte.«

»Ich wusste gar nich, dass du 'ne Nichte hast.« Auch Bounty wundert sich.

»Wieso, die Tochter von Piets Schwester«, klärt Antje ihn auf.

»Ja, wir haben an und für sich wenig Kontakt.« Piet winkt ab, und seine Begeisterung für den kleinen Computer hält sich ganz offensichtlich auch in Grenzen. Aber dann hat er das Tablet doch schnell von zu Hause geholt, und mit vereinten Kräften ruft die Imbissrunde verschiedene Dateien auf dem Stick auf. Inzwischen sind auch Thies und Nicole eingetroffen. Nicole übernimmt gleich das Kommando über den Cursor und klickt sich durch die Dateien. Im ersten Ordner erscheinen die schon bekannten E-Mails zwischen Blunck und Babette Barkowsky, in denen es um ein geplantes Insidergeschäft mit »WinWind«-Aktien geht.

»Da sind noch mehr von diesen kleinen Aktenordnern auf 'm Computer«, bemerkt Klaas. Aber da hat die Kieler Kommissarin längst die nächste Datei geöffnet. Sie enthält mehrere Scans von Schriftstücken, bei denen es sich eindeutig um Bankbelege handelt. Es sind zwei Quittungen für Bareinzahlungen über jeweils zehntausend Euro an Babette B. In auffälligem zeitlichem Zusammenhang dazu stehen Kontoauszüge mit Überweisungen von fünftausend Euro von Dossmann auf das

Konto der »WinWind« unter dem Vermerk »Beteiligung Standortgutachten«.

»Nicole, ich hab dat immer gesagt, da sind Gelder geflossen.« Thies fühlt sich bestätigt. »Dat is Bestechung, und das ist wahrscheinlich nicht der einzige Straftatbestand.«

»Aber wo ist diese Babette Barkowsky abgeblieben?« Nicole scheint sich langsam Sorgen zu machen.

»Das frag ich mich auch seit Tagen«, schaltet Bounty sich ein. »Die Unterschriftenliste liegt immer noch bei mir in der Küche. Vielleicht ganz gut so. Morgen beim Sit-in tragen sich sicher noch 'n paar Leute ein.«

Norwin hat auf diesem Stick wirklich reichhaltiges Material gesammelt. Der Imbissbelegschaft schwirrt der Kopf, als Nicole eine Datei nach der anderen öffnet. In einem Schreiben an Bürgermeister Hans-Jürgen Ahlbeck und einem anderen an Babette Barkowsky will sich Dossmann vor dem Erwerb der Biowiese vergewissern, dass der Standort für Windkraftanlagen auch zugelassen wird. Und dann gibt es noch einen weiteren Ordner. Bevor Nicole weitere Schriftstücke aufruft, öffnet sie eine Bilddatei, mit der die Anwesenden zunächst nicht allzu viel anfangen können. Sie zeigt ein Foto von drei Männern an Bord einer Segelyacht auf der bewegten, aber sonnigen See. Klaas erkennt Norwin sofort.

»Das gibt's doch gar nicht!« Bounty zeigt ungläubig auf das Display des Tablets. »Was macht unser großer Vorsitzender da zusammen mit Norwin?« Trotz der Sonnenbrille ist Wesselmann eindeutig zu identifizieren.

»Wat hat Norwin mit dem Oberfrosch am Hut?«,

fragt sich auch Klaas. »Und was hat dat Foto auf Norwins Stick zu suchen?«

»Schnappschuss vom Segeltörn«, vermutet Paulsen.

»Ich weiß nich, Urlaubsfotos waren nich so sein Ding«, überlegt Klaas.

»Kennt einer von euch den dritten Mann?«, will Nicole wissen und zieht den Ausschnitt des Bildes größer.

»Nee, keine Ahnung.« Die gesamte Imbissrunde sieht sich fragend an und zuckt die Schultern.

Dann zeigt Thies auf die Schrift mit dem Namen des Bootes.

»›Nordwind‹?« Thies macht eine Pause. »Irgendwie kommt mir dat bekannt vor.«

43

Der Friseursalon heizt sich von Tag zu Tag immer weiter auf. Tony ist heute Morgen der einzige Kunde. Selbst Frau Bandixen ist es zu heiß für die Trockenhaube. Und der weibliche Fanclub des Italieners fehlt auch. Heute hat sich Tony vor der Rasur von Alexandra die Haare schneiden lassen. Er schwitzt in seinem Poloshirt unter dem Friseurumhang. Die Haare sind noch feucht. Vor dem Föhnen will Alexandra ihm die obligatorische Rasur verpassen. Mops Vito, der zu seinen Füßen liegt, schüttelt sich müde ein paar herabgefallene Haare von seinem Kopf. Tony prüft im Spiegel die Haarlänge über den Ohren. Alexandra ist gerade dabei, den Rasierschaum aufzuschlagen und Tony ist mit der Prüfung seines Haarschnittes beschäftigt, als ein fremder Mann den Salon betritt. Alexandra begutachtet seine weißblond gefärbten, glatt zurückgekämmten Haare und sieht ihn fragend an. »Haare schneiden?«

Der Fremde sagt kein Wort. Er atmet schwer, aber sein Atmen rasselt nicht mehr. Er fährt sich mit dem Daumen über die Bartstoppeln.

»Ach so, auch rasieren.« Sie weist ihm den Friseurstuhl neben Tony zu, während sie ihrem Stammkunden die erste Ladung Schaum auf seine Wangen streicht. »Janine, kommst du mal«, ruft die Chefin ihre Mitarbeiterin, die im hinteren Raum die Spülungen und Farbtuben sortiert. »Einen Herrn rasieren!«

Tony hat den neuen Kunden bisher noch gar nicht richtig wahrgenommen. Im Augenblick genießt er es, von der Friseurmeisterin mit der roten Löwenmähne eingeseift zu werden. Auch der Mann mit der verspiegelten runden Sonnenbrille hat seinen Nachbarn bisher keines Blickes gewürdigt. Jungfriseurin Janine zückt jetzt ebenfalls den Rasierpinsel. Louis nimmt die Schweißerbrille ab. Und plötzlich wird Tony stutzig. Er hört das schwere Atmen seines Nachbarn. Der eingeschäumte Mafioso dreht sich um.

»Louis?« Tonys Reibeisenstimme klingt erstaunt.

»Cosa?« Die Stimme ist noch heiserer. Auf der Oberlippe hat er jetzt ebenfalls schon einen Tupfer aus Rasierschaum.

»Louis, come va?«

Der Lobster sagt gar nichts. Nur sein Atem wird etwas lauter.

»Immer noch das Asthma?«, fragt Tony.

»Sì«, haucht Louis nach einer Weile. »But it's getting better ... Sea air is doing well. Aria di mare.«

»Sì, die Nordsee. Ich fühle mich hier schon richtig zu Hause.« Die augenblickliche Situation findet er dagegen allerdings ein bisschen ungemütlich.

»Aber die Augen ... my eyes are getting worse.« Louis gibt ein gehauchtes Stöhnen von sich. Janine streicht ihm beherzt den Rasierschaum um seine Wangen.

»Die Augen ... ho capito.« Fast hat er etwas Mitleid mit ihm. Aber dann wird Tonys Stimme plötzlich leise und bedrohlich. »Louis, du hast auf mich geschossen.«

Der Lobster schweigt wieder. Janine unterbricht das Einseifen mit dem Pinsel. Alexandra schärft inzwischen das Rasiermesser, indem sie es auf einem ledernen Riemen hin und her zieht.

»Du wolltest mich beseitigen, wie ihr meine ganze Familie beseitigt habt.« Tony beugt sich zu ihm herüber. »Nur deine schlechten Augen haben mich gerettet.« Mops Vito gibt ein müdes Knurren von sich.

Janine weiß nicht recht, ob sie den seltsamen Fremden weiter einseifen soll.

»Louis, du weißt, was das bedeutet? Du weißt, was ich mit dir machen muss.« Tony fühlt sich einigermaßen sicher. Er spürt die kleine 38er-»Special« in seiner linken Hosentasche, und Louis berüchtigte »Bloody Mary« kann er hier nirgends entdecken.

»Tony …« Alexandra hat die größten Bedenken. Sie weiß inzwischen natürlich auch von seiner Mafiavergangenheit. »Das ist hier ein friedlicher Friseursalon. Also bitte keine …« Beide eingeseiften Männer sehen sie erstaunt an.

»Ich mag keine Gewalt.« Tony hebt beschwichtigend die Hände. »Ich bin Geschäftsmann.«

»Ich weiß, was du vorhast«, röchelt Louis. »Du willst hier ein neues Kartell aufziehen.«

»Wer über mich Lügen erzählt, der muss damit rechnen, dass ich über ihn die Wahrheit erzählen werde.« Tonys Stimme klingt ruhig, aber bedrohlich. Der Lobster verstummt für eine Weile. Der Mops japst. Alexandra steht etwas unentschlossen mit dem scharfen Rasiermesser und Janine mit dem Pinsel voller Schaum in der Hand da.

»Alexandra…« Tony überlegt, wie er die Damen aus dem Raum schicken kann. »Kannst du uns vielleicht einen Kaffee machen?« Tony zwinkert ihr zu.

»Soll ich eben schnell, Chefin?« Janine will den Pinsel beiseitelegen.

»Nimm deine Chefin mal mit.« Tony klingt ernst. Louis' Atem rasselt auf einmal wieder.

»Tony! Bitte! Nicht hier!« Alexandra steht auf einmal die Panik in den Augen. Nervös wischt sie sich die roten Locken aus dem Gesicht. »Wir hatten hier schließlich schon mal einen Toten im Salon, das will ich nicht noch mal haben«, raunt sie Janine zu, während die beiden eilig in das Hinterzimmer gehen und die Tür hinter sich zuziehen.

Die beiden Männer bleiben eingeseift mit Blick auf ihr Spiegelbild in den Friseurstühlen sitzen.

»Louis, du hast auf mich geschossen.« Tony flüstert. Der Lobster sagt kein Wort. »Stattdessen hast du diesen *ingegnere* getroffen, Signora Barkowsky und ein Schaf. Dio mio, a sheep, una pecora!«

»Gli occhi«, stöhnt der Lobster. »Die Augen …« Er dreht sich zu Tony um. »Aber den *ingegnere* habe ich nicht erschossen und in den Beton geworfen. I have nothing to do with it. The sheep … maybe …«

»Und die Signora?«

»Maybe«, haucht der Lobster, als wäre es ein belangloses Versehen. Er wischt sich frustriert etwas Schaum vom Kinn und pfeffert ihn auf den Boden.

»Der Sniper der gefürchteten Caprese-Familie kann nicht mehr gucken, das ist ein Witz, das glaubt mir keiner.«

»Un desastro«, röchelt Louis. »Ho finito! Ich bin erledigt. Sie werden mich entsorgen zu Hause in New York City.« Er röchelt mit Mops Vito im Chor.

Gestern wollte Tony den Scharfschützen der Capreses noch erschießen, heute tut er ihm leid. Der einst gefürchtete Hitman ist inzwischen eine bedauernswerte Figur. Tony kann ihn nicht erschießen, das ist unter seiner Würde. Es muss einen anderen Weg geben. »Probleme sind da, um gelöst zu werden. Wir finden eine saubere Lösung, una soluzione corretta.«

Louis steht der Schreck im Gesicht. Unter einer sauberen Lösung stellt der Killer der Capreses sich etwas ganz anderes vor. Aber dann hat Tony tatsächlich eine Idee. Er wendet sich zu ihm um. Seine Stimme wird noch leiser zu einem bedeutsamen Flüstern.

»Ich erzähle keinem, dass Louis the Lobster nicht mehr trifft.« Tony streicht sich die nassen Haare zurück. »Und du berichtest den Capreses, du hättest mich ausgelöscht.«

Louis stiert ihn fragend an. »Aber du lebst. You're still alive.«

»Du schickst oder bringst ihnen ein Bild von dem *ingegnere*, den du … angeblich nicht erschossen hast. Es gibt ein Foto in der Zeitung. Er sieht aus wie ich, das sagen alle.«

»Aber er hat einen anderen Namen. Es ist dieser *ingegnere* …«

»Naturalmente, natürlich hat er einen anderen Namen. Auch ich bin nicht mehr Tony Luciano. Ich hab auch einen anderen Namen. Der Name bedeutet nichts.«

Louis the Lobster überlegt eine Weile. Tony kann

sehen, wie es in ihm arbeitet. »Ein Problem gibt es aber … Du weißt, warum man mich den Lobster nennt … Aldo Caprese will deinen kleinen Finger sehen.«

44

Die übliche Runde hat sich in der »Hidden Kist« zum gemütlichen Frühstück versammelt. Dabei ist die Stimmung in Fredenbüll angespannt. Insbesondere Thies weiß nicht recht, wo ihm der Kopf steht. Er und Nicole kommen in ihrem Fall mal wieder überhaupt nicht weiter. Es gibt jede Menge Verdächtige. Aber von einer Verhaftung sind sie noch weit entfernt. Sie haben zunächst einmal ein paar dringende Fragen. Sie müssen Frau Barkowsky, den Krötenvorsitzenden Wesselmann, Windmanager Blunck, Mafioso Tony und vor allem den Fremden in Renates Pension unbedingt sprechen. Und nebenbei würde Thies auch noch interessieren, ob der Kellner im »Dolce Vita« die Frau auf dem Foto kennt, das er in seiner Brieftasche hat. Aber dafür ist jetzt wirklich keine Zeit. Denn heute soll das große Sit-in vor der Windkraftanlage starten. Die Veranstaltung hat Thies eine schlaflose Nacht beschert.

Halb Fredenbüll wird dabei sein, unter anderem seine beiden Töchter. Es werden zahllose auswärtige Teilnehmer erwartet. Bounty spricht von fünfhundert Krötenfreunden aus dem gesamten Bundesgebiet. Die Nordostseebahn ab Hamburg-Altona in Richtung Niebüll ist angeblich überfüllt. Thies hat die schlimmsten Befürchtungen. Eine Großveranstaltung hatten sie in Fredenbüll bisher noch nicht, und mit Demonstrationen kennt sich Thies so gar nicht aus. Er hatte schon überlegt, das Dreieck zwischen Windkraftanlage, Deich und »Hidde Kist« zum Sperrgebiet erklären zu lassen. Aber so weit wollte Bürgermeister Hans-Jürgen Ahlbeck, der negative Schlagzeilen vermeiden möchte, dann doch nicht gehen. Den massenhaften Ansturm der Demonstranten hält er für eine fixe Idee des Fredenbüller Beamten, der ja keine Gelegenheit auslässt, um seine Polizeistation zu rechtfertigen. Zudem hat Lara Brodersen den Teil der Wiese, der noch zu ihrem Biohof gehört, als Campingplatz für die anreisenden Protestler zur Verfügung gestellt. Darauf hat Thies dann auch keinen Einfluss mehr.

»Das wird eine nette kleine Kundgebung. Thies, es geht um Windräder und Frösche.« Nicole versucht ihren Kollegen zu beruhigen. Sie kommt schließlich aus der pulsierenden Landeshauptstadt Kiel und scheint sich ja mittlerweile auch in Hamburg gut auszukennen.

»Nicole, dat sind Berufsdemonstranten. Das solltest du aus der Stadt doch nu am besten wissen. Möglicherweise gewaltbereit!«

»Alles Krawallbrüder, ich kenn die doch.« Piet Paulsen stochert missgelaunt in den Apfelringen auf seinem Putenschaschlik herum.

»Wieso, woher kennst du die denn?«, fragt sich Antje.

»Überhaupt schon mal auf ’ner Demo gewesen?« Bounty sieht den Landmaschinenvertreter a. D. prüfend an.

»Ja, nee, dat wird heute meine erste. Aber Sit-in, dat machen wir hier auf ’m Barhocker im Imbiss ja schon seit etlichen Jahren.«

Eigentlich hatte Bounty seine Imbissfreunde schon von dem großen Sit-in überzeugt. Aber jetzt muss er Paulsen doch noch mal ermuntern, ausnahmsweise mal den Sitzplatz zu wechseln.

»Piet hat recht, wir wissen nich, wer alles in dem Zug nach Niebüll sitzt«, gibt Thies mit ernster Miene zu bedenken. Er zerbricht sich den Kopf, wie man die friedlichen Demonstranten von den gewaltbereiten Chaoten trennen kann. Die Kollegen in Flensburg und Husum hatten ihn arrogant abblitzen lassen, als er sie um Unterstützung bat. Weil kein Wasserwerfer zur Verfügung steht, hat Brandmeister Thormählen von der Freiwilligen Feuerwehr seine Hilfe angeboten. Thies ist es gewohnt, zu improvisieren.

Während Antje Proviantpakete für das Sit-in vorbereitet und Piet sich noch schnell mit einem Pils stärkt, verdrückt Nicole den letzten Bissen ihres Croques und bläst zum Aufbruch.

»Thies, wir müssen. Um die Demo können wir uns erst später kümmern. Wir haben einen ungelösten Mordfall.« Die beiden Beamten rauschen in Nicoles Zivil-Mondeo davon und Bounty mit seiner Zündapp-Zweigang Richtung Windkraftanlage. Bevor die Betonmischer heute Nachmittag anrücken, muss das Fundament besetzt sein.

Bounty staunt nicht schlecht, als er sich mit seinem Moped der Baustelle nähert. Bereits mehrere Hundert Meter vor dem bisher einzigen Windrad ist der Straßenrand mit Autos aus dem gesamten Bundesgebiet vollgeparkt. Familienkutschen osteuropäischer und fernöstlicher Fabrikate, uralte Daimler-Diesel und klapprige Kleinbusse, die den nächsten TÜV-Termin kaum überleben dürften.

Auf der schmalen Straße laufen bestimmt hundert Leute, die ihm zuwinken, als er mit seiner Zündapp an ihnen vorübersurrt. Frauen in weiten grünen und violetten Shirts und Röcken, Männer mit geflochtenen Bärten und eingerollten Transparenten und junge Familien mit grün angemalten Kindern im Froschkostüm. Nach militantem Protest sehen die Leute nicht aus, statt nach Brokdorfer Wasserwerfern eher nach Woodstock. Es wirkt tatsächlich wie die Anreise zu einem Open-Air-Konzert.

Telje und Tadje sind bereits vor Ort. Sie haben ihren Lehrer Doktor Niggemeier und die halbe Oberstufe mitgebracht. Etliche Schüler haben es sich mit Sitzkissen auf dem Beton bequem gemacht. Onno von Rissen steht in roter Hose und mit rotem Kopf ein Stück abseits und beobachtet leicht verwundert das Geschehen. Lara Brodersen huscht zwischen den Ankömmlingen umher. Es sieht aus, als schwebe sie über das halb gegossene Betonfundament. Die Leute strömen, und die Ankömmlinge des Dreizehnuhrsiebenundvierzig-Zuges aus Niebüll sind noch gar nicht dabei. Nur eines irritiert Bounty: Wo ist der »Große Vorsitzende«? Wo ist Wesselmann?

45

»Wo bleiben die Leute nur? Wieso kommen wir immer zu spät?« Nicole ist es ein Rätsel. »Es kann doch nicht sein, dass wir diesen Fremden mit der Mordwaffe nirgendwo antreffen. Der Windheini und der Oberfrosch, wo sind die alle abgeblieben? Auf dem Weg zur Demo haben wir Wesselmann doch auch nicht entdecken können.«

»Abgetaucht«, stellt Thies lakonisch fest. »Vermutlich in' Untergrund.«

»Bitte? Seit wann gibt es denn in Fredenbüll einen Untergrund? Und vor allem wo?«

»Nicole, dat is der Witz beim Untergrund, man weiß nich genau, wo der ist. Sonst wär dat kein Untergrund.« Thies hat mal wieder den richtigen Blick für die großen Fragen der Kriminalistik.

Zunächst statten sie der »WinWind«-Filiale in Husum einen Besuch ab, um Sven Blunck zu den Dokumenten auf dem Computer-Stick zu befragen. Sie treffen nur die Praktikantin mit der großen Brille und der noch größeren Parfümwolke an. »Herr Blunck ist grade weg.«

»Und da sind Sie sich diesmal ganz sicher?« Thies hat seine Zweifel.

»Ja, er ist eben raus.« Sie sieht die beiden Polizisten mit großen Augen an. »Wir hatten grade noch mal nach dieser einen Akte gesucht …«

»Was für eine Akte?«, will Nicole wissen, während sie ihren Blick über die Umzugskartons schweifen lässt.

»Die hatte Herr Schulz neulich auch in der Hand …«

»Norwin Schulz?«, hakt Thies nach.

»Ja, Norwin. Er hat sich allerlei eingescannt, er brauchte da wohl irgendwelche Daten. Ich weiß auch nicht.«

»Aber wir wissen dat.« Thies sieht Nicole an.

»Als ich Sven eben gerade davon erzählt hab, ist er völlig ausgeflippt, ich weiß auch nicht wieso. Dann ist er sofort hektisch los.« Die Praktikantin ist heute richtig gesprächig.

»Können wir diese Akte mal sehen?« Nicoles Blick bleibt an einem offenen Karton mit Werbebroschüren hängen. »Ökologisch, rentabel, direkt«.

»Nö, den Ordner hat er mitgenommen.«

»Wissen Sie denn, wo ihr Chef hinwollte?« Nicole wird langsam ungeduldig.

»Neeee.« Sie blickt ahnungslos durch die Riesenbrille und schüttelt in Zeitlupe den Kopf. »Er hatte es ja ganz furchtbar eilig.«

Auf dem Weg zurück statten sie dem »Palermo-Grill« einen Besuch ab. Nach reiflicher Überlegung bestätigt der jugoslawische Wirt das Alibi des schweigsamen Fremden mit der Spiegelbrille. Trotzdem müssen Thies und Nicole Louis jetzt endlich mal zu fassen bekommen. Aber auf die von Thies favorisierte Ringfahndung verzichten sie fürs Erste. Nach der Aussage des Grillmeisters glaubt Nicole nicht mehr an Louis als Täter.

Und auch Thies muss seine intuitiven Hypothesen korrigieren.

In »Renates Wellnessoase« treffen sie den fremden Gast natürlich nicht an. Die beiden Polizisten haben schließlich auch schon mitbekommen, dass der Lobster regelmäßig mit dem Krabbenkutter oder Ausflugsbooten unterwegs ist.

»Er hat es ja hier.« Renate klopft sich auf die Brust. »Hörte sich gar nich gut an. Aber ich hab dat Gefühl, es ist viel besser geworden mit seinem Asthma. Die Nordsee tut ihm gut.«

»Und? Heute wieder auf hoher See?«, will Thies wissen.

»Ja, nee, heute wollte er zum Friseur. Erst hatte er nach dem Frühstück 'ne Honigmassage bei mir, dann war er zum Rasieren bei Alexandra.«

»Und wo steckt er jetzt.«

»Tja.« Renate ist ratlos. »Er war noch mal kurz hier, dann ist er von dem andern Italiener abgeholt worden und sie sind zusammen in dem kleinen Sportwagen weg.«

»Hat er seinen Koffer dabeigehabt?«, will Thies wissen.

»Seinen Koffer? Ach so, den Gewehrkoffer.« Renate überlegt. »Ich glaub nich.«

»Können wir da noch mal nachsehen?«, fragt Nicole.

»Ja, die Zimmer sind gemacht.«

Renate führt die beiden in das Zimmer »Strandläufer«. Louis' Koffer liegt tatsächlich unter dem Bett. Aber er ist leer. Auch die Geflügelschere liegt nicht mehr in der Nachttischschublade.

»Komisch, dat wär mir doch aufgefallen, wenn er dat Gewehr dabeigehabt hätte.«

»Könnte es nicht vielleicht auch sein, dass einer der anderen Pensionsgäste die Waffe genommen hat?«, vermutet die Kommissarin. »Herr Wesselmann oder Herr Blunck?«

»In den fremden Zimmern haben meine Gäste nix zu suchen. Dat is bei mir noch nie vorgekommen.« Renate ist empört.

»Aber die Zimmer sind in der Regel nicht abgeschlossen, oder?«

»Nee, is hier an und für sich nicht üblich. Sach doch selbst, Thies. In Fredenbüll kommt eigentlich nix weg.«

»Außer mal 'n Präzisionsgewehr.«

46

»Sitzen Sie einigermaßen bequem, Frau Ahlbeck?« Tadje hat der Mutter des Bürgermeisters einen Campingstuhl auf das Betonfundament gestellt. Für Oma Ahlbeck, Piet Paulsen und ein paar andere ältere Fredenbüller Mitbürger hat Renate ein paar Campingstühle organisiert, damit sie es bei dem Sit-in etwas bequemer haben. Mit seinem Knie kann Piet nicht mehr so lange stehen.

»Ja, auf dem Klappstuhl sitzt man prima. Wenn dat nur nich so heiß wär! Eine Hitze ist dat, schrecklich!« Oma Ahlbeck wischt sich den Schweiß von der Stirn und blickt kämpferisch zu dem Betonlaster, der mit laufendem Motor und rotierender Mischtrommel an dem Fundament vorfährt. Einige Froschfreunde stellen sich dem LKW gleich in den Weg. Es ist immer noch heiß, inzwischen aber auch drückend schwül. Über der Nordsee ziehen dunkle Wolken auf. Der Wetterbericht hat für den späteren Nachmittag Gewitter vorhergesagt.

»Regen wär jetzt auch nich so gut.« Oma Ahlbeck sieht zum Himmel. »Vielleicht haben wir ja noch Glück mit 'm Wetter für unser Sitz-in.« Kurschatten Kurt macht fleißig Fotos.

Mehrere Jugendliche aus Teljes und Tadjes Schule entern ein abgestelltes Baufahrzeug und befestigen dort ein Transparent »Keine Kröten für den Windpark«. Die Mehrzahl hat es sich auf dem Beton gemütlich gemacht.

Einige haben aufblasbare Sitzkissen dabei. Zwei haben sich als »Crazy Frog« verkleidet. Ihr Lehrer Doktor Niggemeier, der im gesellschaftswissenschaftlichen Profil gerade die Geschichte der Arbeiterbewegung durchnimmt, sitzt mitten unter ihnen. Er ist hocherfreut, seinen Schülern ein aktuelles Beispiel regionaler Protestkultur demonstrieren zu können.

»Seht euch das genau an. Wir werden im Unterricht darüber reden und dann verteile ich noch ein paar Referatsthemen.« Eine Schülerin schwenkt eine Flagge mit der selbstgemalten Aufschrift »Frösche gegen Windmühlen«. Ihr neuer Mitschüler Jake hat ein Paket grüne Bengalos und Knallfrösche dabei. Auf dem halb gegossenen Fundament sitzen dicht gedrängt die Menschen, mittendrin eine größere Gruppe von Froschfreunden in knallgrünen Klamotten. Lara Brodersen schwebt zwischen ihnen hindurch. Nur der »große Vorsitzende« ist immer noch nicht erschienen. Die Mitglieder von »Sei (k)ein Frosch e. V.« wundern sich. Bounty ist richtig genervt, was bei ihm höchst selten vorkommt.

Der Fahrer des Betonmischers ist mittlerweile ausgestiegen. Der Motor läuft und die Mischtrommel dreht sich. Der Fahrer raucht und telefoniert.

»Chef, wie stellen Sie sich dat vor? Ich kann hier nich schütten.« Es entsteht eine Pause. »Ja, wat denn? Dat Fundament sitzt voller Leute, Jugendliche, Frauen und mittendrin 'ne Oma auf 'm Klappstuhl. Die haben Plakate dabei. 'n paar turnen auf der Baustelle rum. Dat sind Chaoten!«

Oma Ahlbeck studiert mit einer Schülergruppe den Schlachtruf »Hopp – hopp – hopp – Windrotoren stopp!« ein. Die Belegschaft der »Hidden Kist« beobachtet das Geschehen vom Rand aus. Klaas, Piet Paulsen und der kleine Finn, den Babysitter Piet kurzerhand zum Sit-in mitgenommen hat, haben die Lage voll unter Kontrolle. Antje hat zwei große Kühltaschen mit Bier und Proviant dabei. Auch Piet hat sich einen Campingstuhl aufgeklappt. Finn trägt seit heute ein Kevin-Keegan-Trikot mit der Nummer Sieben, das ihm Piet aus seiner Devotionaliensammlung vermacht hat. Das rotweiße Shirt aus der goldenen Ära des HSV hängt ihm wie ein Kleid bis zu den Knöcheln. Begeistert zeigt er auf den Betonlaster mit der rotierenden Trommel. Zwischendurch streichelt er Susi und Vito, die einträchtig danebenliegen.

»Was is denn dat für 'ne Töle?«, johlt Schüler Ove. »Sieht ja aus wie 'n Schweinerollbraten.« Die Jugendlichen lachen. Angesichts dieser despektierlichen Bemerkung knurrt Susi den Schüler an. Irgendwie scheint sie sich an den Mops aus New York gewöhnt zu haben. Eine stürmische Liebe sieht anders aus, aber bahnt sich da etwa eine platonische Beziehung an?

Jetzt treffen auch die beiden Polizisten ein. Nicole findet es zunächst gar nicht lustig, dass Piet den kleinen Finn hierher mitgeschleppt hat.

»Nicole, den Auftrieb hier hab ich auch nich kommen sehen«, kräht Paulsen. »Für uns beide is dat ja die erste Demonstration, wat, Finn?«

Thies staunt angesichts der massenhaft aus dem ganzen Land angereisten Krötenfreunde. Ihm gefällt das gar nicht. »Dat geht nich, wir müssen die Baustelle räumen.«

»Räumen?« Die Kollegin denkt eher an Deeskalation.

»Nicole, siehst du dat nich? Der grüne Block!« Der

Fredenbüller Polizist ist mal wieder voll in seinem Element. »Den grünen Block müssen wir isolieren.«

»Mann, Papa, wie peinlich ist denn das jetzt?« Tadje verdreht die Augen.

»Echt, Papa, muss das sein?«, unterstützt Telje ihre Schwester.

»Guck mal, Frösche!« Finn zeigt begeistert auf die grün verkleideten Demonstranten und stimmt freudig ein kurzes »Hopp-hopp-hopp« an.

Sonderlich gewaltbereit wirken die Teilnehmer des Sit-ins, die bunt verteilt auf dem Betonfundament sitzen, tatsächlich nicht. Die Vertreter und vor allem Vertreterinnen verschiedener Froschfreunde-Gruppen sind in angeregter Diskussion über die dramatischsten Krötenwanderungen dieses Frühjahres. Eine Frau von »Den Fröschen auf der Spur« streitet sich mit einem Mann im »Krötis on Tour«-T-Shirt, wer mehr Kröten gerettet hat.

»Wanderferien zusammen mit den Kröten, is mal wat anderes«, krächzt Paulsen. Er zaubert eine Bierdose aus Antjes Kühltasche hervor und für Finn eine Brause.

»So lustig ist das nicht«, giftet die Frau, die unter einem lindgrünen Tuch Schutz vor der stechenden Sonne sucht, den Fredenbüller Rentner an. »Eine Sammlerfreundin hat mich angerufen, dass sie auf der B 5 zwischen Braderup und Süderlügum eine Gruppe Springfrösche beobachtet hat. Als ich ankam, lagen sie schon plattgefahren auf der Straße.« Die Frau ist den Tränen nahe.

»Kannst den Motor endlich mal abstellen?«, ruft ein Demonstrant dem Fahrer des LKW zu. »Man kann ja sein eigenes Wort nicht verstehen.«

»Nee«, brüllt der Fahrer zurück. »Dann bindet mir

der Beton an der Trommelwand ab.« Er macht eine wegwerfende Handbewegung. »Mann-Mann-Mann, keine Ahnung! Scheiß Windkraft!«

»Genau!«, ruft einer.

»An den Baustellen hast du nur Ärger!« Der Fahrer zündet sich die nächste Zigarette an.

»Wo is euer Oberfrosch eigentlich?«, fragt Thies. Alle wundern sich, dass Wesselmann fehlt.

»Und wo sind diese … ähh … Rotbauchunken, die gerettet werden sollen?«, will eine der Schülerinnen wissen.

»Da hinten.« Tadje zeigt Richtung Tümpel.

»Für die Rotbauchfrösche is dat heute auch nich das reine Vergnügen«, ächzt Oma Ahlbeck. »Die Hitze und der Krach!«

»Wir müssen aufpassen, dass dieser brutale Laster die Tiere nicht überfährt«, ruft eine Lady in Grün.

»Ich habe mehrere Hundert Kröten über die Straße getragen«, trumpft der »Kröti on Tour« auf. »Und dann kamen die Bullen und haben uns daran gehindert, die Tiere über die A 23 zu tragen. Sauerei!«

»Ihr seid ja wohl komplett bescheuert, als Froschkönig auf der Autobahn rumzulaufen«, motzt Thies.

»Wir haben immer etliche Meter mobilen Amphibienzaun im Auto dabei«, berichtet ein anderer mit stolz geschwellter Brust. Bounty und Telje kommen sich auf einmal wie echte Amateure vor.

»Und wir haben Krötentaxis eingerichtet«, ruft ein anderer.

Kurschatten Kurt wird ganz mulmig. In seinem frisch gestaubsaugten Opel möchte er bitte keine Unken transportieren. Er wünscht, er hätte den Wagen zu Hause stehen lassen.

»Um Himmels willen, im Auto ist es doch viel zu heiß für die Frösche«, ereifert sich die Krötenfreundin in Lindgrün. »Die armen Frösche!« Sie spitzt die Lippen zum Kussmund, als wolle sie gleich ein paar Rotbauchunken in Prinzen verwandeln.

»Ja, schrecklich, diese Hitze!«, pflichtet Oma Ahlbeck, die auf ihrem Campingstuhl wie eine Froschkönigin über den anderen Demonstranten thront, ihr bei.

»Aber auf der Straße haben sie keine Überlebenschance«, ereifert sich »Kröti on tour«.

»Ach, bei uns ist an und für sich wenig Verkehr«, stellt Klaas fest, während Thies sich mühselig zu dem Betonlaster durcharbeitet.

»Wenn die Unken einfach auf die Fahrbahn laufen, genügt ein einziges Auto. Die unerfahrenen Männchen stürmen sofort los, ältere Weibchen warten etwas länger.«

»Ja, dat Phänomen is uns nicht unbekannt.« Oma Ahlbeck blickt zu zwei Jungen hinüber, die gerade den Betonlaster entern wollen.

47

Die Haustür ist nicht abgeschlossen und das einfache Türschloss der Wohnung über dem ehemaligen Postamt kein Problem für Jürgen Wesselmann. Bei verschiedenen Tierbefreiungsaktionen in Schweineställen und Legebatterien hat er schon etliche Schlösser geknackt. Der Zeitpunkt mitten am Tag ist für einen Einbruch nicht besonders günstig, andererseits sind jetzt alle beim Sit-in. Dort sollte er eigentlich auch sein, bestimmt wird er schon vermisst. Aber ihm bleibt keine andere Wahl. Er muss unbedingt an diese Unterlagen kommen, bevor die Polizei sie findet.

Was hatte Norwin behauptet? »Ich kann die Bombe jederzeit platzen lassen.« Was hatte er damit gemeint? Die krummen Deals bei der »WinWind«, von der er wegwollte? Diese Bombe darf seinetwegen gern platzen. Aber Norwin hat bestimmt auch seine Verbindungen mit der »Nordwind« dokumentiert. Sie waren schließlich zusammen mit dem »Nordwind«-CEO auf dessen Yacht gesegelt. Irgendjemand von der Crew hatte fotografiert, es hatten Telefonate mit der »Nordwind« über bevorzugte Standorte stattgefunden und es gab E-Mails. Aber dieser dösige Dorfbulle und die blonde Kommissarin hatten da offenbar noch nichts entdeckt. Das hätte er mitbekommen. Wenn es da etwas gibt, muss Wesselmann es unbedingt vor ihnen finden.

Systematisch durchkämmt Wesselmann die kleine Wohnung. So viele Möglichkeiten für ein Versteck gibt es hier nicht. In einem Bücherregal stehen ein paar Aktenordner, die er hastig durchblättert. Sie enthalten lediglich Strom- und Telefonrechnungen, eine Nebenkostenaufstellung für die Wohnung und die Rechnung eines Hamburger Geschäfts für Berufskleidung über eine Postjacke. Aber diese Ordner hat die Polizei bestimmt auch schon durchsucht. Auch auf dem Schreibtisch liegt nichts Verdächtiges herum, nur der Prospekt der »WinWind«. »Ökologisch, rentabel, direkt.«

»Bullshit«, brummt Wesselmann leise in sich hinein. Zwischendurch hält er immer wieder kurz inne und horcht, ob sich im Haus irgendetwas tut. Er sieht aus dem Fenster. Das Dorf ist ausgestorben. Nur ein einzelner VW-Bus mit auswärtigem Kennzeichen fährt die Dorfstraße Richtung Windkraftanlage hinunter. Aus dem geöffneten Seitenfenster hängt eine grüne Flagge heraus. Dann ist alles wieder ruhig. Den japanischen Sportwagen, der ein Stück weiter Richtung Edeka-Markt steht, übersieht er. War da in der Wohnung eben ein Geräusch? Nein, er muss sich getäuscht haben.

Wesselmann durchkramt alle Schränke und Schubladen. Er durchforstet die Küche, Borde mit Vorräten, größere Krüge, in denen man Schriftstücke oder belastende Fotos verstecken könnte, die Brotbox und Kochtöpfe. Im Bad wirft er einen Blick in den Medikamentenschrank. Während er vor dem Spiegel steht, meint er wieder ein Knarren zu hören. Als ob die Tür sich bewegt. Er horcht. Vermutlich ein Windzug. Aber draußen ist es gar nicht windig.

Er steht jetzt mitten in dem Wohnzimmer mit der improvisierten Einrichtung, zwischen Schlafsofa und zwei Sesseln, deren Bezüge überhaupt nicht zueinander passen. Den blauen Schalenkoffer mit Klamotten von Norwin hat er eben schon durchsucht. Wesselmann starrt auf das Rolling-Stones-Plakat ihrer »Bridges-to-Babylon«-Tour an der Wand. Die Begeisterung für die Stones haben die Brüder offenbar geteilt. Auf diesem gemeinsamen Segeltörn auf der »Nordwind« ist Norwin allen mit seinen Stones-Songs auf die Nerven gegangen. Dummerweise gab es eine Gitarre an Bord. Aber Norwin war weder Keith Richards noch Mick Jagger. ›Wild Horses‹ klang einfach erbärmlich, wenn man es permanent einen halben Ton danebensang.

Während er noch gedankenverloren auf das Poster stiert, hat Wesselmann ganz plötzlich eine Idee. Er stürzt sofort zu Klaas' Plattensammlung. Hektisch blättert er die Platten durch. Das leise Geräusch im Flur der Wohnung nimmt er gar nicht wahr. Er ist viel zu sehr damit beschäftigt, eine Schallplatte nach der anderen aus dem Regal zu ziehen. Und dann hält er sie plötzlich in der Hand. ›Sticky Fingers‹? ›Brown Sugar‹ und ›Wild Horses‹, das ist doch ›Sticky Fingers‹? Norwins Lieblingsalbum! Die Hülle ist leichter als die anderen. Die weiße Innenhülle guckt ein Stück heraus. Aber die Platte fehlt. Ist da nicht noch ein anderes Papier?

Zu einem weiteren Gedanken kommt Wesselmann nicht mehr. Wie aus dem Nichts trifft ihn von hinten ein dumpfer Schlag. Andy Warhols Jeans mit dem Reißverschluss verschwimmt vor seinen Augen. Während er wegsackt, scheint sein Kopf unter einem übermächtigen dumpfen Dröhnen zu platzen. Dahinter, wie aus weiter Ferne, meint er ›Sister Morphine‹ zu hören, nicht von den Stones, sondern von Norwin gesungen, mit einem leisen Halleffekt und einen halben Ton daneben.

Es kommt ihm vor, als wäre er ewig weggewesen, aber es waren wohl nur Sekunden. Als er zu sich kommt, sieht er den Typen in einem Kapuzenshirt von hinten vor Klaas' Stereoanlage hocken. Er hält gerade das ›Sticky-Fingers‹-Cover in Händen. Wer ist der Typ? Wesselmann dröhnt der Kopf. Ihm ist klar, dass er jetzt schnell handeln muss. Er rappelt sich hoch. Im selben Moment schießt ihm ein stechender Schmerz in den Kopf. Aber er kann sich auf den Beinen halten. Er nimmt all seine Kraft und Konzentration zusammen und schubst den anderen mit einem Bodycheck in das Regal mit der Stereoanlage und den Platten. Der Ökoaktivist ist schneller wieder auf den Beinen, als der Typ geahnt hat. Der Kapuzenmann lässt das Stones-Cover fallen und klammert sich an das Regal, das sofort ins Kippen gerät. Zuerst fallen nur ein paar vereinzelte Platten aus dem Bord. Dann stürzen Kasettendeck, Receiver und die kompletten Rolling Stones auf ihn ein. Geistesgegenwärtig schnappt Wesselmann sich die ›Sticky-Fingers‹-Hülle. In einem kurzen Moment, als er immer noch etwas taumelnd schon halb aus dem Zimmer gestürmt ist, erkennt er den Typ mit der Kapuze.

»Was hast du denn hier zu suchen? Verdammte Scheiße, ich hab es doch gleich gewusst!«

48

Der Himmel über der See hat sich bedrohlich verdunkelt. Von der Nordsee kommt vereinzeltes Gewittergrollen herüber. Das Donnern mischt sich mit dem »Hopp-hopp-hopp«, das mittlerweile die gesamte Oberstufe der Theodor-Storm-Schule, dirigiert von Oma Ahlbeck, lautstark skandiert. Der Motor des Betonlasters ist kaum mehr zu hören.

Bürgermeister Ahlbeck ist aus dem Supermarkt kurz herübergekommen, um zu sehen, was da in seiner Gemeinde vor sich geht. Aufgeregt läuft er im Edeka-Kittel am Rand des Fundaments hin und her. »Mutti, was machst du da mitten zwischen den Chaoten?«

Frau Ahlbeck sieht nur kurz zu ihrem Sohn hinüber und winkt freundlich.

»Was will denn der Typ im Edeka-Kittel da?«, ruft einer der Schüler.

»Dat is der Bürgermeister«, klärt Klaas ihn auf.

»Dat is mein Sohn!«, ruft Oma Ahlbeck.

»Ein Repräsentant des Systems«, ruft ein Schüler aus Niggemeiers Geschichtskurs.

»Mutti, komm da runter«, schimpft Ahlbeck

»Guck mal, Frösche!« Finn zeigt auf die »Crazy-Frogs«.

Der Bürgermeister ist vollkommen außer sich. »Dat

is … ja, weiß jetzt auch nich … Landfriedensbruch oder so?« Er sieht Nicole fragend an.

»Nicole, ich hab dat gleich gesagt.« Thies macht ein ernstes Gesicht.

»Hans-Jürgen, geh mal lieber schön wieder zurück in' Laden«, ruft Frau Ahlbeck ihrem Sohn zu. »Muss doch jemand im Geschäft sein! Is doch noch gar kein Feierabend!«

»Eigentlich müssten wir räumen, oder?« Thies setzt seinen Kuhblick auf.

»Ach, lasst mich doch in Ruhe. Ihr könnt mich mal!« Ahlbeck winkt mit beiden Händen ab und verzieht sich Richtung Dorf.

Inzwischen haben sich auch der Schimmelreiter, Honigmasseurin Renate und die Damen aus dem »Salon Alexandra« eingefunden. Lara Brodersen umrundet schwebend im wehenden weißen Gewand das Betonfundament. Ganz plötzlich kommt immer wieder eine Bö von der Nordsee herüber. Der Himmel wird dunkler, das Donnern lauter. Die Teilnehmer des Sit-ins lassen sich dadurch im Augenblick noch nicht beeindrucken. Die Schüler skandieren ihre Parolen. Der LKW-Fahrer hat sich inzwischen zur Imbissrunde gestellt und Antje hat ihm ein kühles Bier spendiert.

»Scheiß Windkraft«, brummt er und prostet den anderen zu.

Und dann stimmen Bounty und Niggemeier, die ja beide in der Fredenbüller Band »Stormy Weather« spielen, ein paar der schönsten Protestsongs aus der guten alten Zeit an. Zur Feier des Tages hat Niggemeier oben zwischen den Gitarrensaiten eine brennende Zigarette klemmen, obwohl er gar nicht mehr raucht. Nicole muss grinsen und schnorrt von Piet Paulsen ein Zigarillo, obwohl sie eigentlich auch nicht mehr raucht.

»Das ist jetzt aber kein Bekenntnis zu Windkraftanlagen«, stellt Bounty klar, bevor sie ›Blowin' in the Wind‹ anstimmen. Die Gemeinde auf dem Betonfundament johlt und schwenkt die grünen Fahnen. Als die beiden spielen, zücken die Schüler die Feuerzeuge. Bei ›We shall overcome‹ schunkeln Oma Ahlbeck und Kurschatten Kurt freudig mit. Ein paar Schüler verdrehen die Augen. »Scheiß-Hippie-Mucke!«, grölt der Schimmelreiter. Aber als Bounty und Niggemeier zweistimmig ›Imagine‹ singen, schwenken alle die Feuerzeuge. »Voll das Festival«, findet Silja aus Teljes Klasse. Sogar Nicole muss lächeln und hat den Arm um Finn in seinem Keegan-Trikot gelegt. Schließlich ist Niggemeier der Vater ihres Kindes.

Bei dem Refrain kleckern auf einmal vereinzelt dicke Regentropfen auf die versammelte Gemeinde. Ein paar Feuerzeuge erlöschen zischend, werden aber sofort wieder entzündet.

Mitten in einem Song zeigt einer der Jugendlichen auf eine Gestalt, die in einiger Entfernung über die große Wiese durch das hohe Gras läuft. Mehrere drehen sich zu ihm um.

»Dat is doch euer Oberfrosch!« Postbote Klaas sieht ihn als Erster.

»Ich glaub's nicht, das ist Wesselmann.« Telje erkennt ihn jetzt auch und viele andere ebenfalls.

Bounty und Niggemeier hören auf zu spielen. »Was macht der ›Große Vorsitzende‹ da?«

»Warum is der nich bei unserem Sitz-in dabei?« Frau Ahlbeck klingt vorwurfsvoll. Kurt holt das Tele aus der Fototasche. Inzwischen weht ein kurzer heftiger Schauer mit dicken Tropfen über sie hinweg.

Dann sehen alle eine zweite Gestalt, die in ihrem Kapuzenshirt und mit der dicken Sonnenbrille nicht zu erkennen ist. Sie läuft in dieselbe Richtung, hinter Wesselmann her.

»Guck mal, der Hoodie!«, ruft einer der Jugendlichen.

»Wat machen die da?«, fragt sich Antje

»Und wo wollen die eigentlich hin?«, stellt Thies die alles entscheidende Frage. »Nicole, der eine hat 'n Gewehr dabei.«

»Was haben die vor?« Auch die Kommissarin ist alarmiert.

»Was hat er denn dabei?«, fragt Tadje.

»Sag ich doch, Schusswaffe!«, blafft Thies seine Tochter an.

»Nee, ich mein Wesselmann!«

»Eine Schallplatte!« Kurt hat die beiden Männer inzwischen im Sucher seines Teleobjektivs. »Mit einem Reißverschluss!«

»›Sticky Fingers‹, is ja geil.« Bounty ist schwer begeistert.

»Will er noch auf 'ne Party, oder wat?«, fragt sich Piet Paulsen.

»Moment, is dat etwa meine Scheibe?!« Bei seiner Plattensammlung versteht Klaas keinen Spaß.

»Wieso ist der mit dem Gewehr hinter dem Oberfrosch mit der Stones-Scheibe her?«, fragt sich Thies.

»Thies, ich hol schnell die Walther aus dem Auto. Piet, pass du auf Finn auf!« Nicole läuft hektisch zu ihrem Mondeo, wo sie im Handschuhfach die P99 immer dabeihat.

»Aber es sollte doch alles gewaltfrei bleiben.« Laras weißes Gewand ist von Regentropfen gepunktet.

Die versammelten Froschfreunde blicken staunend den beiden Männern hinterher, die sich durch das hohe Gras kämpfen. Das Gewitter wird immer stärker. Ein Blitz zuckt über den dunklen Himmel, gefolgt von einem gewaltigen Donner. Auf den selbstgemalten Transparenten zerläuft die Farbe. Die ersten Demonstranten ergreifen die Flucht. Angesichts des Regens herrscht allgemeiner Aufbruch. Die meisten bemerken den kleinen silbernen Roadster gar nicht, der ein ganzes Stück vor der Baustelle am Straßenrand hält. Zwei Männer steigen aus und laufen ebenfalls auf die Wiese.

»Dat ist doch Tony!«, ruft Antje, die sich als Schutz vor dem Regen ein Stück Alufolie über den Kopf hält. Paulsen setzt Finn sein viel zu großes Basecap von der Raiffeisenbank auf.

»Und der andere, dat is mein Pensionsgast mit dem Asthma«, erklärt Renate.

»Den wir die ganze Zeit suchen?« Thies läuft Nicole, die gerade von ihrem Wagen zurückkommt, entgegen. »Die beiden Italiener … da hinten!« Thies zeigt zu dem Mazda.

»Ich weiß.« Die Kommissarin hat die beiden auch längst gesehen. »Wie kommen wir da hinterher? Nehmen wir den Wagen?«

»Nee, da sind wir zu Fuß schneller.«

»Hast du deine Dienstwaffe dabei?«, will Nicole wissen, die gerade die Walther in ihrem Holster verstaut.

»Waffe? Ach so. Nee, die is in der Wache.« Thies guckt wie ein Schüler, der seine Hausaufgaben nicht gemacht hat.

»Ach, Thies, das darf doch wieder nicht wahr sein.« Sie sieht ihn strafend an, während er bedröppelt dasteht. »Ja, los, komm, dann eben ohne Waffe.«

»Die sind da runter!« Klaas zeigt auf die beiden Männer, die gerade über die Wiese Richtung Geflügelhalle laufen.

»Wo will Tony denn bloß hin?« Imbisswirtin Antje klingt besorgt. Der Regen plattert auf die Alufolie.

»Und die anderen?«, fragt sich Telje. »Wo wollen die alle hin?«

»Zu Dossmann?« Antje kann sich keinen Reim darauf machen. »In die Legebatterie?«

»Mit meiner Stones-Scheibe?« Klaas ist bedient.

»Die Hühner zum Tanzen bringen, oder wat?«, kräht Paulsen.

49

Thies und Nicole hetzen über die ungemähte Wiese und treten dabei immer wieder in Bodenlöcher. Das hüfthohe Gras ist durch die wochenlange Hitze stocktrocken. Die ersten dicken Regentropfen bringen die Gräserblüten kurz noch einmal zum Aufstäuben. Nicole beginnt zu niesen und kann gar nicht mehr aufhören. Von der Nordsee kommt lautes Donnern herüber. Und dann ist jetzt ein leises Gackern zu hören, das mit jedem Schritt lauter wird. Sie laufen auf die große Halle des Geflügelbetriebes von Dossmann zu. Eben meinten sie noch gesehen zu haben, wie Tony und der Italiener aus Renates Pension darin verschwunden sind und vorher vermutlich auch Wesselmann und der Typ in dem Kapuzenshirt.

»Nicole, wat wollen die da?« Thies ist ganz schön aus der Puste.

»Sieht aus wie eine Verfolgung«, schnieft die Kommissarin. »Der Typ mit der Kapuze ist hinter Wesselmann her.«

»Und die beiden werden von den Italienern verfolgt?« Thies hat im Augenblick nicht ganz den Überblick.

Die Wolken werden immer dunkler. Blitze zucken über den schwarzen Himmel. Von der See kommt Wind auf. Der Regen wird stärker. Die Besucher des Sit-ins flüchten zu ihren Autos und Fahrrädern.

Das Gackern der Hühner ist zum Geschrei geworden. Die Abstände zwischen Blitz und Donner werden kürzer. Und dann meinen die beiden Polizisten zwischen Gewitter und Geflügelgeschrei auf einmal einen Schuss zu hören. Ganz sicher sind sie sich erst nicht, aber dann fallen noch weitere Schüsse.

An der Halle angekommen zieht die Kommissarin ihre Waffe aus dem Holster. »Achtung, Thies!« Sie betreten den Vorraum, in dem sie Dossmann kürzlich befragt haben. Nicole gibt ihrem Kollegen ein Zeichen, dass er erst mal zurückbleiben soll. Sie öffnet vorsichtig die Tür zur Halle. Im selben Moment wird das Gegacker der Hühner zu einem ohrenbetäubenden Lärm. Vor lauter Hühnern sieht man den Boden nicht mehr, eine einzige sich bewegende, schrill tönende Masse. Einzelne Tiere sind kaum zu unterscheiden. In der Halle ist es noch mal etliche Grade heißer als draußen. Nicole steigt sofort der beißende Gestank von Urin und Kot in die Nase. Sie muss das Niesen unterdrücken. Dabei hat sie kaum Gelegenheit, die Situation richtig einzuschätzen. Denn sofort fliegt ihr eine Kugel um die Ohren. Sie duckt sich und geht hinter einem der ramponierten und verdreckten Käfige, die ebenfalls in der Halle stehen, in Deckung. »Kleingruppenhaltung«, schießt es ihr durch den Kopf. Trotz ihrer Warnung kommt Thies gleich hinterher und huscht in geduckter Haltung ebenfalls hinter die Voliere.

»Mensch, Thies, vorsichtig! Ich hab doch gesagt …!«, hechelt Nicole.

Thies duckt sich schuldbewusst noch ein Stück weiter hinter dem Käfig. Glücklicherweise. Denn es fällt wieder ein Schuss. Die Hennen im Käfig versuchen vergeblich aufzuflattern. Die Tiere am Boden kommen auch nicht höher. Ihre Flügel sind gestutzt. Viele Tiere haben kaum noch Federn. Eine Henne auf einer Sitzstange über ihnen wird von dem Schuss getroffen. Halb zerfetzt gackert sie durchdringend ein paar Sekunden weiter, dann fällt sie Thies fast auf den Kopf.

»Attenzione!« Das ist unverkennbar Tonys rauchige Stimme. Die beiden Polizisten können sie zunächst gar nicht genau orten. Dann entdeckt Thies Tony und Louis hinter einer weiteren verspakten Voliere. Sie haben beide eine Pistole schussbereit in der Hand. Es sieht aus, als würde Tony sich zu den beiden umdrehen. So einfach ist das durch die Stahlkäfige hindurch nicht zu erkennen.

Die Situation ist unübersichtlich. Wer schießt hier auf wen? Eine federlose Henne pickt auf Thies' Hosenbein ein. »Blödes Vieh!« Er schubst sie mit dem Fuß weg.

»Die sehen ja echt gruselig aus.« Nicole mag gar nicht hinsehen. Sie ist so abgelenkt, dass sie sich kaum auf den Schusswechsel konzentrieren kann.

»Wie so 'n zappelndes Tiefkühlhähnchen mit abgelaufenem Verfallsdatum«, flüstert Thies.

»Thies, hör bloß auf!« Ihr wird ganz anders. Doch für eine Diskussion über artgerechte Hühnerhaltung ist absolut keine Zeit. Am anderen Ende der Halle, fast hundert Meter entfernt, guckt ein Gewehrlauf hinter einem breiten Pfosten hervor. Dann kommt kurz auch der Schütze hervor, der Mann im Kapuzenshirt. Dass es ein Mann ist, meinen Thies und Nicole zu sehen. Aber um wen es sich handelt, können sie nicht erkennen. Der Typ gibt einen Schuss in Richtung eines Pfostens in der Mitte der Halle ab. Jetzt erkennen sie erst, dass Wesselmann dahinter in Deckung gegangen ist. Er hat ebenfalls ein Jagdgewehr, aus dem er jetzt einen Schuss abgibt.

»Wo hat der auf einmal das Gewehr her?«, fragt Nicole.

»Das ist bestimmt Dossmanns Flinte«, überlegt Thies. »Die stand doch neulich hier im Vorraum neben dem Futtermittel.« Zu weiteren Überlegungen kommt er nicht. Der Kapuzenmann schießt noch einmal. Die Hühner mitten in der Halle geraten außer sich. Sie schlagen mit den verstümmelten Flügeln, picken aufeinander ein. Das bei dem heißen Wetter ausgetrocknete Gemisch aus Sand, Holzspänen und Stroh auf dem Boden stäubt in dem kalten Neonlicht auf. Nicole niest leise in den Ärmel ihrer Jacke. Hinter der Voliere hört man Louis the Lobster rasselnd atmen.

50

Das Sit-in am Windkraftrad hat sich aufgelöst. Ein paar Unentwegte haben sich unter großen Regenschirmen verkrochen und beobachten eine einsame Rotbauchunke, die bei dem plötzlichen Wetterumschwung aus dem Tümpel herauskommt. Einige Demonstranten sitzen noch in ihren Autos am Deich und warten etwas unentschlossen. Piet Paulsen und Finn flüchten im Mustang des Schimmelreiters Richtung »Hidde Kist«. Antje, Bounty und die Detlefsen-Zwillinge haben sich zusammen mit Oma Ahlbeck und den beiden Hunden Susi und Vito in den Opel von Kurschatten Kurt gedrängt. Eigentlich wollten sie sich auch auf den Rückweg nach Fredenbüll machen, um sich vor dem Gewitter in Sicherheit zu bringen.

»Moooment! Kurt, halt mal an!« Frau Ahlbeck fasst ihrem Bekannten vom Beifahrersitz aus ins Lenkrad. »Da ist wat los. Da passiert wat.« Die Schüsse in der Hühnerhalle sind auch für die schwerhörige Oma Ahlbeck unüberhörbar. Schießereien können die Mutter des Bürgermeisters nicht schrecken. Ganz im Gegenteil. Frau Ahlbecks Interesse ist geweckt. Antje, Telje und Tadje melden Bedenken an. Mops Vito bekommt im Fußraum Schnappatmung. Doch Oma Ahlbeck ist nicht zu bremsen. Kurt fährt vor die Hühnerhalle. Die kleine Fahrgemeinschaft verlässt den Opel und stellt sich unter einem Vordach der Hühnerhalle unter. Aus dem Gebäude sind unter einem Klangteppich aus tausendfachem Hühnergackern Schüsse zu hören.

»Hertha, da können wir nicht rein.« Kurt behält bei aller Begeisterung für den Mafiafilm kühlen Kopf.

»Echt jetzt, Frau Ahlbeck, Ihr Bekannter hat recht«, bestätigt Tadje.

Jetzt kommt Dossmann unter einem Schirm mit schwankenden Schritten auf die Gruppe zugelaufen. »Wat is denn hier los?«, poltert der Geflügelkönig. »Wat habt ihr hier bei meinen Hühnern zu suchen?«

»Da drinnen wird scharf geschossen«, verkündet Frau Ahlbeck enthusiastisch. Aus der Halle ist wieder ein Schuss zu hören. »Hörst du dat?!«

»Wat soll dat Ganze?« Dossmann wendet sich an Bounty. »Ich denk, dat geht hier im Namen der Frösche gegen die Windkraftanlage?«, donnert er mit rollendem R.

»Ja, nee, das hat mit unserer Aktion für die Rotbauchunke nichts zu tun«, erklärt Bounty.

»Ach, hört doch bloß auf!« Dossmann hat auf Anhieb einen knallroten Kopf bekommen. Er macht Anstalten, mit dem Regenschirm auf Bounty und die Detlefsen-Zwillinge loszugehen.

»Hertha, ich muss mich doch sehr wundern! Weiß dein Sohn, dat du hier mitmischst?« Drinnen fallen weitere Schüsse.

»Wesselmann und so ’n Typ mit ’ner Kapuze sind da drinnen.« Bounty deutet nach drinnen.

»Kapuze? Wesselmann?« Dossmann ist sichtlich nervös. Als er den Vorraum der Halle betritt, laufen ihm ein

Dutzend Hühner entgegen. Mehrere Hennen picken auf einen der Säcke mit Futtermittel ein. Er sucht nach seiner Waffe.

»Verdammte Scheiße, wo ist mein Gewehr?«, brüllt er. »Und wat machen meine Hühner hier? Die gehören in die Halle! Ihr seid ja wohl vollkommen verrückt geworden!« Wütend will Dossmann durch die einen Spalt weit geöffnete Tür in die Halle.

»Vorsichtig, Dossmann!«, warnt Bounty. Antje, Kurt und die Zwillinge können ihn mit vereinten Kräften gerade noch zurückhalten. Nur Mops Vito schlüpft durch den Türspalt. Zwei gerupfte Hennen kommen ihm entgegen.

51

»You bastard … parassiti!« Louis the Lobster schwitzt in seiner schwarzen Satinjacke und den schwarzen Handschuhen, die er trägt. Er streicht sich kurz die weißblond gefärbten Haare zurück. Gegen den Krach in der Hühnerhalle ist er kaum zu verstehen. Auch der Lobster hat Probleme mit der Luft.

»You ›Son of a bitch‹, du hast mein Gewehr, das ist meine ›Bloody Mary‹!« In einer Hand hält er weiter den Revolver auf den Kapuzenpullover gerichtet, mit der anderen fingert er das Asthmaspray aus der Hosentasche.

Thies und Nicole sehen sich an. Nicole nickt. »So, wie wir vermutet haben, der Italiener hat Norwin nicht erschossen.«

»Der Typ in dem Strampelanzug hat sich dat Gewehr von dem Killer ausgeliehen«, raunt Thies seiner Kollegin zu, ohne dabei die anderen aus dem Blick zu verlieren.

»Aber wieso stehen die beiden Italiener da friedlich nebeneinander?«, flüstert Nicole, während sie die Walther P99 entsichert. »Ich denk, das ist der Killer der einen Mafiafamilie, der Capreses oder wie sie heißen, und der soll unseren Tony, den Boss der anderen Familie, erschießen. Und jetzt? Kapierst du das?«

»Haben sich anscheinend ausgesprochen. Tony hat

ihm ein Angebot gemacht, das er nicht ablehnen konnte. Is bei der Mafia normal.«

Weiter kommt Thies nicht. Plötzlich springt Wesselmann hinter seinem Pfosten hervor. In der einen Hand das Gewehr, in der anderen die ›Sticky-Fingers‹-Plattenhülle rennt er quer durch die Halle. Dabei stolpert er über mehrere Legenester der Hennen. Eier gehen zu Bruch. Hühner werden aufgeschreckt. Aber sie haben keine Chance, auszuweichen. Es ist kaum möglich, einen Schritt zu machen, ohne auf Hühner zu treten. Es staubt immer mehr. Nicole bekommt eine Niesattacke nach der anderen. Deshalb übernimmt Thies jetzt die Initiative.

»Achtung, Achtung, hier spricht die Polizei!«, ruft er in den Staubnebel. »Sofort die Waffen fallen lassen!« Aber ohne eigene Waffe hat er dabei irgendwie ein komisches Gefühl.

Tony dreht sich wieder um und zeigt Thies den nach oben gestreckten Daumen. Thies muss sich doch wundern. Was bildet dieser Italiener sich eigentlich ein? Meint er etwa, er ist hier der Hilfssheriff? Der Typ ist bei der Mafia!

Wesselmann und das Kapuzenshirt dagegen lassen sich überhaupt nicht beeindrucken.

»Wirf mir die Platte rüber!«, ruft der Typ mit der Kapuze Richtung Wesselmann.

»Das nützt dir gar nichts. Die Hülle ist leer!« Wesselmann kramt fahrig in seiner Hosentasche nach einer Patrone.

»Das kannst du mir doch nicht erzählen! Wirf mir die Scheiß-›Sticky-Fingers‹ rüber!«

»Nicole, wat wollen die damit? Wir haben die Dokumente, die alles beweisen. Die Hülle ist leer!«, raunt Thies.

»Das wissen die beiden aber offenbar nicht!«, zischelt die Kommisarin. »Oder hat Klaas etwas in der Hülle vergessen?«

»Nicole, wir hätten uns die Stones-Platte doch noch mal angucken müssen.«

»Ich weiß ganz genau, was da drin ist!«, brüllt der Typ in der Kapuze, so als hätte er das gehört. »Wir beide wissen doch, was hier läuft. Ich kann den Bullen über dich genauso viel erzählen wie du ihnen über mich.«

»Du wirst gar nichts mehr erzählen!« Der Umweltaktivist entsichert sein Gewehr.

Die beiden scheinen sich sehr genau zu kennen. Auch Nicole kommt die Stimme des Typs im Kapuzenshirt bekannt vor.

»Lasst die Waffen fallen. Das hat doch keinen Sinn«, ruft sie ihnen zu.

Von hinten vom Eingang stürmt Mops Vito hechelnd in die Halle. Er sieht sein Herrchen, bleibt aber sofort in dem Hühnergemenge stecken. Das Gemisch aus Staub, Urin- und Kotgestank nimmt auch ihm augenblicklich den Atem. Drei Hennen picken gleich wild auf ihn ein, bis er hilflos auf dem Rücken liegt und alle viere von sich streckt. Hinter ihm eilt Susi rettend zu Hilfe. Sie knurrt und bellt die Hühner beiseite, schnappt Vito an seinem Halsband und zieht den Mops aus der Hühnerhölle heraus. Ein paar Hennen folgen ihnen gackernd nach draußen.

Tony hat es gar nicht mitbekommen. Er gibt Nicole

ein Zeichen, sie soll ihm Feuerschutz geben, damit er näher an Wesselmann und den Kapuzentyp herankommt.

»Für den ist dat auch nich die erste Schießerei«, bemerkt Thies treffend.

»Der braucht kein zusätzliches Schusstraining wie wir.« Nicole versucht Luft durch die Nase zu ziehen. »Vor allem hat er im Gegensatz zu dir eine Waffe dabei.« Sie gibt eine Schussserie aus ihrer Walther ab. Im selben Moment stürzt Louis durch die Hühner, ebenfalls wild um sich schießend, bis zum nächsten Pfosten, hinter dem er in Deckung geht.

»Ihr spielt jetzt mit den großen Jungs!«, ächzt er. Vom anderen Ende der Halle hört er den Sound seiner »Bloody Mary«, und das bringt den Lobster richtig in Rage. »You shitface! Du erschießt Leute, mit meiner Waffe! Piss off!« Seine Stimme wird lauter, aber gegen die Hühner ist er trotzdem kaum zu verstehen. Dann schiebt er ein neues Magazin in seine Pistole.

»Nimm niemals die Waffe, die einem anderen gehört.« Im Gegensatz zu seinem Landsmann klingt Tonys Stimme aus dem Hintergrund ganz ruhig und umso bedrohlicher. »Das ist ein ungeschriebenes Gesetz.«

Thies und Nicole ist es nicht ganz wohl bei dem Gedanken, dass die beiden Mafiosi ihnen die Dinge hier einfach so aus der Hand nehmen. Louis schießt das nächste Magazin leer.

»Ey, Freundchen, hör mal auf, hier rumzuballern. *Wir* sind die Polizei!«, ruft Thies.

»Wo steht geschrieben, dass man keine Kapuzenpullover erschießen darf? Fucking ›Bunny hugs‹!« Louis' Atem rasselt. Die heilende Wirkung der Nordseeluft ist in der staubigen Hühnerhölle umgehend dahin. Er hustet und holt sein Aerosol und das nächste Patronenmagazin aus der Tasche.

»Bloody hell! Er hat den Ingegnere gekillt.« Louis gerät immer mehr in Rage.

»Du killst Leute mit einem Gewehr, das nicht dir gehört.« Die Entwendung der Waffe empört Tony offenbar mehr als der Mord.

Der Typ mit der Kapuze lädt seine Waffe durch und schreit.

»Norwin wollte unser ganzes schönes Windparkprojekt zerstören, dieser miese kleine Intrigant.« Die Kapuze rutscht herunter. Die sonst mit Gel nach hinten gekämmten grauen Haare fallen ihm ins Gesicht. Aber Thies und Nicole erkennen ihn trotzdem sofort. Der Mann im Kapuzenpullover mit der »Bloody Mary« im Anschlag ist Sven Blunck, der Manager der »WinWind«.

»Ich habe ihn von seiner idiotischen Maschine geschossen«, brüllt er. »Und jetzt knalle ich euch alle ab, ihr lächerlichen Gestalten. Ein Umweltschützer mit einer Knarre, ein Mafiakiller mit Asthma und du Knalltüte von Dorfbulle, ihr seid doch alle ein einziger Witz!« Der sonst so smarte Blunck verliert völlig die Beherrschung. Blunck und Wesselmann versuchen sich gegenseitig ins Visier zu nehmen. »Du hast doch auch alles daran gesetzt, unser Projekt zu torpedieren!«, schreit Blunck zu Wesselmann hinüber. »Du hast hier rumgeschnüffelt. Dir geht es doch gar nicht um die blöden Frösche!« Er pustet sich die Haare aus dem Gesicht. »Du hast einen Deal mit dieser anderen Firma.« Blunck redet sich um

Kopf und Kragen, und er ist mit seiner »Bloody Mary« jetzt unberechenbar.

»Alles dämliche Gerüchte!«, gröhlt Wesselmann, der jetzt genauso ausrastet.

Thies und Nicole haben keine Sekunde Zeit, einen vernünftigen Gedanken zu fassen. Trotzdem wird ihnen mitten in dieser Schießerei auf einmal klar, was hier läuft.

»Wesselmann is gar nich gegen die Windräder«, raunt Thies seiner Kollegin zu. »Dat sind Verrückte von zwei verschiedenen Windfirmen, die hier aufeinander losballern!«

»Wesselmann schießt auf Blunck, weil der ihn verraten will. Und Blunck schießt auf Wesselmann, weil der den Fredenbüller Windpark verhindern will und die Beweise für die krummen Machenschaften in der Plattenhülle vermutet.« Nicole lädt ihre Walther nach. »Und Norwin hat er erschossen, weil der wahrscheinlich die Seiten wechseln wollte.«

»Weil der bei der Wind-Mafia von Blunck und Dossmann und Madame Barkowsky nich mitmachen wollte.«

»Ja, Thies, das wissen wir immer noch nicht«, fällt Nicole jetzt wieder ein. »Wo ist diese BB nur abgeblieben?«

»Die hat sich längst abgesetzt, die sehen wir nich wieder.«

Thies, Nicole und auch Louis versuchen den beiden Schützen ein Stück näher zu kommen. Tony schleicht sich derweil von hinten an Blunck heran.

Die beiden Polizisten haben ihn dabei im Blick. »Ich muss Antje recht geben, Tony ist eine große Hilfe«, raunt Nicole.

»Ach, hör doch auf!« Thies hat von den Lobeshymnen auf Tony allmählich die Nase voll. Er bleibt geduckt hinter einem Mauervorsprung in Deckung. Blunck schießt in Tonys Richtung, den er jetzt entdeckt hat. Hühner fliegen auf.

»Waffen runter!«, schreit Thies, der als Einziger keine Waffe dabeihat.

Louis schießt wütend das Magazin seiner Pistole leer. Währenddessen kann Tony aus Bluncks Sichtfeld herauskommen. Er hat sich ihm jetzt auf wenige Meter genähert. Blunck hält sein Gewehr auf Wesselmann.

Der Umweltschützer kommt mit dem Gewehr im Anschlag kurz aus seiner Deckung. Er drückt ab. Im selben Moment wird er von einem Schuss aus der »Bloody Mary« getroffen und sofort darauf von einem zweiten. Es geschieht alles fast gleichzeitig. Jetzt stürzt Tony von hinten auf Blunck zu und reißt ihn zu Boden. Es kommt zu einem Gerangel. Der getroffene Wesselmann gibt einen kurzen, aber markerschütternden Schrei von sich, der in dem anschwellenden Gegacker sofort untergeht. Dann sackt der »Große Vorsitzende« in sich zusammen und fällt mitten zwischen die Hühner, die verzweifelt aufflattern. Mehrere Vögel werden zerdrückt. Tony hat Blunck die »Bloody Mary« abgenommen. Louis und Thies überwältigen Blunck. Nicole stürmt zu Wesselmann. Eine Henne führt einen bizarren Stakkatotanz auf dem blutenden Froschfreund auf.

52

Draußen schüttet es. Der Regen trommelt auf das Wellblechdach. Aus der Halle dringen Rufe und Stimmengewirr nach draußen. Oma Ahlbeck hält es nicht mehr im Vorraum. Sie reißt die angelehnte Tür jetzt ganz auf. Eine Gruppe Hühner ergreift die Gelegenheit und flieht nach draußen. Angesichts des Wetters kommen die meisten allerdings gleich wieder zurück.

»Wat habt ihr hier alle bei mir in der Halle zu suchen?«, blafft der Geflügelkönig Dossmann. »Und wat machen die Hühner hier draußen?«

Thies kommt gerade mit »WinWind«-Manager Sven Blunck in Handschellen aus der Halle. In einer Hand hält er Dossmanns Gewehr.

»Thies, wat machst du mit meinem Jagdgewehr? Und wat macht Blunck hier in Handschellen?«

»Verhaftung wegen dringendem Mordverdacht«, verkündet Thies mit wichtiger Miene. »Warum, dat sollten Sie ja wohl am besten wissen!« Dossmann bleibt die Spucke weg. Er bekommt schon wieder einen roten Kopf. »Und drinnen haben wir 'ne Person mit Schussverletzungen. Lebensgefahr! Und dat Gewehr is beschlagnahmt.«

»Einer angeschossen?«, fragt Antje.

»Tony?«, will Oma Ahlbeck gleich besorgt wissen, während immer mehr Hühner an ihr vorbeilaufen.

»Nee, euer Oberfrosch!«

»Wesselmann?« Bounty staunt.

»Krass!« Tadje kann es nicht fassen.

»Aber wieso Mord?«, fragt Telje. »Wesselmann lebt doch noch, oder?«

»Unser Freund hier hat Klaas' Bruder erschossen, und ob Wesselmann dat überlebt, ist auch noch nich klar.«

Frau Ahlbeck versucht einen Blick auf den Verletzten in der Halle zu erhaschen. Aber im Augenblick sieht sie nur Hühner. »Hans-Werner, dat sind ja allerlei Hennen. Wusst' ich gar nich, dass dat so viele sind.«

»Alles Bodenhaltung!«, schnaubt Dossmann und versucht die Hühner mit ein paar Fußtritten in die Halle zurückzuscheuchen. »Dat habt ihr von euerm Protest, ihr Chaoten!«

»Wir brauchen ganz schnell den Unfallwagen!« Thies ist außer Atem. Auf die Schnelle kettet er Blunck mit den Handschellen an einen Stahlträger. »Antje, behalt ihn mal 'n büschen im Blick.«

»Soll ich den Notarzt rufen?« Tadje hat gleich das Handy gezückt.

»Erst mal müssen wir den Oberfrosch zwischen den Hühnern rauskriegen. Nicole und die beiden Italiener sind bei ihm.« Thies weiß gar nicht, wo ihm der Kopf steht. »Ich glaub, ich muss da mal nachsehen.« Aber da kommen Tony, Louis und Nicole schon mit dem blutenden Wesselmann auf einem Käfiggitter, das sie kurzerhand zur Trage umfunktioniert haben, aus der Hühnerhalle. Eine Henne wackelt gackernd hinter ihnen her. Der Lobster und die Kommissarin atmen schwer.

»Lebt er?«, fragt Antje. Ob Wesselmann noch atmet, ist auf den ersten Blick nicht zu erkennen.

»Das sieht gar nicht gut aus«, stellt Kurschatten Kurt, der im Kino schon viele Schussverletzungen gesehen hat, fachmännisch fest. Wesselmann blutet aus Schusswunden an der Schulter und am Bauch.

Tadje hat eine Notrufverbindung auf ihrem Handy. »Wo sind wir? Er will genau wissen, wo das hier ist.«

»Tadje, warte mal.« Thies überlegt. »Dat dauert zu lange, ehe der Krankenwagen aus Bredstedt oder Husum hier is und dann wieder zurück nach Husum ins Nordseeklinikum.«

»Ich spüre seinen Puls«, schnieft Nicole.

»Er atmet. Aber nicht mehr lange«, röchelt Louis, um dessen Atmung es ebenfalls nicht zum Besten steht.

»Papa hat recht. Wir sollten ihn selbst hinfahren.« Telje behält einen kühlen Kopf.

»Ja, was denn nun?« Tadje hat den Notruf dran. »Einen Moment noch«, ruft sie in ihr Handy.

»Ehe wir meinen Wagen hergeholt haben, das dauert aber«, gibt Nicole zu bedenken. »Wir stehen ganz hinten bei dem Windrad.«

»Können wir nicht vielleicht Ihren Wagen nehmen?«, schlägt Telje vor und blickt Kurschatten Kurt an.

»Kurts Auto?« Oma Ahlbeck überlegt. »Ja, warum nich.«

»Das wär jetzt echt cool.« Telje nickt zustimmend. Antje versucht das Blut mit Papierservietten zu stillen.

»Meinen Opel?« Kurt wird schlagartig kalkweiß. Entsetzt mustert er die immer stärker blutenden Schusswunden.

»Das Auto parkt doch direkt vor der Halle.« Tony hat Routine bei dem schnellen Abtransport von Schussverletzten.

»Kurt, du kannst den Wagen doch noch 'n büschen näher ranfahrn«, schlägt seine Bekannte vor.

»Aber ich hab doch gerade erst gesaugt!« Kurt ist fassungslos.

»Sehr gut. Dann ist der Wagen ja praktisch steril«, überlegt Frau Ahlbeck. Zusammen mit Tony transportiert Bounty bereits den stöhnenden Wesselmann zum Ausgang.

»Seid ihr wahnsinnig!«, protestiert Kurt. »Das Blut bekomme ich aus den Polstern nie wieder raus!«

»Kurt, dat geht hier um Leben und Tod.« Oma Ahlbeck hat den Ernst der Lage erkannt.

»Wir arbeiten sauber«, beteuert der Lobster. »Tutti puliti, keine Spuren.«

»Ich hab ein Regencape dabei, das können wir auf die Polster legen.« Tony zieht eine gelbe Regenhaut aus der Jackentasche. Kurt und Frau Ahlbeck erkennen das Gelb sofort wieder. Aber sie lassen sich nichts anmerken.

Und dann fährt Kurt doch endlich seinen Wagen vor. Der asphaltierte Platz vor der Halle ist innerhalb kürzester Zeit vom Regen überschwemmt. Mit vereinten Kräften bugsieren sie den immer stärker blutenden Wesselmann auf den heruntergeklappten Liegesitz. Der verhaftete Blunck hängt kleinlaut, mit Handschellen angekettet und von Hühnern umzingelt, zwischen den Futtermittelsäcken.

»Kurt, lass Thies mal lieber fahren!«, kommandiert

Oma Ahlbeck. Ihr Bekannter hat jede Gegenwehr aufgegeben. Thies springt auf den Fahrersitz. Antje fährt als medizinische Betreuerin auf dem Rücksitz mit. Alle anderen bleiben unter dem Vordach der Hühnerhalle zurück und blicken besorgt dem rasant startenden Opel hinterher. In dem aufspritzenden Wasser hopst eine Rotbauchunke durch die Pfütze. Sie bringt sich mit großen Sprüngen auf der Wiese in Sicherheit und hüpft Richtung Betonfundament davon.

53

Ökoaktivist Jürgen Wesselmann hat die gefährlichen Schussverletzungen überlebt. Nach längeren Klinikaufenthalten und Reha-Maßnahmen ist er jetzt Projektmanager eines großen Windparks für die Firma »Nordwind« in der Nordsee vor Büsum.

Windkraftmanager Sven Blunck wurde wegen Mordes und versuchten Mordes zu lebenslanger Haft verurteilt und sitzt in Hamburg-Fuhlsbüttel ein. Den »versuchten Mord« an Jürgen Wesselmann konnten Thies und Nicole bezeugen. Für den Mord an Klaas' Bruder Norwin hat er ein Geständnis abgelegt. Als weiteres belastendes Indiz kam hinzu, dass auf der Tatwaffe einzig und allein seine Fingerabdrücke festgestellt wurden. Der Besitzer, Louis the Lobster, hatte seine Waffe stets mit Handschuhen benutzt. In dem Prozess wurden die illegalen Absprachen zwischen der »WinWind«, der verschollenen Behördenleiterin Babette Barkowsky und dem Geflügelzüchter Hans-Werner Dossmann aufgedeckt.

Die Firma »WinWind« musste Konkurs anmelden. Die Bauarbeiten an dem Fredenbüller Windparkprojekt waren sofort gestoppt worden. Die Kosten für den Rückbau des bereits installierten Windrades und der gegossenen Fundamente musste der Besitzer des Geländes, Hans-Werner Dossmann, vertragsgemäß übernehmen, was ihn ebenfalls in die Insolvenz und seine Hühner in die vollautomatische Massenschlachtung trieb. Bei den Stemmarbeiten an den Fundamenten wurde der Leichnam der Amtsleiterin Babette Barkowsky aus dem Beton zu Tage gefördert. Friseurin Alexandra konnte die frühere Kundin trotz des wenig ansehnlichen Allgemeinzustandes durch den grellen Orangeton ihrer Haare identifizieren. Das Projektil in dem Einschussloch an ihrer Schläfe konnte ebenfalls der von Blunck benutzten Waffe zugeordnet werden. Die Tat wurde dem Windkraftmanager zur Last gelegt, der diesen Mord allerdings bis heute vehement bestreitet.

Der ehemalige Mafiapate Tony Luciano wurde in den USA mittlerweile für tot erklärt. Als Beweis für seine »Beseitigung« hat Louis the Lobster seinen Auftraggebern aus der Caprese-Familie per Post einen Zeitungsausschnitt über den »Rätselhaften Mord in Nordfriesland« nach New York geschickt. Der abgebildete Ingenieur Norwin Schulz auf dem Zeitungsfoto sieht dem verhassten Kronzeugen Tony Luciano zum Verwechseln ähnlich. Zudem hatte Louis seine Geflügelschere ein letztes Mal zum Einsatz gebracht. Die Kuppe von Tonys kleinem Finger hatte er der Caprese-Familie in New York zugeschickt, wo das amputierte Fingerglied in einem genetischen Gutachten eindeutig dem ehemaligen Mafiaboss zugeordnet werden konnte. Tony und seine Familie führen seitdem ein sorgenfreies und weitgehend rechtschaffenes Leben im beschaulichen Nordfriesland. Die nächtliche Entsorgung der toten Babette Barkowsky im Betonfundament haben Oma Ahlbeck und ihre Mitstreiter für sich behalten. Der charmante Tony hatte ihnen glaubhaft versichert, dass er für das Ableben der Amtsdame nicht verantwortlich ist.

Um nachträglich nicht doch noch mit dem Mord an Babette Barkowsky in Verbindung gebracht zu werden, hat sich Louis schnellstens aus Fredenbüll verabschiedet. Er hat die Branche gewechselt und bietet inzwischen Honigmassagen in einer Wellnesspension auf einer verträumten Insel in der dänischen Südsee an. Der mittlerweile fast blinde Masseur mit der rauchigen Stimme ist für seine einfühlsamen Honigmassagen berühmt und genießt bei den skandinavischen Wellness-Jüngerinnen Kultstatus.

Nicole hat sich nach Hamburg zur dortigen Mordkommission versetzen lassen. Sie und der kleine Finn leben mit Nicoles neuer Liebe zusammen, einem Tischler in traditioneller schwarzer Zimmermannshose und mit hippem Bart, der auf einem der letzten Ottenser Hinterhöfe die angesagte Werkstatt »Der Tischler« betreibt. Thies dagegen hat wieder seinen Elektrorasierer in Betrieb und Heike seit Neuestem eine Nudelmaschine. Kurschatten Kurt hat neue Schonbezüge in seinem Opel. Bei den Blutflecken hatten leider alle Spezialreiniger versagt. Die leicht lädierte ›Sticky-Fingers‹-Plattenhülle steht wieder neben Klaas' Plattenspieler, der repariert werden konnte. Die fünfhundert »WinWind«-Aktien, die er von seinem Bruder geerbt hat, notieren an der Börse aktuell bei sechs Cent pro Aktie. Dafür befand sich im Nachlass seines Bruders eine kleine Insel in der Karibik, die allerdings auf keiner Karte zu finden ist. »Da machen wir uns nächstes Jahr mal auf die Suche«, verspricht Piet Paulsen.

Nach dem erfolgreichen politischen Kampf ist Bounty wieder zur Ruhe gekommen. Er kann sich ganz den Fußballnachmittagen bei Pils und Kokosriegel in der »Hidden Kist« und seinen gärtnerischen Aktivitäten widmen. Neben den prächtig gedeihenden Cannabisgewächsen hat er jetzt ein kleines Beet mit Ananaspflanzen angelegt, die dank der immer milderen Winter vorzüglich gedeihen. Piet Paulsen fiebert der ersten Ananasernte aus »regionalem« Anbau entgegen, damit er endlich wieder sein geliebtes Putenschaschlik »Hawaii« bekommt. Tony interessiert sich dagegen für das Kräuterbeet.

In der »Hidden Kist« ist es enger geworden. Bounty lehnt nicht mehr an Stehtisch Eins, sondern sitzt auf seinem Barhocker vor dem »Williams Comet«, der seit Kurzem den halben Imbiss ausfüllt. Unter dem ratternden und klingelnden Flipper pflegen Susi und Mops Vito eine brüderliche transatlantische Partnerschaft. Trotz des verhinderten Windparks kämpft die Rotbauchunkenfamilie in dem Fredenbüller Tümpel am Deich weiter ums Überleben. Die Störchin hat einen neuen Partner gefunden. Gemeinsam stellen sie den Unken nach.

Tony Luciano hat wesentlich mitgeholfen, dass in Fredenbüll alles so bleibt, wie es war. Seine Frau und die Kinder haben immer noch etwas Heimweh nach Little Italy und die alten Gewohnheiten noch nicht ganz ablegen können. Jake hat nach einer versuchten Schutzgelderpressung im Kiosk an der Badestelle Neutönninger Siel kräftig Prügel vom Bademeister bezogen. Sharon war immerhin schon mal zur Probedauerwelle im »Salon Alexandra« und in der Adventszeit sogar bei der Weihnachtsbäckerei der Landfrauen. Tony ist bestens in die Dorfgemeinschaft integriert. Die Fredenbüller Frauen kochen nach seinen Rezepten. In wechselnder Damenbegleitung diniert er im »Dolce Vita«. Mit Heike war es zu jener Zeit beim stimmungsvollen Candlelight Dinner geblieben. Trotzdem musste die Polizistengattin am nächsten Morgen beim Powerwalking am Deich erst mal wieder einen freien Kopf bekommen. Thies dagegen lief tagelang mit mächtig dickem Hals herum. Im Hause Detlefsen gab es einen handfesten Ehekrach, der aber mittlerweile längst beigelegt ist. Auch Tony und Thies haben sich bei einer der inzwischen schon legendären friesisch-italienischen Küchenpartys in der »Hidden Kist« ausgesprochen. Tony nimmt inzwischen verantwortungsvolle Aufgaben für die Region wahr. So hat er Thies den weiteren Bestand seiner Polizeiwache garantiert. »Dafür kann ich jederzeit sorgen.«

Im Imbiss hat Antje jetzt eine Happy Hour eingeführt: friesisch-sizilianischer Pannfisch, Rote-Grütze-Tiramisu und ein Pils, alles zusammen für fünf Euro neunundneunzig.

Piet Paulsen ist begeistert. »Tony, dat is ’n Angebot, das du nich ablehnen kannst.«

Pannfisch, Pasta, Putenschaschlik

Pannfisch klassisch
Zwiebeln andünsten, mit Sahne, Crème fraîche und Zitronensaft ablöschen und Soße eventuell etwas andicken. Mit körnigem Senf, Pfeffer, Salz und Dill würzen. Fischfilet (z. B. Rotbarsch oder Seelachs) in große Würfel schneiden und braten. Auf Bratkartoffeln mit der Zitronen-Senf-Sahne und frischem Dill und eventuell auch etwas Salatgurke servieren.

Pasta mit Pannfisch
Tony nimmt statt Kartoffeln Spaghetti. Die Pasta macht er auf Stehtisch Eins selbst. Pro Person etwa 100 Gramm Mehl, ein Ei, Salz, ein Spritzer Olivenöl und etwa Zitronenschale. Die Soße darf zur Pasta gern etwas leichter und dünner sein. Bei der Auswahl der Fische sind der Fantasie keine Grenzen gesetzt. Wenn man allerdings auf die Senfsoße verzichtet und statt des Rotbarsches Muscheln und Tintenfische nimmt, dann werden aus dem Pannfisch plötzlich *Spaghetti frutti di mare*.

Sarde a beccafico
In Olivenöl angeröstete Semmelbrösel zusammen mit eingeweichten Rosinen, gehackten Pinienkernen, Petersilie oder Minze, Sardellenfilets und geriebenem Pecorino zu einer Paste verrühren, mit etwas Zitrone, Senf, Peffer und Salz abschmecken. Die Nordsee-Sardinen (ja, die gibt es mittlerweile) wie ein Buch aufklappen,

von der Mittelgräte befreien, jeweils einen Teelöffel der Füllung in den Bauch geben, den Fisch aufrollen und mit einem Zahnstocher fixieren. Mit Öl und Zitronensaft beträufeln und eine halbe Stunde bei 180 Grad im Ofen garen. Warm oder auch kalt als Antipasto servieren. Auf einen Schaschlikspieß passen, jeweils mit einem Lorbeerblatt dazwischen, auch mehrere Fische nebeneinander. Das gefällt Piet Paulsen natürlich gut.

Spaghetti alla puttanesca

Knoblauch, Sardellen, Oliven, Chili, Kapern im Topf anbraten, zusammen mit gewürfelten Tomaten (können auch aus der Dose sein) köcheln lassen. Mit Zitronenschale, vielleicht etwas Rosmarin oder auch Zimt (siehe Kapitel 1) würzen. Die Spaghetti (Tony macht die frische Pasta natürlich wieder selbst) mit dem Sugo vermengen, darüber gehackte Petersilie und ein paar Spritzer Zitronensaft und Olivenöl. Wenn Tony am Kutter Erfolg hat, dann serviert er die »puttanesca« neuerdings mit Krabben oder Tintenfisch aus der Nordsee.

Putenschaschlik »Husum«

Größere Würfel Hähnchen- oder Putenbrust (möglichst nicht vom »Geflügelhof Dossmann«) abwechselnd mit geviertelten Zwiebeln und Stücken vom Cox Orange auf einem Holzspieß grillen oder in der Pfanne braten. Dazu ein selbstgemachter Curryketchup aus Tomatenketchup, Sojasoße, einem TL Senf, Zitronenschale und -saft, gehackten Chilischoten nicht zu knapp, Currypulver und Olivenöl. Ein Klassiker, den Antje zu allem Möglichen reicht.

Leseprobe

ISBN 978-3-423-21781-1

1

»So gründliche Arbeit sieht man selten.« Phil Krotke erkennt sich im Spiegel seines schäbigen kleinen Bürobadezimmers kaum wieder. Er zieht mit der Rasierklinge eine Schneise durch den Schaum auf seinem lädierten Kinn. Sein linkes Auge ist geschwollen. Auf dem Hämatom schillern die ersten zarten Regenbogentöne. Die Augen sind blutunterlaufen. In der Nase kratzt verschorftes Blut. Das Kinn schmerzt bei jeder kleinsten Berührung mit der Rasierklinge. Unter seiner Schädeldecke spürt Krotke ein rhythmisches Hämmern, als wäre dort eine Party im Gange. Er betastet seinen Hinterkopf. Eine Weile wird die Feier wohl noch weitergehen.

Phil Krotke hat eine böse Nacht hinter sich. Die beiden Schläger im Freihafen hatten ihn ordentlich in die Mangel genommen. Der kurzsichtige kleine Dünne mit den dicken Brillengläsern war vor ihm umhergetänzelt und hatte mit dem Springmesser hektisch vor seiner Nase gefuchtelt. Phil war so abgelenkt gewesen, dass er die fleischige Faust des Dicken gar nicht hatte kommen sehen. Dann hatte er sich nur auf dessen platte, schiefe Nase und sein Ohr, das wie ein Mettbrötchen aussah, konzentriert. Erst hatte der Typ ihm einen Dampfhammerhaken in den Magen gerammt und dann sein Gesicht mit ein paar satten Geraden verarztet. Phil konnte nur noch zusehen, wie die regenglänzende, gepflasterte Straße hochklappte und ihm entgegenprallte.

Dabei hatte er nur wissen wollen, wo sein Partner Ray Kröger abgeblieben war. Kröger ist seit drei Tagen verschwunden, und Phil hat keinen blassen Schimmer, wohin. Als er Ray das letzte Mal zu Gesicht bekommen hat, war ihm nichts Ungewöhnliches an ihm aufgefallen. Er trug wie immer seinen kobaltblauen zerbeulten billigen Anzug und hatte eine nicht angezündete Filterlose zwischen seinen Lippen hängen. Er hatte telefoniert, seine Achtunddreißiger in seinem Jackett verstaut, ihm kurz zugenickt und sich durch die Glastür ihrer gemeinsamen Detektei Richtung Treppenhaus verdrückt. Ray hatte nicht den Eindruck gemacht, dass er auf dem Sprung in den Urlaub war, und Gepäck hatte er auch nicht dabeigehabt. Wo ist sein Partner bloß abgeblieben?

Der Regen schwimmt an den Fenstern herunter. Durch die schlierigen Scheiben sind die Kräne am Hafen und die »Tanzenden Türme« am Ende der Reeperbahn kaum zu erkennen. In den Schlieren scheinen sie tatsächlich zu tanzen. Krotke massiert sich die Schläfen. Dann streicht er sich mit dem Handrücken vorsichtig über das scharfrasierte, lädierte Kinn. Das Rasierwasser brennt auf der Haut, und die Party unter seiner Schädeldecke ist immer noch in vollem Gange.

Er hängt mit einem heißen Kaffee in dem Drehsessel hinter seinem Schreibtisch, auf dem ein halbgegessenes Matjesbrötchen den herumliegenden Fotos und Notizen eines ungelösten Falles Gesellschaft leistet. Draußen herrscht die Sintflut. Phil pustet in seinen Kaffeebecher, als er im Treppenhaus auf einmal das Klackern von Pumps hört. In der Milchglasscheibe zum Flur mit dem spiegelverkehrten Schriftzug »Kröger & Krotke – Private Ermittlungen« erscheint die Silhouette einer Frau. Sie ist groß, hat lange gewellte Haare, und ihre Figur ist nicht zu verachten. Dafür hat Krotke einen Blick.

2

Vor zwei Tagen war ein erster schwerer Herbststurm über Nordfriesland hinweggefegt. Heute ist noch einmal ein milder Tag. Über den Wiesen am Deich liegt ein leichter Nebelschleier. In der anderen Richtung, über dem Watt, tropft die rote Sonne jetzt fast violett in die See. Die in den Rippelmarken stehenden Pfützen blinken wie rote Lichterketten. An der Badestelle Neutönninger Siel ist die Saison längst vorbei. Der Ausguck des weißen DLRG-Häuschens ist verrammelt. Die meisten Strandkörbe sind bereits für den Winter eingelagert. Tadje und ihr Freund Lasse haben es sich in einem letzten zurückgebliebenen Strandkorb gemütlich gemacht. Ihre beiden Fahrräder liegen daneben im Gras. Tadje ist zu ihrem Freund unter den großen Parka gekrochen. Die beiden küssen sich schon eine ganze Weile ausgiebig. Aber Tadje ist nicht recht bei der Sache.

Die Tochter des Fredenbüller Polizeiobermeisters und ihre Zwillingsschwester Telje machen im nächsten Sommer an der Husumer Theodor-Storm-Schule ihr Abitur. Während Telje Medizin studieren will und in den Herbstferien gerade ein Praktikum in einem Hamburger Krankenhaus macht, jobbt Tadje in Lara Brodersens Bioladen und hat noch keine Ahnung, was sie nach der Schule weiter vorhat. Der Bereich Wellness würde sie interessieren oder auch eine Ausbildung zur Tourismuskauffrau. »Und dann ins Reisebüro nach Husum oder in die Touri-Info nach Sankt Peter, oder was?« Telje hält nicht viel von den beruflichen Ambitionen ihrer Schwester. Und ihr Freund Lasse hat zu dem Thema gar keine Meinung und deshalb auch keine Lust, darüber zu reden. Lasse hat sich offenbar vorgenommen, den Nachmittag mit Küssen zu verbringen. Und Tadje küsst gedankenverloren einfach weiter mit. Doch dann löst sie sich plötzlich von ihrem Freund und deutet aufgeregt zum Wasser.

»Ey, Tadje, was is los?« Lasse ist vollkommen verdattert.

Seine Freundin ist unter dem Parka hervorgekrochen.

»Guck mal, was is das denn?«

»Hallo?! Vielleicht küssen wir uns gerade?« Lasse ist beleidigt.

»Is da ’n Schiff gekentert?« Tadje starrt fasziniert auf das Watt, wo keine hundert Meter vom Ufer entfernt ein großer Gegenstand im ablaufenden Wasser dümpelt. Es ist kein Schiff, sondern eine riesige Kiste aus Stahl, die in der Ebbe innerhalb kürzester Zeit immer deutlicher sichtbar wird.

»Das is ’n Container.« Auch Lasses Interesse ist jetzt geweckt. »Mega.«

Der letzte Rest einer romantischen Stimmung ist dahin. Der rotviolette Ball ist endgültig am Horizont abgetaucht. Im letzten Gegenlicht des rötlichen Himmels ist der Container jetzt immer deutlicher zu erkennen. Die großen Buchstaben einer Aufschrift ragen halb aus den müden Wellen heraus. Telje meint »HAN« und »MIN« entziffern zu können. Die beiden Jugendlichen rätseln über den Inhalt des großen Stahlbehälters, der irgendwo auf der Nordsee von Bord eines Frachters gefallen sein muss.

»Han Min? Das ist irgendwelche Plastikscheiße aus China«, überlegt Lasse. »Spielzeug … oder technische Geräte.«

»Technische Geräte? Vielleicht 'n ganzer Container voll mit dem neuen iPhone X?« Tadje ist gleich Feuer und Flamme. »Das wird doch auch alles in China produziert.«

»Ich weiß nicht.« Lasse ist skeptisch. »Ich tippe eher auf Plüschhasen, vollgepumpt mit irgendwelchen Giftstoffen.«

»Ach, hör doch auf! Dat wissen wir doch nich.«

»Doch! Hast du das nicht gelesen? Voll übel! Von dem Zeug werden die Kinder echt krank.« Aber auch Lasse möchte jetzt wissen, was sich in dem Container befindet.

Das Wasser ist inzwischen so weit abgeebbt, dass die große angerostete grüne Stahlkiste auf dem Watt steht. Es wird von Minute zu Minute dunkler. Nur im Westen glimmt noch ein letztes dunkelviolettes Schimmern. Über der See liegt jetzt ebenfalls ein Nebelschleier, der auch den Container umhüllt. Es regnet nicht, aber die Luft ist feucht.

Die beiden Jugendlichen ziehen sich ihre Schuhe aus und laufen durch das feuchte Watt.

»Voll nass«, jammert Lasse und zieht sich seine Wollmütze tief in die Stirn, als würde das etwas gegen kalte, nasse Füße nützen. Zuerst stapfen sie mutig auf den Container zu, dann nähern sie sich ihm mit vorsichtigen Schritten. Jetzt ist die übergroße Schrift deutlich zu erkennen. Lasse lässt den Lichtkegel seiner Handytaschenlampe über die großen Buchstaben HAN MIN SHIPPING streifen. Beide gehen prüfend einmal um die Stahlkiste herum. An den meterhohen Klappen an der schmalen Seite tropft das Wasser herunter. Tadje, die jetzt ebenfalls ihr Handy gezückt hat, leuchtet auf ein Schild, auf dem »Hamburg« und darunter »Blankenhorn Shipping« zu lesen ist. Der Name kommt den beiden irgendwie bekannt vor. An dem großen Riegel, mit dem die beiden Türen verschlossen sind, können sie kein Schloss entdecken und auch keine Plombe oder etwas Ähnliches. Die Lichtkegel der beiden Taschenlampen tanzen über die gewellten, giftgrünen, mit Roststellen übersäten Stahlwände.

Tadje rüttelt an dem Riegel. »Das ist nicht verschlossen … aber das Ding klemmt.«

»Meinst du, dass wir das echt öffnen sollen?«

»Mann, Lasse, ich glaub's nicht. Sei nich so'n Schisser!« Tadje zerrt weiter an dem Schloss herum. »Wir brauchen irgendetwas, womit wir das Ding aufhebeln können.« Die Polizistentochter ist voll bei der Sache.

So stapft Lasse noch einmal schnell zu seinem Fahrrad und holt sein dürftiges Werkzeug aus seiner Fahrradtasche. Der billige Schraubenzieher verbiegt gleich. Aber die Metallschieber lösen sich trotzdem. Mit vereinten Kräften können die beiden die Verriegelung lösen. Als sie an einem der Türflügel ziehen, kommt ihnen aus dem Inneren des Containers sofort ein Schwall Wasser entgegen. Beide haben augenblicklich durchnässte Hosenbeine. Aber dadurch lassen sie sich jetzt nicht mehr aufhalten. Lasse öffnet die Tür einen Spalt, während Tadje ihm mit ihrem Handy leuchtet. Die dicke Stahlklappe lässt sich nur schwer bewegen. Lasse zerrt mit beiden Händen daran.

Als er sie ein weiteres Stück geöffnet hat, werden mit einem letzten Wasserschwall Blech und Plastikteile aus dem Inneren herausgespült. Verrostete Elektroteile, Glassplitter eines alten Fernsehers, mehrere zerdrückte VHS-Cassetten, eine Fernbedienung und zum Schluss zwei alte Mobiltelefone.

»Nach dem iPhone X sieht das nich aus«, bemerkt Lasse knapp. »Eher nach ein paar hundert Jahre alten Nokia-Knochen.« Beide leuchten das Innere des Containers ab.

Die Herkunft der meisten Teile lässt sich nicht mehr bestimmen. Es sind nur noch Kabel, Blechplatten mit Transistoren, das zerrupfte Innenleben ausrangierter Geräte, vorsintflutliche Videorecorder, zerschlagene Bildschirme und mehrere Kanister mit Flüssigkeiten, die durch die Dreckspuren auf dem Kunststoff verdächtig giftgelb hindurchschimmern. Die Lichtkegel der beiden Handylampen huschen über das Chaos aus Elektroschrott.

Plötzlich springt aus einer ausgedienten Musiktruhe, die ganz oben auf dem Müllberg unter der Containerdecke klemmt, etwas hervor. Ein seltsames Lebewesen, das Tadje und Lasse einen Riesenschreck einjagt. Sie können es in der Dunkelheit zuerst gar nicht erkennen. Aber dann hat Tadje das Tier im Lichtkegel ihrer Taschenlampe. Es ist ein kleiner Affe, der im kaltweißen Gegenlicht erstarrt stehen bleibt. Er sieht die beiden aus großen gelben Augen halb entsetzt, halb erstaunt und irgendwie interessiert an. Der Affe stößt ein kurzes »Uh-uh« aus. Dann springt er auf allen vieren von dem Schrottberg herunter und hüpft an den beiden Jugendlichen vorbei aufs Watt. Er wundert sich über den feuchten Sand. Irritiert schüttelt er eine Muschel von seiner Hand. Erst will er in den Container zurück. Aber dann überlegt er es sich anders und springt an Tadje hoch. Er klammert sich an sie, dann hat sie ihn gleich auf dem Arm. Für den kleinen Affen scheint das ganz selbstverständlich. Er blickt sie aus dem grauhaarigen Gesicht mit der weißen Zeichnung über den Augen freundlich an.

»Voll süß«, findet Tadje, nachdem sie den ersten Schreck überwunden hat. Zaghaft berührt sie den braunen Streifen längerer Haare mitten auf dem Kopf.

»Dieselbe Frisur wie Ove«, bemerkt Lasse.

»Du hast recht. Echt wie Oves Teppichfliese.« Die Ähnlichkeit mit der Frisur ihres Mitschülers, die wie der Rest einer Teppichfliese auf seinem ansonsten kahlrasierten Kopf klebt, ist unübersehbar.

Lasse nimmt Tadje das Handy mit der Taschenlampe ab. Während Tadje mit dem Affen auf dem Arm dasteht, leuchtet er noch einmal alles ab. Und dann bleibt der Lichtkegel auf einmal an einem menschlichen Körperteil hängen. Es sieht aus wie eine Hand und ein Arm in einem durchnässten blauen Jackett. Mitten aus zerschredderten Festplatten und einem wüsten Kabelcocktail starren zwei aufgerissene Augen aus einem bläulich fahlen Gesicht heraus.